"十四五"职业教育国家规划教材

民航服务礼仪
Civil Aviation Service Etiquette

主　审　赵居礼
主　编　唐忍雪　吕　妮　黄　华
副主编　王　琳　丁小伟　王福荣
参　编　许琼华　吕　串　王霁雯

北京理工大学出版社
BEIJING INSTITUTE OF TECHNOLOGY PRESS

内容提要

本书为"十四五"职业教育国家规划教材。全书根据高等院校民航运输类相关专业人才培养目标及专业教学改革要求进行编写。全书共分为6个模块,主要包括概论、民航服务人员职业形象礼仪、民航服务人员语言礼仪、民航服务人员岗位礼仪、特殊旅客服务礼仪、民航服务人员外事礼仪。

本书可用作高等院校空中乘务、航空服务、民航运输等相关专业的教材,也可用作民航从业人员工作时的参考用书。

版权专有　侵权必究

图书在版编目（CIP）数据

民航服务礼仪／唐忍雪，吕妮，黄华主编.--北京：北京理工大学出版社，2023.7重印
　ISBN 978-7-5763-0137-3

Ⅰ.①民… Ⅱ.①唐… ②吕… ③黄… Ⅲ.①民用航空－乘务人员－礼仪－高等学校－教材 Ⅳ.①F560.9

中国版本图书馆CIP数据核字（2021）第158977号

出版发行／北京理工大学出版社有限责任公司
社　　址／北京市海淀区中关村南大街5号
邮　　编／100081
电　　话／（010）68914775（总编室）
　　　　　（010）82562903（教材售后服务热线）
　　　　　（010）68944723（其他图书服务热线）
网　　址／http：//www.bitpress.com.cn
经　　销／全国各地新华书店
印　　刷／河北鑫彩博图印刷有限公司
开　　本／787毫米×1092毫米　1/16
印　　张／15　　　　　　　　　　　　　　　　责任编辑／武君丽
字　　数／317千字　　　　　　　　　　　　　　文案编辑／武君丽
版　　次／2023年7月第1版第3次印刷　　　　　　责任校对／周瑞红
定　　价／45.00元　　　　　　　　　　　　　　责任印制／边心超

图书出现印装质量问题，请拨打售后服务热线，本社负责调换

　　中华民族自古就有"礼仪之邦"的美誉，源远流长的礼仪文化是华夏祖先留给后人的一笔宝贵财富，讲"礼"重"仪"和善待他人是中华民族世代相传的美德。随着我国国民经济的迅猛发展，国际交流日益增多，礼仪正越来越受到人们的普遍重视。尤其是民航运输业作为国家和地区交通运输系统的有机组成部分之一，在现代经济发展过程中正发挥出越来越重要的作用。而旅客运输是民航运输的主要工作内容之一，其服务质量的好坏直接关系到民航运输业的生存与发展。民航服务人员需要直接与旅客接触并为旅客提供服务，只有提高服务意识和综合职业能力，掌握民航服务礼仪，才能更好地做好服务工作，提高服务质量。

　　礼仪礼节是道德素养的体现，也是道德实践的载体。党的二十大报告指出："推进文化自信自强，铸就社会主义文化新辉煌"，"提高全社会文明程度"，"实施公民道德建设工程"。民航服务礼仪课程教学有助于弘扬中华传统美德，加强和改进未成年人思想道德建设，推动明大德、守公德、严私德，提高人民道德水准和文明素养。本书旨在培养民航业发展需要的德才兼备的高素质人才。与同类教材相比，本书特色及优势主要体现在以下几方面：

　　（1）由校企合作共同编写，强调工学结合、理实一体化。在介绍基本礼仪知识的基础上，结合民航服务行业的特点，阐述民航服务人员所应具备的知识和遵守的行业规定，包括礼仪规范、职业制服穿戴、言行举止仪态和文明礼貌用语等方面的知识，具有较强的针对性和可操作性。

　　（2）采用模块单元制体例，栏目设置新颖实用。每个模块前设置知识目标、技能目标、素养目标，并由典型案例导入单元内容，每个单元穿插"职场小贴士""职场思考""延伸阅读"等特色小栏目，模块后配有模块小结、岗位实训，旨在深化学生对礼仪规范和服务意识的理解，使其具备分析和解决问题能力，为今后从事相关岗位工作打下坚实的基础。

（3）配套国家级专业教学资源库资源，通过扫码即可在线观看微课、视频等资源，实现课堂内外及线上线下学习的有效结合、互动，帮助学生深入理解和掌握所学内容，满足信息化教学需要。

本书由西安航空职业技术学院唐忍雪、吕妮，浙江育英职业技术学院黄华担任主编，由浙江育英职业技术学院王琳，陕西财经职业技术学院丁小伟、王福荣担任副主编，浙江育英职业技术学院许琼华、吕串，陕西听石教育科技有限责任公司王霁雯参与编写。全书由航空工业职业教育教学指导委员会副主任委员赵居礼担任主审。

本书在编写的过程中，参阅了许多相关书籍、文献资料和相关案例，并借鉴了许多学者、行业专家以及同行的著作和研究成果，在此一并表示衷心的感谢！

由于编者水平有限，加之编写时间仓促，书中难免存在疏漏及不妥之处，敬请广大读者批评指正。

编　者

为了给相关专业的院校师生提供更多增值服务，我们还特意开通了"建艺通"微信公众号，负责对教材配套资源进行统一管理，并为读者提供行业资讯及配套资源下载服务。如果您在使用本教材过程中，有任何建议或疑问，可通过"建艺通"微信公众号向我们反馈。

"建艺通"微信公众号

目 录

模块一 概 论 001

单元一　认识服务礼仪 3
　一、礼仪 3
　二、服务 4
　三、服务礼仪 8
单元二　民航服务礼仪的必要性与基本要求 12
　一、民航服务礼仪的必要性 12
　二、民航服务礼仪的基本要求 13
单元三　民航服务人员基本礼仪素养 14
　一、民航服务人员的基本行为规范 14
　二、民航服务人员的素质要求 15
　三、民航服务人员能力要求与培养 16

模块二 民航服务人员职业形象礼仪 023

单元一　民航服务人员仪容礼仪 25
　一、发型 25
　二、面部 27
　三、颈部 34
　四、手 34
单元二　民航服务人员仪表礼仪 35
　一、制服 36
　二、帽子 40
　三、丝巾 41
　四、领带 44
　五、围裙 47
　六、鞋袜 47
　七、飞行箱包 47
　八、登机牌 48
　九、服务牌 48
　十、佩戴饰物 49

单元三　民航服务人员仪态礼仪 51
　　一、站姿 51
　　二、坐姿 54
　　三、蹲姿 57
　　四、行姿 59
　　五、体动 60
　　六、手势 61
　　七、鞠躬 66
　　八、握手 68
　　九、递送名片 70
　　十、表情 71

模块三　民航服务人员语言礼仪　079

单元一　民航服务基本礼貌用语 81
　　一、称呼语 82
　　二、问候语 83
　　三、应答语 84
　　四、征询语 85
　　五、祝贺语 86
　　六、推托语 86

单元二　民航服务岗位礼貌用语 87
　　一、"请、谢谢、对不起"的运用 87
　　二、地勤服务窗口常用语 88
　　三、民航服务广播用语 88
　　四、民航服务电话用语 97

单元三　民航特殊服务用语 99
　　一、不正常航班的沟通用语 99
　　二、面对旅客提出的棘手问题时的用语 101
　　三、要求旅客出示有效证件时的用语 101
　　四、接待晚到旅客时的规范用语 102

单元四　民航服务语言沟通技巧 102
　　一、锻炼敏锐的观察能力 103
　　二、善于运用无声语言 105
　　三、选择合适的沟通态度 106
　　四、学会倾听，有效反馈，寻求共鸣 107
　　五、使用恰当的语音、语气、语调 110
　　六、熟练运用艺术的措辞 112

单元五　民航服务语言礼仪禁忌 113
　　一、与旅客对话时的禁忌 113
　　二、民航服务忌语 115

模块四 民航服务人员岗位礼仪 121

单元一　客舱服务人员礼仪 123
　　一、航前准备礼仪 123
　　二、客舱迎送服务礼仪 126
　　三、客舱巡视服务礼仪 131
　　四、客舱广播服务礼仪 135
　　五、客舱送餐服务礼仪 136
　　六、客舱特殊状况服务礼仪 143

单元二　地面服务人员礼仪 149
　　一、票务服务礼仪 150
　　二、问询服务礼仪 150
　　三、值机服务礼仪 152
　　四、安检服务礼仪 155
　　五、引导服务礼仪 157
　　六、贵宾服务礼仪 158
　　七、特殊情况处理服务礼仪 161

模块五 特殊旅客服务礼仪 167

单元一　特殊旅客服务礼仪基础 170
　　一、耐心足 170
　　二、态度好 170
　　三、动作快 170
　　四、语言得体 170
　　五、办法多 171

单元二　特殊旅客服务礼仪要求 172
　　一、重要旅客 172
　　二、老、弱旅客 174
　　三、病、残旅客 176
　　四、无人陪伴儿童 178
　　五、初次乘机旅客 179
　　六、国际旅客 179
　　七、因航班延误与取消不能登机的旅客 ... 180
　　八、挑剔的旅客 181
　　九、不同民族的旅客 184

模块六 民航服务人员外事礼仪

单元一 接待礼仪 189
 一、礼宾次序礼仪 189
 二、迎候来宾礼仪 192
 三、座次排列礼仪 194

单元二 国旗悬挂礼仪 199
 一、国旗悬挂的礼仪要求 199
 二、国旗悬挂礼仪禁忌 201

单元三 与不同国际友人的交往礼仪 202
 一、与亚洲地区友人的交往礼仪 202
 二、与欧洲地区友人的交往礼仪 207
 三、与美洲地区友人的交往礼仪 215
 四、与非洲地区友人的交往礼仪 222
 五、与大洋洲地区友人的交往礼仪 226

参考文献 232

模块一
概　论

1. 了解礼仪、服务及服务礼仪的概念；
2. 熟悉民航服务礼仪的基本要求；
3. 掌握民航服务人员的基本行为规范；
4. 掌握民航服务人员的礼仪素养。

1. 能够按照民航服务人员的行为规范要求开展民航服务；
2. 具备民航服务人员的基本礼仪素养；
3. 能够按照民航服务人员能力要求进行自我能力训练。

1. 践行社会主义核心价值观，具有深厚的爱国情感和中华民族自豪感；
2. 热爱民航事业，恪守敬业奉献的职业操守，弘扬当代民航精神；
3. 具有良好的服务人民、服务社会、服务客户意识。

案例导入

周恩来总理十分注重礼节，是世界公认的最有风度的领导人和外交家之一。周总理病重时，曾参加一次外事活动，他的脚因为过度肿胀而穿不进原来的鞋子，只能穿拖鞋走路。工作人员疼惜周总理，让他穿着拖鞋参加外事活动，认为外宾是能够理解的，但周总理不同意，他说："这不行，要讲个礼貌嘛！"于是，他请工作人员为他特制了一双鞋，留着接见外宾时穿。

【案例分析】

周恩来总理在礼仪修养上被视为楷模，他的一举一动都给人留下深刻的印象，人们用"富有魅力""无与伦比"等优美的词语来赞美他的翩翩风度。讲究礼仪、按照礼仪要求规范我们的行为，对于继承我国礼仪传统、弘扬我国优良的礼仪风范有着十分重要的意义。

单元一 认识服务礼仪

一、礼仪

礼仪是社会发展的产物，是在人类长期的社会实践活动中逐步形成、发展和完善起来的。礼仪与一定社会的生产关系有着极为密切的联系。中华民族自古就有"礼仪之邦"的美誉，源远流长的礼仪文化是华夏祖先留给后人的一笔宝贵财富，讲"礼"重"仪"和善待他人是中华民族世代相传的美好品质。

1. 礼仪的含义

礼仪，作为人类历史发展中逐渐形成并积淀下来的一种文化，始终以其某种精神的约束力支配着人的行为。礼仪是人类进步的标志，是适应时代发展、促进个人进步和成功的重要途径。因而礼仪是指在特定场合或隆重场合表示友好与敬意的仪式。

在礼学体系，礼仪是有形的，存在于社会的一切交往过程中，其基本形式受历史传统、风俗习惯、宗教信仰、时代潮流等因素的影响。它在层次上要高于礼貌、礼节，其内涵更深、更广。礼仪实际上是由一系列具体的、表现礼貌的礼节所构成的系统。礼仪的内涵有以下4点。

（1）礼仪是一种行为准则与规范。其表现为一定的章法，只有遵守这种习俗和规范，才能适应社会的发展。

视频：礼仪的内涵与核心

（2）礼仪是一定社会关系中人们约定俗成、共同认可的行为规范。它首先表现为一些零散的、不成文的规矩、习惯，然后才逐渐上升为人们认可的，可以用语言、行为、文字进行准确描述和规定的行为准则，并成为人们有章可循、可以自觉学习和遵守的行为规范。

（3）礼仪是一个情感互动的过程。在礼仪的实施过程中，既有施礼者的控制行为，也有受礼者的反馈行为。即礼是施礼者与受礼者的尊重互换、情感互动的过程。

（4）礼仪的本质是尊重，目的是达到人际交往的和谐。礼仪体现为一个人对他人和社会的认知水平以及尊重程度，是一个人学识、修养和价值的外在表现，讲究礼仪是社会文明的一个显著标志。

职场思考

如何理解礼仪的内涵？通过查阅资料，说说我国古代、现代都有哪些典型的礼仪案例？并试着讨论我国礼仪的起源。

2. 礼仪的表现形式

礼仪的表达注重场合，且讲究得体。礼仪的表现形式包括礼貌、礼节、仪表和仪式等。

（1）礼貌。礼貌是指人们在相互交往活动中表示友好、敬意的行为规范。它通过仪表、言谈、举止来体现，如态度友善、遵守秩序、尊老爱幼、仪表端庄和言行一致等。

（2）礼节。礼节是人们在社交过程中表现致意、问候、祝愿等的惯用形式。它在礼学体系中处于最表层，是礼仪的重要组成部分，是礼貌的具体表现，如握手、拥抱、鞠躬等。它不是一成不变的，往往会因时间、空间或对象的不同而有所改变。

（3）仪表。仪表即人的外表，包括发型、容貌、姿态、风度、服饰和个人卫生情况等。

（4）仪式。仪式是指在一定场合举行的具有专门程序、规范化的活动，如开学典礼、签约仪式、新闻发布会、开业庆典、婚礼等。

> **职场小贴士**
>
> **"三礼"的关系**
>
> "三礼"即礼貌、礼节和礼仪。礼貌是礼仪的基础；礼节是礼仪的基本组成部分，也是礼貌的具体表现形式；而礼仪在"三礼"中是层次更高、内涵更广的概念。具体关系如图1-1所示。
>
>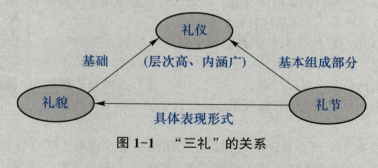
>
> 图1-1 "三礼"的关系

二、服务

1. 服务的含义

《现代汉语词典》中对于"服务"的解释是："为集体（或别人的）利益或为某种事业而工作。"也有专家对于"服务"的解释是这样的："服务就是满足别人期望和需求的行动、过程及结果。"前者的解释抓住了"服务"的两个关键点：一服务的对象；二服务本身是一种工作，需要动手动脑地去做；后者的解释则抓住了服务的本质内涵。

综上所述，我们可以这样定义服务：服务是指为他人做事，并使他人从中受益的一种有偿或无偿的活动。它是以提供活劳动的形式满足他人某种特殊需要，并让他人拥有美好的心理感受，充分体验服务这种产品的附加值。

由此，服务的含义包含如下三层。
(1) 服务是一种满足他人或组织需要的行为；
(2) 服务是一个互动交流的过程；
(3) 服务是一项追求双赢的表现。

视频：服务的本质

职场小贴士

民航服务的特殊性

民航服务与其他服务业相比具有一定的特殊性。由于它涉足地面服务和空中服务，除了一般基本服务外，其对生命和财产安全的服务，就显得尤为重要。因此，民航业服务的特殊性主要体现在以下方面。

1. 时效性

"时间就是金钱，效率就是生命"在民航业服务上体现得尤为充分，强调的是服务必须在明确的时间段内完成。地面服务以不耽误旅客乘机为时间节点，空中服务必须是以旅客进入和离开机舱为时间节点。这种时效性要求民航服务人员必须严格依照时间要求为旅客提供所有的服务，提前或延迟都是无效或无意义的。

因此，遵守时间，有强烈时间观念是民航服务人员必备的基本素质。

2. 整体性

民航服务产品是从旅客购票开始，经历机场值机、安检、登机、客舱服务、行李服务等环节，指导旅客离开机场为止，形成民航服务的整体性产品。同时，民航服务是民航设施、设备、飞机机型与客舱产品、环节氛围以及民航服务构成的。在这里，设施设备、飞机机型与客舱产品是民航服务的基础；环节气氛是补充；服务质量是最终的表现形式，也是适合和满足旅客需要的最后体现。

3. 安全性

安全是民航业区别其他服务业的显著特征。旅客从购买机票的那一刻开始，就购买了安全、准时到达目的地的整个服务行程。民航服务就是要在保障旅客生命、财产安全的基础上，尽量满足旅客其他需求，让旅客愉快地完成旅行。

4. 层次性

美国心理学家亚伯拉罕·马斯洛于1943年在《人类动机的理论》论文中提出人类的需要是分层次的，由低到高，分别为生理需要、安全需要、社交

5

需要、尊重需要、自我实现需要。马斯洛的需求层次理论具有很强的现实意义，对服务行业的意义尤为突出，但是马斯洛的需求层次理论针对不同的服务行业其提供的服务内容是不同的，旅客的需要层次表现也是不同的。笔者认为马斯洛的需求层次理论对当今民航业的发展有很大的启示作用，它们之间存在着微妙的联系。其主要表现在以下5点。

（1）满足旅客生理的需求。如机舱环境（温度、环境噪声等）、饮食（种类、搭配、口味、安全食品），即指食品无毒、无害，应当有人们所需的营养要素，对人体健康不造成任何急性、亚急性或慢性危害。

（2）满足旅客安全的需要。如整洁卫生，服务首先要保证机舱卫生，包括乘务员的衣着卫生、个人卫生、饮食卫生、环境卫生等；再如安全服务，严格的安检、客舱秩序，必要的延误、返航、备降，拒载特殊乘客等。让旅客在飞行中乘坐得放心和舒心，使货物在空运过程中避免损坏。

（3）满足旅客社会的需求。为旅客提供舒适的乘机环境满足不同旅客的不同要求，使旅客享受到个性化的贴心服务。完善机上服务的商业功能。和谐幽雅的环境可以驱散旅客的疲劳，优美的音乐、机上电视节目，使人情绪缓和，完善机上服务的商业功能有利于招徕更多的商务乘客。

（4）满足旅客尊重的需求。为旅客提供礼仪礼貌服务。民航服务人员的言语、行为和仪表，反映对旅客的基本态度、素质和职业修养，是吸引旅客的重要方面。民航服务人员应做到主动、热情、周到、细致、耐心、诚恳地为旅客服务，理解旅客的消费需求并进行个性化服务。

（5）满足旅客自我实现的需求。机上食品、各色服务器材应具有审美功能，体现独具特色的艺术与审美价值，借助服务使旅客得到美的享受和艺术的陶冶，提高其审美水平。还有如准点率、行李处理报告、航空客票的超售被拒登机报告、旅客投诉等方面的服务质量，给旅客带去更多的舒适与便捷，是民航服务追求的大目标。

2. 服务意识

服务意识是指服务人员有随时为客户提供各种服务的、积极的思想意识。它通过对服务的感觉、认识、思维而形成，与组织精神、职业道德、价值观念和文化修养等紧密相连，是热爱本职工作的表现。服务意识的核心理念：服务既不是下贱的，也不是低人一等的；服务是光荣的。中国封建社会"重农抑商"的传统思想，导致人们轻视商业、服务业。在这一传统观念影响下，今天许多年轻人在选择职业时，仍对把服务业作为终身职业心有不甘，这种观念与西方发达国家相比差别较大。其实今天服务的"内涵"比以往扩大了很多。现代服务业的不断扩展，社会分工促成了繁杂的行业、工种与岗位的产

视频：服务意识的培养

生，它们支撑着社会肌体的良性运行。每个人都是在为他人做工作，也都在接受着他人的服务。整个社会就像一个服务网络，每个人都是其中的一个节点。我们应该清醒地意识到，服务是光荣的，离开了服务，当今社会就无法正常运转。

以下是对服务意识的要求。

（1）明确角色。服务人员与服务对象之间是服务与被服务的关系，是服务产品的提供者与消费者的关系。尽管双方在人格上是完全平等的，但所承担的社会角色不同，在服务岗位上自然就不能与服务对象平起平坐。与此相反，有的服务人员认为自己就是侍候人的，在服务对象面前唯唯诺诺、谦恭过头，那也没有必要。现代社会不同于封建时代，等级观念已被打破，服务人员不是奴隶和小听差，不要自卑自贱。美国的里兹·卡尔顿酒店提出一个口号："我们是为先生女士服务的先生女士。"能正确认识自身价值，自尊自重，自豪而不自卑，更能得到客人的尊重。

（2）关注细节。服务人员要想满足服务对象的不同需要，不能只关注所谓大事，而是必须从细节做起。不论工作如何繁杂且琐碎，或是多么简单与重复，都要重视、留神，认真、严谨地对待每一个细微之处。对服务人员来说，服务工作是日复一日的，是成百上千次的，但对服务对象来说，可能是第一次，甚至是唯一的一次感受。因此，服务人员不仅要认真细致地做好每一个服务对象的礼仪礼貌服务工作，还要认真细致地做好每一个服务对象礼仪礼貌工作中的每一件小事，使服务对象无时无刻地感到这种接待服务是一种美好的经历和享受。俗话说"细节决定成败"，有时常常是看起来微不足道的小事，却会给服务对象留下或好或坏的印象，这决定了他们对服务的评价。眼下许多个性化服务其实就是关注细节，其结果往往是感动服务对象，培养了终身客户。

（3）善解人意。善解人意，就是要学会揣摩客人心理和换位思考。服务是一门艺术，服务人员应该研究每一位服务对象的不同服务需求，在向服务对象提供服务时，要综合考虑对方的身份地位、消费能力、修养和心情，甚至是对方与同来的其他服务对象之间的关系，据此来揣摩服务对象的心理，然后依照各自不同的情况，提供有针对性的差异化服务。在揣摩服务对象的心理基础之上，服务人员还应学会换位思考，即要站在服务对象的角度去考虑问题，主动进入对方的角色，思考旅客所需要的究竟是什么，只有这样才能真正做到服务到客人的心坎上。

（4）一视同仁。在服务行业中，服务人员对所有的服务对象不分性别、国籍、民族、肤色、衣着、宗教信仰、文化程度、社会地位、经济状况，都应一视同仁，热情服务。

延伸阅读

服务意识自测

下面共有 10 道测试题，每道题满分 10 分，你可以酌情为自己打 0～10 分，总分 100 分。请如实打分。

　　（1）在你的家里，你作为年轻的家庭成员，总能做到尊重、关心、顺从老人，关心老人的心情和健康，让老人高兴，在你的影响下，家庭关系很和睦。
　　（2）只要家里来了客人，你总能主动为客人沏茶倒水，与客人亲切交谈，让客人舒心、随兴、高兴。
　　（3）和朋友们在一起时，你总是主动关心每一个人的冷暖和心情。
　　（4）你总是乐于关心和帮助他人，谁遇到困难你都能尽力帮忙。
　　（5）你经常称赞和夸奖别人。
　　（6）得到别人的谅解、赞美和帮助时，你总是心存感激。
　　（7）走在大街上，有陌生人向你问路，你总是不厌其烦地给其指路。
　　（8）如果有人请你帮忙，而你实在无能为力，你内心会感到愧疚。
　　（9）在你从业的零售店铺里，你感到有义务和责任去帮助每一位客人，让他们高兴和满意。
　　（10）你总是能看到别人的优点并欣赏别人。
　　如果你的总分在80分以上，说明你已经具备服务意识，相信你一定能够成为一位了不起的服务明星。
　　如果你的总分为60～80分，说明你只要稍加努力，便会成为服务高手。
　　如果你的总分为40～60分，说明你还需要把自己的爱心扩展到更大的范围。
　　如果你的总分在40分以下，说明你需要经过3个月的适应性训练，来培养和提高自己的服务意识。

三、服务礼仪

1. 服务礼仪的含义

　　服务礼仪是礼仪在服务行业内的具体运用，是礼仪的一种特殊形式，主要指服务人员在工作岗位上，通过言谈、举止、行为等，对客户表示尊重和友好的行为规范和惯例。简单地说，就是服务人员在工作场合适用的礼仪规范和工作艺术。服务礼仪是体现服务的具体过程和手段，使无形的服务有形化、规范化、系统化。
　　有形、规范、系统的服务礼仪，不仅可以树立服务人员和企业良好的形象，更可以塑造受客户欢迎的服务规范和服务技巧，能让服务人员在和客户交往中赢得理解、好感和信任。所以，作为民航服务人员来说，学习和运用服务礼仪已不仅仅是自身形象的需要，更是企业提高经济效益、提升竞争力的需要。

2. 服务礼仪的特点

　　服务礼仪是一门实用性很强的礼仪学科。作为礼仪的一种特殊形式，它同礼仪的其他门类相比，具有以下特征。

（1）规范性。服务礼仪的规范性主要体现为岗位规范，其基本内容包括仪容规范、仪态规范、仪表规范和语言规范。即服务人员的仪容礼仪、仪表礼仪、仪态礼仪、礼貌用语等，都是与其具体服务岗位的工作特点紧密结合、融为一体的。

（2）操作性。服务礼仪的可操作性在服务人员的工作岗位上表现得非常具体，绝不抽象，它不是"宾至如归""宾客至上""以人为本"的口号，而是一条条、一款款可操作的细则。服务人员在工作岗位上，必须按照此要求进行操作。

（3）单向性。服务礼仪拥有其他礼仪没有的单向性，这是由服务关系的特殊性所决定的。服务从内容上讲是服务生产者满足服务消费者需求的行为，消费者向服务人员提出要求，服务人员则依据消费者的需求提供服务。在服务关系中，服务人员作为需求的满足方有义务最大限度地满足顾客的各种需求，却不能同时要求顾客来满足自己的某些需求。例如，服务人员向客人鞠躬，但不能要求客人向自己鞠躬，服务人员聆听着不满客人大声斥责，甚至辱骂，即使有理也不能同样的大声、坏脾气地回敬客人。

3. 服务礼仪的作用

服务业的快速发展，导致服务市场的竞争日益激烈。任何一个服务企业，在这样的环境中求生存、谋发展，最根本的条件是要有良好的服务质量。一个服务企业，怎样才能创造良好的服务质量？提高服务人员的职业素质和能力是非常重要的一环。要达到这样的要求和目的，就必须依靠规范化的服务礼仪。服务人员只有明确了服务过程中正确的行为规范，才能更好地提高服务质量，以周到、热情、主动的服务态度为顾客提供全方位的高质量服务。所以，推广服务礼仪，既是服务行业自身发展的需要，也是满足消费者的需求。

（1）有助于提高服务人员的个人素质。服务礼仪作为服务人员的角色行为，为服务人员在服务过程中使自身的行为符合服务对象的要求提供了保障，也有助于服务人员个人素质的提高。服务礼仪通过深入剖析服务关系的性质来正确定位服务人员的角色，让服务人员真正明白服务的内涵和意义，使其在理解了什么是服务的基础上形成良好的服务意识，并使他们具备可依据的服务原则，自如应对各种复杂的服务情景的能力，从而使服务人员养成较高的个人素质。

（2）有助于展现良好的人际沟通。服务礼仪为服务交往时所可能出现的每一个场合，每一个细节做出了具体的行为要求，让服务人员能顺利地选择合适的行为与服务对象进行自觉的交往，防止出现服务人员不知道应该怎样表示尊重，或即使想表达而表达不出来的情况；也防止出现因为采用不恰当的表达方式，而让服务对象误认为失礼，即表达错误的情况。服务礼仪通常简单、易行，它不仅能使服务人员和服务对象交往顺利，而且也使服务工作变得相对轻松和简单，使服务对象更容易产生被尊重和优越的心理感受。

（3）有助于提升服务水平与服务质量。服务质量，通常泛指服务人员服务工作的好坏与服务水平的高低。服务质量主要由情感性服务（服务态度）与机能性服务（服务技能）两个大要素构成。情感性服务是服务人员对服务对象的行为的总和，包括动作、表情和谈话等，其质量具有很大的主观性和不确定性。在一般情况下，消费者对情感性服务的重视程度，往往会高于对机能性服务的重视程度。可以说，提高服务水平和服务质量的关键在于提高情感性服务的质量，而情感性服务的质量又取决于服务人员的服务意识和礼仪修养。

4. 服务礼仪的原则

在服务礼仪中，存在一些具有普遍性、共同性、指导性的礼仪规律。这些礼仪规律，即礼仪的原则。掌握礼仪的原则很重要，它是志愿者更好地学习礼仪和运用礼仪的重要指导思想。

以下是服务礼仪的原则。

（1）尊重的原则。孔子说："礼者，敬人也"，这是对礼仪的核心思想高度的概括。所谓尊重的原则，就是要求我们在服务过程中，要将对客人的重视、恭敬、友好放在第一位，这是礼仪的重点与核心。因此在服务过程中，首要的原则就是"敬人之心常存"，掌握了这一点，就等于掌握了礼仪的灵魂。在人际交往中，只要不失敬人之意，哪怕具体做法一时失当，也容易获得服务对象的谅解。

（2）真诚的原则。服务礼仪所讲的真诚的原则，就是要求在服务过程中，必须待人以诚，只有如此，才能表达对客人的尊敬与友好，才会更好地被对方所理解、所接受。与此相反，倘若仅把礼仪作为一种道具和伪装，在具体操作礼仪规范时口是心非、言行不一，则是有悖礼仪的基本宗旨的。

（3）宽容的原则。宽容的原则的基本含义，是要求我们在服务过程中，既要严于律己，更要宽以待人。要多体谅他人，多理解他人，学会与服务对象进行心理换位，而千万不要求全责备、咄咄逼人。这实际上也是尊重对方的一个主要表现。

（4）从俗的原则。由于国情、民族、文化背景的不同，在人际交往中，实际上存在着"十里不同风，百里不同俗"的局面。这就要求服务人员在服务工作中，对本国或各国的礼仪文化、礼仪风俗以及宗教禁忌要有全面、准确的了解，才能够在服务过程中得心应手，避免出现差错。

（5）适度的原则。适度的原则的含义，是要求应用礼仪时，为了保证取得成效，必须注意技巧，合乎规范，特别要注意做到把握分寸，认真得体。这是因为凡事过犹不及。假如做得过了头，或者做得不到位，都不能正确地表达自己的自律、敬人之意。

职场小贴士

服务礼仪的"3A法则"

在服务礼仪中，"3A法则"主要是有关服务人员向服务对象表达敬重之意的一般规律。它告诫全体服务人员，想要向服务对象表达自己的敬意，并且能够让对方真正地接受自己的敬意，关键是要在向对方提供服务时，以自己的实际行动去接受对方、重视对方、赞美对方。由于在英文里，接受（Acceptance）、重视（Attention）、赞美（Admiration）都是以字母A打头，所以它们又被称为"3A法则"。

（1）接受服务对象。主要体现为服务人员对于对方热情相迎，来者不拒。不仅不应该怠慢服务对象，冷落服务对象，排斥服务对象，挑剔服务对象，为难服务对象，而且应当积极、热情、主动地接近对方，淡化彼此之间的戒备、抵触和对立的情绪，恰到好处地向对方表达亲近友好之意，将对方当成自己人来看待。在服务岗位上尊重消费者，就意味着必须尊重对方的选择。如果要真正将消费者视为自己的"上帝"和"衣食父母"，诚心诚意地意识到顾客至上，就应当认可对方、容纳对方、接近对方。在工作岗位上，服务人员对于服务对象的接受，不但是一个思想方法问题，还应当在自己的实际行动上得到贯彻体现。

（2）重视服务对象。它是服务人员对于服务对象表示敬重之意的具体化，主要表现为认真对待服务对象，并且主动关心服务对象。服务人员在工作岗位上要真正做到重视服务对象，首先应当做到目中有人，招之即来，有求必应，有问必答，想对方之所想，急对方之所急，充分满足对方的要求，努力为其提供良好的服务。其次，服务人员要做到牢记服务对象的姓名、善用服务对象的尊称、倾听服务对象的要求，耐心倾听服务对象的要求，本身就会使对方在一定程度上感到满足，其实质就是对被倾听者最大的重视。只有耐心地、不厌其烦地倾听了服务对象的要求或意见，才能充分理解对方的想法，才能更好地为对方服务。服务人员在倾听服务对象的要求或意见时，切忌敷衍了事。一般来讲，当服务对象阐明己见时，服务人员理当暂停其他工作，目视对方，并以眼神、笑容或点头来表示自己正在注意倾听。如有必要，服务人员还可以主动地与对方进行交流。

（3）赞美服务对象。实质上就是对对方的接受、重视及肯定。从某种意义上来说，赞美他人实质上就是在赞美自己，就是在赞美自己的虚心、开明、宽厚与容人。从心理上来讲，所有的人都希望自己能够得到别人的欣赏与肯定，而且别人对自己的欣赏与肯定多多益善。一个人在获得别人的赞美时内心的愉悦程度，常常是任何物质享受均难以比拟的。服务人员在向服务对象提供具体服务的过程中，要善于发现对方所长，并且及时地、恰到好处地对其表示欣赏、肯定、称赞与钦佩。其好处在于：可以争取服务对象的合作，使服务人员与服务对象在整个服务过程中和睦而友善地相处。另外，服务人员在赞美服务对象时，要注意适可而止、实事求是、恰如其分。

单元二 民航服务礼仪的必要性与基本要求

一、民航服务礼仪的必要性

作为一名民航服务人员，只有掌握民航服务礼仪，才能做好服务工作。民航服务人员是直接与旅客接触并为旅客服务的工作人员，俗话说："你不会有第二次机会来留下良好的第一印象。"这说明第一印象对民航服务人员来说至关重要，一位旅客也许一生就乘坐一次飞机，你的第一印象将永远留在其心里，所以要掌握民航服务礼仪。

民航服务礼仪的必要性主要体现在以下7个方面。

1. 有助于提高民航服务人员的个人修养

一个人的礼仪修养可以反映出其学识、品格，是一个人人格的外在体现。通过礼仪学习，民航服务人员可以按照一定的礼仪规范要求，结合自身实际情况不断自我约束、自我锻炼和改造，做一个有修养、有礼貌、受欢迎的现代人。

视频：职业素养

2. 有助于更好地体现对旅客的尊重和个人的职业素养

在人们的日常社会交往中，礼仪是一种社会道德规范，是人们日常交往的行为准则。而在职业范畴里，礼仪反映着从业人员的职业素养，是服务人员职业道德中"热情待客，宾客至上"意识的具体体现。在整个航空旅行过程中，旅客除了物质需求外，更重要的是精神需求的满足。"受到尊重"便是客人最基本的需求之一。而"体贴和尊重"是礼的核心本质，"礼貌待客"也是服务接待工作的核心内容，所以学习礼节会使民航服务人员在态度、言行、举止等方面更好地尊重和体贴旅客，为旅客提供优质服务，这也是一个服务人员的基本职业素养。如图1-2所示，一名民航服务人员接待一位老人入座，用自己的言行举止体现出自身的职业素养和对旅客的尊重。

图1-2 民航服务人员接待老人入座

3. 有助于塑造民航的整体形象

良好的企业形象是吸引消费者、扩大企业市场份额的有效保证。塑造并维护企业的整体形象不是为了自我欣赏，而是为了服务对象。而良好的服务礼仪是一个企业树立良好的企业形象的有效手段。人们对一个企业的认识，首先是从该企业为服务对象提供的服务开始的。因此，好的服务礼仪可以塑造、完善一个企业、一个地区乃至一个国家的整体形象。

4. 有助于提高航空公司的服务质量和服务水平

某航空公司中国区本部长姜某说:"一家航空公司要吸引客人,不仅硬件要过关,而软件,也就是服务方面也要过关。服务,是一个系统很长的链条。从电话预订机票开始,到航班上的餐食,再到乘客抵达目的地后的地面服务,环环相扣,任何一个方面都不能疏忽。"作为软件核心之一的"礼貌待客"不仅体现一家航空公司的服务质量和服务水平,也影响企业的经济效益和社会效益,直接决定航空公司的生存与发展。

5. 有助于增强民航的竞争力

随着市场经济竞争的日益激烈,科学技术的不断发展和全球经济一体化的推进,企业生产的产品越来越满足不了消费者的要求,产品很难长期保持技术上的领先,市场已经从卖方市场转为买方市场。消费者在购买商品时,不但希望买到质优的有形产品,而且希望获得满意的无形服务,从而使企业之间的技术竞争、价格竞争空间越来越小,从而服务竞争显现出魅力。服务礼仪不仅能够给服务人员在服务过程中以行为指导,从而使服务交往变得容易进行,而且还能帮助服务人员养成良好的服务意识。具有良好服务意识的服务人员,能够长期获得服务对象的认可,从而有效地增强企业的竞争力。

6. 有助于增强民航的社会效益和经济效益

随着民航业的迅猛发展,各航空公司、机场之间的竞争再也不是有形产品之间的竞争,更多的是无形服务的竞争,航空公司和机场已经意识到良好的服务可以给企业带来可观的经济效益。与此同时,服务礼仪的意义绝对不只是局限于经济层面,而是已渗透到社会生活的各个层面,社会文明的发展和民主的进步,呼唤着服务礼仪的完善。服务礼仪可以给一个民航企业带来更多的社会效益,它使世界更美好,社会更和谐。

7. 有助于展示一个地区、一个国家的形象

礼仪修养是社会道德文化的重要组成部分,它反映一个社会和地区的进步和文明程度,是由其成员和民众履行情况来体现的。民航服务人员作为展示自己国家文明形象的"大使",代表国家的形象,展示人们的文明程度和精神风貌。特别是我们国家素有"礼仪之邦"的美誉,民航企业作为国家控股企业,更是对外展示的窗口,民航服务人员良好的礼仪修养会产生积极的宣传效果,能为其所在的企业、城市、国家树立良好形象,赢得荣誉。

二、民航服务礼仪的基本要求

有形、规范、系统的服务礼仪,不仅可以树立服务人员和企业良好的形象,更可以塑造受客户欢迎的服务规范和服务技巧,能让服务人员在和客户交往中赢得理解、好感和信任。以下是民航服务礼仪的基本要求。

(1)规范服务。民航岗位要求向服务对象提供标准、正确的做法。民航礼仪主要以服务人员的仪容规范、仪态规范、服饰规范、语言规范和岗位规范为基本内容。

(2)礼貌服务。民航服务人员在服务的过程中,要展现出良好的个人素质和企业

礼仪文化。

（3）主动服务。作为民航服务人员，要有强烈的服务意识和更多的情感投入。

（4）热情服务。以热情的态度耐心接待服务对象，尤其当服务对象比较挑剔或有较多困难时，一定要保持耐心、冷静，不厌其烦，把工作做好。

职场思考

结合自身实际，谈一谈优质的服务质量体现在哪些方面。

单元三　民航服务人员基本礼仪素养

一、民航服务人员的基本行为规范

民航服务人员包括票务、值机人员、安检人员、贵宾室服务人员、登机口服务人员、护卫等地勤人员，以及飞行空勤人员，包括飞行员、空中乘务员、空中机械师等。以下是民航服务人员的基本行为规范。

（1）严格遵守各项规章制度，按时到岗，不迟到，不早退。

（2）上岗前注意检查自己的仪表仪容，注意个人卫生。不得食用大蒜、大葱、韭菜等具有强烈刺激性气味的食物。

（3）工作中坚守岗位。工作间隙，不得擅自离开工作岗位。

（4）不对过往旅客指指点点、评头论足。

（5）在工作场所遵守工作纪律，不吸烟、不嚼食口香糖及其他食品，当班时不看与工作无关的报纸、杂志等。

（6）当班时，不得有剔牙、挖耳、抠鼻、揉眼等不文雅行为。

视频：个人礼仪的基本原则

职场小贴士

民航服务标准的七项要求

国内外都很重视民航服务的质量水平。有关人士认为，民航服务的基本要求可以用英语单词 SERVICE（服务）来进行诠释。具体说来如下。

第一个字母 S，即 Smile（微笑）。其含义是服务人员要对每一位旅客提供微笑服务。

第二个字母 E，即 Excellent（出色）。其含义是服务人员要将每一项微小的服务工作都做得很出色。

第三个字母 R，即 Ready（准备好）。其含义是服务人员要随时准备好为旅客服务。

第四个字母 V，即 Viewing（看待）。其含义是服务人员要把每一位旅客都看作需要提供特殊照顾的宾客。

第五个字母 I，即 Inviting（邀请）。其含义是服务人员在每一次服务结束时，都要邀请旅客下次再来光临。

第六个字母 C，即 Creating（创造）。其含义是每一位服务人员都要精心创造出使旅客能享受其热情服务的气氛。

第七个字母 E，即 Eye（眼光）。其含义是每一位服务人员始终都要用热情好客的目光关注旅客，预测旅客的要求，并及时提供服务，使旅客时刻感受到服务人员在关心自己。

二、民航服务人员的素质要求

民航服务人员应该具有先天的综合素质和服务才能，从外在的仪表仪态到内在的性格品德、从教育背景到工作经历、从服务思维到服务能力、从知识结构到工作能力，都有一些具体的要求。民航服务人员要善照顾，又要会处事，民航服务人员既是组织形象的传播者，又是组织形象的建立者。根据民航业对人才的要求，民航服务人员的礼仪素质天赋表现为以下 7 个方面。

（1）良好形象。外形条件良好、气质高雅是民航业选择服务人员的首要条件，如图 1-3 所示。以貌取人的情况在各大航空公司的招聘广告中屡见不鲜。在注意力经济时代，美是一种竞争力，它能愉悦人的心情，产生强大的吸引力，为民航企业带来良好的效益。其实，爱美是动物的本能，千里马引颈长啸是期待被关注，孔雀开屏是为博取赞赏。人们喜爱被美女接待，高兴接受帅哥的服务，民航企业满足广大旅客的心理需要，挑选颜值高的男女，从事民航服务工作，乃人之常情。因为他们是民航企业经济效益和社会效益的保障。

（2）热爱交际。服务也是一种人际交往。热爱交际的人，情商高，一般性格外

图 1-3　民航人员

向,幽默,善于沟通,无论是达官贵人,还是平民百姓,他们都能打成一片,一视同仁。到陌生的环境里,也不会恐惧,反而好奇心强烈。民航服务迎接南来北往、形形色色的旅客,热爱交际的民航服务人员,能轻松应对各方人物,把民航企业的文化迅速传递给旅客,让旅客立即产生温馨的感受,使民航服务工作产生良好效应。

(3)积极向上。积极向上是一种心态,它是人格品质中最具决定、统领和引导的因素。人因为积极向上而产生追求、理想和激情。民航服务人员在工作中,面对旅客,无论贫富、贵贱、宠辱,无论多少误解、委屈、冤枉,任何时候、任何情况下,始终保持阳光心理、灿烂心态,容事、容物、容人的态度,将会为自己业绩提升、为民航企业声誉提升带来正向效应。

(4)坚忍品性。自古以来能够成就伟大功绩的人,不仅要有超凡出众的才能,还一定要有敢于面对问题、解决问题的勇气和坚忍不拔的意志。民航服务是一个劳心劳力的工作,民航服务人员必须要具有遇到旅客投诉、遇到高强度的劳作毫不退缩和勇往直前的坚忍品质,才能实现民航服务的高水准。

(5)注重细节。细节决定成败。细节往往被人忽视,或被轻视、嗤之以鼻。在民航服务中,细节疏忽不得、大意不得。否则,会产生安全问题。

(6)喜欢照顾。天性喜欢照顾人的人具有奉献精神,他们通常是可靠、体贴、平和而踏实的。他们善解人意,希望通过自己的努力让所有人都满意。同时,他们又是想法非常简单的人,与他们沟通时,你可以感受到他们的坦然和真诚,不会绕弯子或者把简单的事情讲得无比复杂。因此,喜欢照顾人的人很容易博得旅客的好感。民航服务需要民航服务人员具备这样的素质。

(7)团队精神。团队精神是大局意识、协作精神和服务精神的集中体现,核心是协同合作,反映的是民航服务人员个体利益和民航企业整体利益的统一,并进而保证民航企业的高效率运转。

职场小贴士

先天素质的含义

先天素质是儿童与生俱来的,不仅指遗传的因素,还包括在遗传因素的基础上发展起来的、已经打上了胎内环境烙印的解剖生理因素。出生后环境对儿童心理发展的影响更为明显。

三、民航服务人员能力要求与培养

1. 民航服务人员能力要求

(1)形象塑造能力。民航服务人员的形象,是指社会公众对民航服务人员的价值理念、气质、品德、能力等方面所形成的整体印象和综合评价。从某种角度来说它是一种"公共性"的社会形象，是民航服务人员自身修养的外在表现。民航服务人员作为组织形象的代言人，不仅是公众和舆论关注的焦点，也是民航组织的代表，因而民航服务人员的形象在民航服务活动中具有重要影响，它不仅影响民航服务人员个人事业的发展，也影响民航组织的整体形象和工作全局，甚至影响到与公众关系。因此，应十分重视客观存在的民航服务人员的"形象问题"，并予以高度关注，施以科学管理。

（2）沟通表达能力。民航服务人员不论在哪个岗位工作，都要与人交往，与组织联系，应具有较强的沟通表达能力。民航的客服务工作需要民航服务人员思维敏捷、口齿伶俐、能言善辩、谈吐得体，可以简洁明了地表达思想、发布信息、阐述观点、解释政策。演讲、谈判、交谈是民航服务人员沟通表达的三大基本功。作为一个民航服务人员需要根据不同的场合、谈话对象及谈话目的、方式，选择不同的站姿、坐姿和步姿，还要相互配合，整体协调、连贯，以优美、高雅、自然、协调取胜，以获得理想的表达效果，从而表现出自然的风度美、气质美和韵致美，给对方留下美好的印象。

（3）组织协调能力。民航组织是一个处于复杂的环境之中，面对着多变的竞争形势，要与内外部各类公众进行物质、能量和信息交换的开放式的系统。它面临着各种各样的矛盾和问题，存在着错综复杂的关系。这些矛盾和问题的妥善解决，将有利于民航组织的生存和发展；反之，将会对民航组织功能的发挥产生消极的影响。因此，组织协调能力就成为民航服务人员的一项重要的能力。民航服务人员的协调能力是通过有效地沟通，达到民航组织与旅客之间的相互理解、一致与合作，消除各自的异议并实现双方受益与和谐发展。所以，当民航组织不论内部或外部发生利益关联和矛盾冲突时，民航服务人员都要积极主动地铺路搭桥，创建民航组织与旅客的对话、沟通的渠道，协调磋商，消除隔阂，缓解矛盾与冲突，融洽各方关系，不断维持和巩固彼此之间的良好关系，为民航组织创造一个关系融洽、共同发展的环境。

（4）随机应变能力。民航服务人员在工作中经常会遇到许多突发事件和矛盾冲突，这就要求民航服务人员有较强的随机应变能力，处变不惊、沉着冷静、机智果断地处理问题。在服务活动中，出乎意料的事情随时都有可能发生，民航服务人员在工作中一定要机警、灵敏，有随时应付一切突发事件的应变能力，包括超前应变能力和临场应变能力；能够根据不同的场合，调节具体的服务策略和措施。在民航组织顺利发展之时，能保持民航组织原有的形象并力争进一步提高组织形象；遇到障碍之时，能保持清醒的头脑，并想法越过障碍继续前进；民航组织形象受到损害时，能冷静地思考，并寻求出恢复组织形象的基本途径；在日常对客服务中，遇到临时性的问题，能临变不惊，保持理智，及时提出解决问题的方案，从而达到优质服务的目标。

2. 民航服务人员能力培养

（1）心理素质培养。民航服务人员的心理素质是做好民航服务工作的一项重要的非智力因素，可从以下三方面进行。

视频：良好心态

1）培养民航服务人员乐观而健康的情绪。

①应树立乐观积极的人生态度,善于从身边的事物中寻找快乐,发现美的事物,体验到幸福的感受。

②应对生活和工作中的困难有充分的心理准备,学会接受现实,正视现实,注意克服急躁情绪。

③应拓宽心胸,并清醒地认识到,急躁和忧虑是解决不了问题的,时时提醒自己,把牢骚转化为现实的态度和积极的行为。

视频:处理矛盾冲突的心态

职场思考

查阅资料,分组讨论先天能力与后天能力的关系、区别,并根据自己的理解说一说民航服务工作中先天能力与后天能力哪一个更重要。

职场小贴士

健康情绪对服务的积极影响

(1) 促进服务人员的身心健康。当人的情绪处于良好状态时,他是轻松、愉悦的,身体内部各器官的功能十分协调,有利于身体健康。此外,情绪除了与免疫系统密切相关之外,还与不健康的行为方式、心理适应、求医行为及社会支持有一定的关系,而这些都是决定一个人身心健康的重要因素。因此,健康积极的情绪是保持心理平衡与身体健康的条件,而身心健康又是保证航空服务质量的物质前提条件。

(2) 促进服务人员的人际交往。良好的情绪表现为精神上的愉快,情绪上的饱满,充满自信心,使人保持乐观的人生态度、开朗的性格、热情乐观的品质,从而使人正确认识、对待各种现实问题,从容面对和化解人际交往中的各种矛盾,创造出良好的人际关系。

(3) 提高服务人员的服务质量。

①拉近旅客的心理距离。一般来说,当旅客与航空公司建立服务关系时,因为陌生、相互不了解对方,会产生一定的紧张和不安情绪,进而产生戒备心理。但是航空服务人员的良好的情绪,如轻松愉悦、乐观振奋等,不但会使自己处于一种良好的工作状态,而且还会感染服务对象——旅客,因为拥有良好情绪所流露出来的真实而真诚的笑容可以在不经意间化解对方身体上和精神上的紧张与不安,使人产生信赖与安全感,拉近彼此之间的心理

距离，建立起和谐信赖的服务关系。良好服务关系的建立是提高服务质量的首要条件。航空服务人员能否为旅客做到体贴服务——心理距离很近的服务，也是旅客选择航班的重要因素。

②缓解旅客的旅途疲劳。服务人员的良好情绪可以通过表情特别是轻松愉悦的笑容传达给旅客，给旅客以安全感和温馨感，有利于缓解旅客长途旅行的疲劳、孤独等消极情绪。

③化解旅客的不良情绪。服务人员的良好情绪状态，一是可以让带着消极情绪登机的旅客得到提醒，意识到自己是在开始一个新的旅途，从而使旅客意识到要对自身情绪进行调整了。二是在服务过程中，需要规劝客人的错误，拒绝旅客不合理的要求。处理与旅客的纠纷时，服务人员的良好情绪所释放出来的热情、温婉和真诚可以有效化解旅客由此产生的不愉快情绪，从而赢得旅客的配合与理解。

④营造良好的航空服务心理氛围。良好的航空服务心理氛围是指航空服务的情景符合旅客的需求和心理特点，服务人员之间、旅客之间及服务人员与旅客之间的关系和谐，旅客产生了满足、愉快、互帮、互谅等积极的情绪和体验。积极饱满的情绪是营造良好航空服务氛围的重要因素。服务人员要懂得以积极乐观的情绪，创造良好的航空服务心理氛围，激发自己的工作热忱和兴趣，进行贴心周到的服务，提高航空服务的效率和质量，使旅客和自己都获得精神上的满足。

2）培养民航服务人员顽强果断的意志。
①应培养对工作高度的责任感和使命感，明确自己所承担的工作目标和意义，强化达到目的动机，坚定自己完成工作的信念。
②在日常生活和民航服务活动中，注意有意识地培养自己克服阻力和困难的意志，培养持之以恒的态度，克服懒散和随意性的行为。
③注意知识和经验的积累，避免优柔寡断，培养果断决策能力。
3）培养民航服务人员强烈进取精神。
①要拓宽视野，不能满足于已有的成绩。
②要有充分的自信心，认识到别人能取得的成绩，自己经过努力同样能够取得。
③要充分认识到现代社会是一个激烈竞争的社会，不进则退。
④要有不怕挫折精神，懂得大胆地尝试才能出成绩的道理。
（2）能力素质培养。
1）民航服务人员要提高自己的组织领导能力。
①要了解和熟悉民航服务活动的要求和特点。
②要努力学习相关知识，尽可能使自己熟悉并具有良好的业务能力。

③要培养自己和他人的情感交流能力，减少心理距离和对抗。

2）民航服务人员要提高自己的社会交往能力。

①要了解交往的性质和特点。在一般情况下，或多或少都带有功利的性质，民航服务人员要学会揣摩和了解对方的交往目的，增加民航服务工作的针对性。

②要学习和掌握与人交往的有关技巧和方法。

3）公共关系人员要提高自己的自控应变能力。

①要勇于自制，具有高度的自制力是一种难得的美德。热忱是促使人采取行动的重要原动力，而自制力是指引人行动方向的平衡轮。

②要培养自己临变不惊的心理素质，力求保持和恢复镇静，以便沉着从容地思考对策。

③要锻炼自己灵活机动的适应性。

④尽量丰富自己的学识，学会迂回战术和幽默地处理问题。

⑤在面临重大变故时，要作出迅速反应，争取及时控制住局面。

⑥任何好的应变措施和后果，往往和事前的精心准备分不开。因此，民航服务人员应努力做好事前的策划准备工作。

职场思考

什么是能力？请查阅相关资料，分组讨论民航服务人员还应具备哪些必要的能力，才能更好地为旅客服务。

延伸阅读

服务礼仪的支柱型理论——零度干扰

服务行业与服务人员在向服务对象提供具体服务的一系列过程中，必须主动采取一切行之有效的措施，将对方所受到的一切有形或无形的干扰，积极减少到所能够达到的极限，也就是要力争达到干扰为零的程度。它是服务礼仪的一种重要的支柱型理论，其主旨就是要求服务行业与服务人员在服务过程中，为服务对象创造一个宽松、舒畅、安全、自由、随意的环境，使对方在享受服务的整个过程中，尽可能地保持良好的心情，让对方始终能够逛得惬意，选得满意，买得称心。在进行消费的同时，令对方真正可以获得精神上的享受。总体而言，零度干扰理论的核心，就是要使服务对象在服务过程中所受到的干扰越少越好。

贯彻落实零度干扰理论应注意以下问题。

（1）创造无干扰环境。任何一个服务场所的周边环境，或多或少地都对服务对象构成一定的影响。在某种程度上，服务场所的周边环境，实际上也是整体服务的有机要素之一。为服务对象创造无干扰的周边环境，主要需要服务组织与服务人员应注意讲究卫生、重视陈设和装潢、限制噪声、注意气象条件、注意光线与色调。

（2）保持适度的距离。人际距离，一般是指在人与人所进行的正常交往中，交往对象彼此之间在空间上所形成的间隔，即交往对象之间彼此相距的远近。在不同的场合和不同的情况下，交往对象之间的人际距离通常会有不同的要求。心理学实验证明：人际距离必须适度。人际距离过大，容易使人产生疏远之感；人际距离过小，则又会使人感到压抑、不适或被冒犯。总之，人际距离过大或过小均为不当，它们都是有碍于正常人际交往的。

①服务距离。它是服务人员与服务对象之间所保持的一种最常规的距离。在一般情况下，服务距离以 0.5～1.5 m 为宜。至于服务人员与服务对象之间究竟是要相距近一些还是远一些，则应视服务的具体情况而定。

②展示距离。它是服务距离的一种较为特殊的情况，是指服务人员需要在服务对象面前进行操作示范，以便使服务对象对于服务项目有更直观、更充分、更细致的了解。进行展示时，服务人员既要使服务对象看清自己的操作示范，又要防止对方对自己的操作示范有所妨碍或遭到误伤。因此，展示距离以 1～3 m 为宜。

③引导距离。它是指服务人员在为服务对象带路时彼此之间的距离。根据惯例，在引导时，服务人员行进在服务对象左前方 1.5 m 左右是最为适当的。此时，服务人员与服务对象之间相距过远或过近，都是不允许的。

④待命距离。它是指服务人员在服务对象尚未传唤自己、要求自己为之提供服务时，必须与对方自觉保持的距离。在正常情况下，它应当是在 3 m 以上。只要服务对象视线所及，可以看到自己即可。服务人员主动与服务对象保持这种距离的目的在于不影响服务对象对服务项目的浏览、斟酌或选择。

⑤信任距离。它是指服务人员为了表示自己对服务对象的信任，同时也是为了使对方对服务的浏览、斟酌、选择或体验更为专心致志而采取的一种距离。采取此种距离时，必须避免：一是不要躲在附近，似乎是在暗中监视服务对象；二是不要去而不返，令服务对象在需要服务人员帮助时找不到任何人。

此外，服务人员还应了解自己在工作岗位上的禁忌距离。禁忌距离，是指服务人员在工作岗位上与服务对象之间应当避免出现的距离。这种距离的特点，是双方身体相距过近，甚至有可能直接发生接触，即小于 0.5 m。这种距离，多见于关系极为亲密者之间。若无特殊理由，服务人员千万不要主动采取。

（3）无干扰的热情服务。无干扰的热情服务，主要指真正受到服务对象所欢迎的服务人员的热情服务，必须既表现得热情、周到、体贴、友善，同时又能够善解人意，为服务对象提供一定的自由度，不至于使服务对象在享受服务的过程中，受到服务人员无意中的骚扰、打搅、纠缠或者影响。从根本上来讲，要求服务人员在向服务对象提供热情服务时，必须同时具有对对方无干扰的意识，实际上就是要求服务人员在服务过程中谨记热情有度。

模块小结

服务礼仪是礼仪在服务行业内的具体运用，是礼仪的一种特殊形式，主要指服务人员在工作岗位上，通过言谈、举止、行为等，对客户表示尊重和友好的行为规范和惯例。作为一名民航服务人员，掌握民航服务礼仪，才能做好服务工作。民航服务礼仪要求规范服务、礼貌服务、主动服务、热情服务。民航服务人员应具备良好的职业形象、良好的沟通表达能力、组织协调能力和随机应变能力，并应严格遵守各项规章制度，按礼仪规范要求上岗。

岗位实训

1. 实训目的

拟一份提高自身礼仪素养的计划书。

2. 实训内容

收集和整理民航服务工作中，由于礼仪规范运用不当导致的客户投诉案例，针对案例中的不当行为进行分析，讨论如何改进民航服务，避免出现客户投诉。

3. 实训要求

将不同案例中分析得到的礼仪行为记录下来，符合要求的可以借鉴，不足之处加以改进，绘成指导自己礼仪行为的计划表或规划图。

4. 实训心得

_____

_____

_____

模块二
民航服务人员职业形象礼仪

知识目标
1. 了解良好的仪容标准和职业妆容修饰技巧；
2. 熟练掌握仪表、仪态的塑造要领；
3. 重点把握民航服务人员职业妆容的修饰规范，职业装的着装规范，饰品、饰物的佩戴规范，站、坐、行、蹲等仪态规范及各服务礼仪的手势使用规范。

技能目标
1. 能够按照民航服务人员职业妆容修饰规范修饰仪容；
2. 能够按照职业装的着装规范，饰品、饰物的佩戴规范进行仪表修饰；
3. 能够按照站、坐、行、蹲等仪态规范及各服务礼仪的手势使用规范塑造良好的民航服务人员职业形象。

素养目标
1. 履行崇德向善、诚实守信的道德准则和行为规范；
2. 热爱民航事业，培养忠诚担当的政治品格，弘扬当代民航精神；
3. 具有质量意识、创新思维，不断提高服务质量，塑造良好职业形象。

案例导入

一批应届毕业生共10人，被导师带到国家某部委实习参观。全体人员坐在会议室等候部长的到来。这时，部长走了进来，向大家招手打招呼，不知怎的，同学们都表现木讷，无人回应，一名叫张萌的女孩左右看看，犹豫着鼓了几下掌，同学们这才反应过来，稀稀拉拉地跟着拍手。接着，部长让办公室负责人送给大家每人一本手册，同学们坐在那，随意接过办公室负责人双手递过来的手册，部长微笑地摇摇头。眼看到张萌了，她礼貌地站起来，身体微微前倾，双手接过小册子，恭敬地说了一声："谢谢您！"两个月后，同学们各奔东西。张萌接到了去国家某部委报道的通知。有几位同学很不满意，找到导师：张萌成绩一般，凭什么导师要推荐她，而没有推荐成绩更加优异的同学。导师看着同学们笑道："除了学习成绩，你们要学习的东西还很多，礼仪修养就是第一课啊。"

【案例分析】

生活中有很多时候我们也会发现：一个全身保暖内衣的小伙子上了香山；一个穿着睡衣的年轻人漫步在街心公园；一个浓妆艳抹的家长参加孩子的家长会。不能否认如何穿衣、如何打扮是一个人的自由，但是无论怎样，这样的行为都是不合适的，应该引起大家的注意，调整自己不恰当的着装、仪容、仪态，尊重环境，尊重他人。

单元一 民航服务人员仪容礼仪

仪容，主要是指个人的容貌。它包括一个人头部的全部外观，如头发、脸庞、眼睛、鼻子、嘴巴、耳朵等。

一、发型

发型的礼仪，是航空服务人员个人形象礼仪中不可或缺的一个重要组成部分。发型礼仪，指的是头发的护理与修饰的礼仪规范。在正常情况下，人们观察一个人往往是"从头开始"的，位居于头顶之处的头发，自然不会被错过，而且还经常会给他人留下十分深刻的印象。

视频：男士职业发型

（一）男性民航服务人员发型

男性民航服务人员的发型要求：前不遮眉、侧不遮耳、后不触领、不留鬓角、不剃光头、不染异色、不烫发、不留怪异发型、不追求时髦，要干净整洁、端庄大方，如图 2-1 所示。

图 2-1 男性民航人员发型

（二）女性民航服务人员发型

女士的发型可为盘发（长发）、直发（短发）、烫发（短发）三种发型。

1. 长发

发髻：长发必须盘起，取消头花式、贝壳式盘发，统一使用隐形发网，

将长发扎成马尾式，使用隐形发网盘成发髻，马尾长度不得超过发网，长发扎起的高度适中，发髻不得低于双耳，不可过高或者

视频：女士职业发型

过低，头顶部头发蓬起高度在 3～5 cm 之间（图 2-2）。

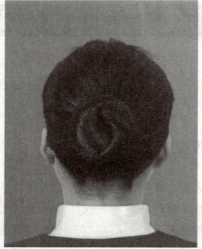

图 2-2　长发发型

2. 短发（直发和烫发）

（1）直发的长度最短不得短于两寸，可经过烫发打造整体造型，整体造型应柔和、圆润。

（2）刘海需经过打理固定，服务时头发禁止掉下遮住脸颊。

（3）禁止爆炸式、板寸式、翻翘式、倒剃式短发，背面长度不可超过衣领上缘。

职场小贴士

民航服务人员护发礼仪

护发礼仪的基本要求：航空服务人员的头发必须经常保持健康、秀美、干净、清爽、卫生、整齐的状态。要真正达到以上要求，就必须在头发的洗涤、梳理、养护等方面加以注意。

（1）要重视头发的洗涤。保持头发干净、清洁的基本方法：要对它按时进行认真洗涤。洗涤头发，一是为了去除灰垢；二是为了消除头屑；三是为了防止异味；四是为了使头发条理分明。此外，它还有助于保养头发。

（2）梳理头发时，航空服务人员应注意：一是要选择适当的工具，选用专用的头梳、头刷等梳理工具，其主要标准是不会伤及头发、头皮。在外出上班时，航空服务人员最好随身携带一把发梳，以备不时之用。二是要掌握梳理的技巧。三是要避免公开的操作，梳理头发是一种私人性质的活动，不能"当众理云鬓"，在外人面前梳理自己的头发，使残发、发屑纷纷飘落的情景尽落他人的眼底，是极不雅观和礼貌的行为。

(3) 要重视头发的养护。绝大多数中国人都具有"黑头发、黑眼睛、黄皮肤"等共同的种族特征，我们每一个人都理当拥有一头浓密的乌发青丝。

二、面部

人与人的交际，应该是从对面部的第一视觉点开始的，给人以美感的容颜，一般来说，总能引起人们的交际欲望，所以航空服务人员要重视对自己容颜的修饰。民航服务人员的面部修饰以表现民航服务人员精神面貌为主要目的，通过型的塑造及色的晕染表现出民航服务人员端庄、典雅、大方、自然、亲切的职业特点及职业韵味。

视频：面部仪容规范

（一）男性民航服务人员面部修饰

1. 胡须

男性民航服务人员应每天坚持剃胡须，如果使用剃须刀、剃须泡沫太麻烦，占用过多时间，可以选择电动剃须刀。

2. 牙齿

男性民航服务人员牙齿要保持洁白，尽量不抽烟、不喝浓茶。如果长期吸烟和喝浓茶，牙齿表面会发黑发黄，有损形象。

3. 耳毛、鼻毛

耳毛、鼻毛不得外露。过长的鼻毛非常有碍美观。可以用小剪刀剪短，不要用手拔。尤其不要在他人面前拔鼻毛。

（二）女性民航服务人员面部修饰

1. 洁面

洁面是面部修饰的第一步。彻底清洁面部，可使毛孔通畅、透气，体现出皮肤的质感，如图2-3所示。

2. 使用护肤品

洁面后应使用保湿水、润肤霜等护肤品进行面部的皮肤护理。

图2-3　洁面

> **延伸阅读**
>
> ### 如何保养皮肤
>
> （1）保持精神愉快、心情开朗，对防止皮肤的老化有非常重要的作用，使人在内外生活环境中取得和谐和统一。

(2) 摄取充足和必需的营养物，饮食要多样化，避免偏食，应多吃一些含蛋白质、维生素、矿物质丰富的食品。

(3) 应保证充足的睡眠，皮肤更新及呼吸的时间主要在晚上10点至凌晨2点，所以避免熬夜，对皮肤健康很重要。

(4) 坚持经常运动，增强体质。

(5) 皮肤的清洁卫生，用清洁霜或洗面奶去除面部污垢，将洗面奶涂于额头、鼻梁、面颊、下颌及脖颈处，用指尖在脸上各部位向上打圈按摩，溶解面部油污，然后用温水（水温低于35℃）从外向里，从下往上冲洗面庞及脖颈，一般一天1～2次。

(6) 对于全身皮肤的清洁，因地、因季节不同而异，沐浴完后搽上润肤露，保持皮肤的湿润。

(7) 避免寒冷和风沙的刺激，特别在冬、春季，避免使皮肤变得干燥、粗糙。

(8) 日光或紫外线的照射，是皮肤衰老的主要因素之一，过度日光照射可引起皮肤起皱、松弛、老化、色素沉着、毛细血管扩张、光敏性皮炎、皮肤癌等疾病。人们应避免在上午11点至中午3点暴晒在日光下，出门时撑伞或戴帽子，外搽防晒霜。对于面部的雀斑、毛细血管扩张、粗大毛孔等问题皮肤，可用光子嫩肤仪进行治疗。

(9) 避免进食辛辣、刺激的食物和饮料，特别是饮酒和吸烟，吸烟会阻碍皮肤的新陈代谢，加速皮肤的衰老。

(10) 避免长时间化浓妆及不卸妆入睡，这样不利于皮肤的呼吸。

3. 使用隔离霜或防晒霜

适当地使用隔离霜或防晒霜，能起到保护皮肤的作用。

4. 涂抹粉底与散粉

粉底是基础底色，涂抹粉底的目的是调节皮肤的光洁度和细嫩度，使皮肤得到改善，获得白净、细腻、光洁的效果，体现出皮肤的质感，能给人带来更佳的视觉印象。选择粉底时，应选择接近自己肤色的粉底，增白是有限度的，不能超越自己的本色，应该选择比自己的脸色亮一度的粉底，否则没有服帖感。

常见的脸型有甲字形（到三角形）、由字形（正三角形）、申字形（菱形）、国字形、目字形、圆形。塑造脸型时，可以通过不同颜色的粉底来修型，用接近肤色的粉底均匀地涂在面部内外轮廓处，再用略暗于肤色的粉底涂在外轮廓部位，这样既可以塑造脸型，又可以表现出面部的立体感。脸庞偏大的可将粉底涂抹在脸颊的内侧，外侧可以打粉底，也可以不打粉底，这样可以获得缩小脸部轮廓的效果，同时立体感非常强，但是不能有明显的分界线。注意：要涂抹得均匀。

眉骨和鼻梁的处理要用亮光粉，最好用浅颜色粉底，效果会更好，化妆后看上去一定要如同自然生长的,没有明显的痕迹,而且还有立体感。不可以过分夸张,化成舞台妆、戏妆,失去自然感。如果中庭太长,就缩短提亮点,弥补比例上的不足。可增强鼻部立体感,与眉骨提亮色一致,适宜使用淡肉色、象牙白色及最浅色粉底。

散粉可以增加粉底的附着力使妆容持久,它可以缓和涂得过浓的腮红和眼影,也可以改善油性皮肤的化妆效果,选择粉底细腻、透明无反光型定型粉。

视频:乘务员职业妆容规范

延伸阅读

三庭五眼

人们常说的"三庭五眼"指的是人脸的长度和宽度,按标准比例,符合自然生长状况,如果不符合最佳比例,就会与理想脸型产生差距。

三庭相等:指脸的长度比例,把脸的长度分为三个等份,从前额发际线至眉骨,从眉骨至鼻底,从鼻底至下颚,各占脸长的1/3,如图2-4所示。

图2-4 三庭相等

五眼相等:指的是脸的宽度比例,以眼型长度为单位,把脸的宽度分成5个等份,从左侧发际至右侧发际,为5只眼型。两只眼睛之间有一只眼睛的间距,两眼外侧至侧发际各为一只眼睛的间距,各占脸宽的1/5,如图2-5所示。

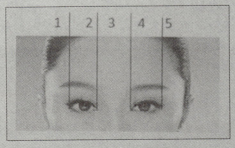

图2-5 五眼相等

5. 定妆

定妆的目的是吸油。脸色发白的用粉色粉饼，脸色发红的用绿色粉饼。最终的效果不能看出粉质感。

6. 眉型

女民航服务人员要定期修眉，不可出现杂乱现象，眉型不可画得太细，否则缺乏亲和力。眉的长度以不超过鼻翼到外眼角的延伸线为宜。眉的粗细，从眉头、眉腰略粗，逐渐过渡到眉梢渐细，眉的最高点在眉毛的三分之二眉峰处，眉峰不宜太高、太尖，如图 2-6 所示。三点之间的连线应柔和，不应有太过强硬的线条感。眉笔的选择要与发色、眼睛的颜色一致，这样看上去和谐、自然、真实、不生硬，可以产生最佳效果。应以黑色、深棕色为主，也可以选择深灰色。

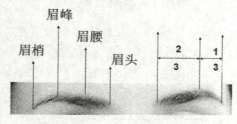

图 2-6　眉型

延伸阅读

眉毛类型

（1）柳叶眉。对于柳叶眉的定义，基本上是说，眉头和眉尾基本上在同一条水平线上。眉峰在整条眉毛的 2/3 处。这样的眉毛，是比较百搭和常见的眉型，没有年龄和脸型的过多要求，几乎适合所有人［图 2-7（a）］。

（2）上挑眉。上挑眉基本上的形态是眉头低，眉尾高，眉头和眉尾不在一条水平线上。眉峰在整条眉毛的 2/3 处或者 3/4 处。这样的眉型会比较适合圆脸型的人或者是脸盘儿左右比例稍大一些的人。上挑眉看上去会比较精神，有朝气［图 2-7（b）］。

（3）拱形眉。拱形眉的眉头和眉尾基本上是在一条水平线上，眉峰在整条眉毛接近 1/2 处的地方。整个眉毛的形状弧度较大，成拱形。这样的眉毛比较适合菱形脸或者三角形脸。拱形眉不太大众，一般情况下很少遇见［图 2-7（c）］。

（4）平直眉。平直眉的眉头和眉尾在一条水平线上，眉峰在整条眉毛的 2/3 或者 3/4 处。眉峰呈菱形，眉尾较短，类似柳叶眉，不过记得要区别于柳叶眉。基本上这样的眉形适合脸型稍长的人。平直眉会看上去比较清纯，凸显年轻［图 2-7（d）］。

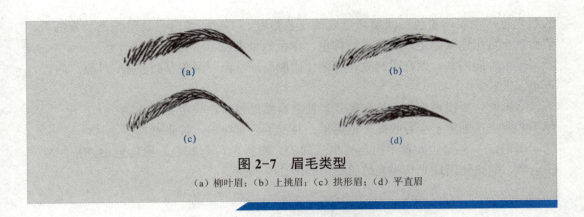

图 2-7 眉毛类型

（a）柳叶眉；（b）上挑眉；（c）拱形眉；（d）平直眉

7. 眼线

通过勾画眼线，会使眼睛的轮廓更加清晰，使眼睛更加明亮、有神。画上眼线时，要贴近睫毛根部，不要画得太重、太长，要遵循自然形成的眼窝，如果想挑高一点，中间一定要填实。画下眼线时，要遵循自然生长规律，要画得清淡或不画。却需要画时，可画在后 1/3 处，而且是虚化、清淡的。如果是单眼皮，画完上眼线后，为了更好地与上眼皮衔接，在上眼线沿上略加一点深咖啡色。年龄稍大的人，如果眼角下挂，可略提升一点，遮盖住疲惫感，使精神状态更好些。根据亚洲人的毛发特点，选用黑色、灰色、深咖啡色眼线笔、眼线液、眼线粉画眼线，如图 2-8 所示。

图 2-8 画眼线

8. 眼影

（1）眼窝：橙色或紫色。眼眶：淡肉粉色、月白色。
（2）鲜艳的橙色可以提亮，用于外侧。
（3）结构色用于眼眶，晕染色用于眼窝。

通过画眼影可以表现出眼部结构和眼部的神韵，用浅淡色做结构色，鲜艳色做晕染色。以"橙色系眼影"为例。

第一步，用淡橙色眼影，沿眼线开始向上匀至眼窝顶端眉骨下方，颜色从下至上渐淡。

第二步，用同色系略艳色眼影（艳橙色），在双眼睑内匀开。眉骨处选择高明度的高光色，如淡肉粉色、淡象牙色或最浅色粉底，不宜用纯白色及银光色。紫色系、紫粉色也可用作眼影色，浅色做结构色，深色做晕染色。

①由外向内画，画在眼窝处，外侧比内侧略深一点。画眼影时注意：外重、内轻、下重、上轻。

②画时，要慢慢地往上均匀展开，使之自然地过渡，一定要柔和。

③要点：画重了会有收缩、退后感；画浅了会有突出、扩张感。

切记：一定要让人看不出是画出来的美。眼影色可与肤色、服饰色协调搭配成同一色系，禁止使用珠光与闪光的眼影，如图2-9所示。

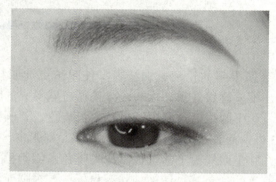

图 2-9　眼影颜色选择

9. 睫毛膏

民航服务人员可选择加长、加密型睫毛膏。睫毛膏不宜涂得过于浓重，否则会失去自然感。睫毛膏一般选择黑色、深灰色、深咖啡色、深蓝色，如图2-10所示。

图 2-10　睫毛膏

10. 腮红

腮红可表现出红润的气色，也可塑造出面部的立体感，选色要适宜面部自然产生的红晕，腮红要在颧骨部位匀开，表现出面部的自然红润。

（1）由内向外画出红晕。

（2）没有边缘线。

（3）如果需要塑形，改变脸型，如长脸型，腮红最好打成横向或圆形，圆脸型最好打成纵向，腮红下缘不要低于鼻子，如图2-11所示。

（4）面颊选色：淡粉色、淡橙色。不可画成晒伤红、苹果红或条状。

切记：不能用朱光色、银光色。

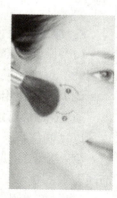

图 2-11　腮红

11. 唇部修饰

人在微笑时，唇峰是打开的。微笑的嘴上唇平拉，微微向上一点，看上去笑得非常自然和甜美。唇型要画出柔和、自然感，表现出微笑的唇型。唇峰画得略开、圆润，上唇略长、略薄，下唇略短、略厚，如图2-12所示。

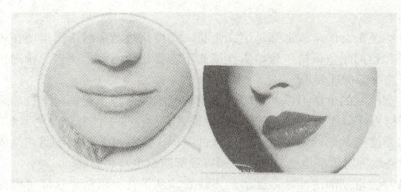

图2-12　唇形

唇线笔要与唇膏是同一色系。如果唇形很好看、唇线很清晰，可以不画唇线。选择滋润有透明感的口红。粉红色、紫粉色、橙红色，口红要涂得薄而透，不可过于浓艳。

职场小贴士

民航服务人员美妆禁忌

（1）上完防晒立刻上底妆。防晒成膜了才能发挥防晒效果，在防晒还没干透的时候上底妆，很容易破坏防晒膜，使得防晒效果大打折扣，有时还会出现搓泥现象毁了整个底妆。正确的方法是均匀涂抹防晒霜以后，过3～5分钟再上底妆。

（2）粉底涂太白。要选择适合自己肤色的粉底。

（3）唇膏当腮红。唇膏跟腮红的成分不一样，唇膏里面的蜡，在皮肤上有可能导致毛孔堵塞等问题。而且脸颊的皮肤较嘴唇脆弱，唇膏直接往脸上糊也可能导致脸颊皮肤不适。

（4）涂太裸的唇膏。这样的唇膏不但看上去显黑，而且也会显得很病态。

（5）眼线不定妆。眼线脱妆适得其反，可以适当均匀地涂些散粉。

（6）敷完面膜不洗脸。皮肤能吸收营养的时间大约20分钟，因此，敷了面膜不洗脸是错误的。

（7）散粉不合适。散粉是不含有油分的，全部为粉体原料配制而成的粉状制品。主要在涂粉底乳液或者粉底霜之后涂布的，多数为美容后修饰和补妆所用，调节皮肤色调，防止油腻皮肤过分光滑或者过黏，显示出无光泽但是透明的肤色，减少汗液和皮脂，增强化妆品的持妆时间，产生柔软、绒毛的肤感，有些散粉还具有一定的防晒作用。

三、颈部

无论男性还是女性,颈部都是第二张脸,女性化妆结束后,适当地在颈部拍一点粉,使脸部和颈部颜色保持一致。男性虽然不需要化妆,但是适当的颈部护理也是需要的。以下是颈部护理要求。

(1)注意平时的生活习惯。平时看手机和电脑的姿势不正确、不良的睡姿、喜欢佩戴项链等行为都会加快颈部的衰老。因此需要在生活中多注意,避免颈部的劳损。

(2)需要注重颈部的防晒抗衰。像脸部一样,颈部也是长期暴露在外面的。外部的灰尘、紫外线等对颈部也会有伤害,所以颈部防晒也是必需的。

(3)平时注意颈部清洁。颈部清洁要注意,从下往上清洁,这样可以提拉紧致颈部的肌肤。另外,注意不要用过热的水,因为水过热,会加快颈部的老化。

(4)颈部的保湿很重要。因为颈部的特殊性,很容易出现干燥缺水的情况。这个时候,颈部的保养就很重要。平时洗完澡,可以擦颈部专门的乳霜。记得擦颈部保养霜的时候,从下往上涂,轻轻地涂抹。

(5)配合专业的颈部按摩手法。除了颈部的日常护理之外,还需要对颈部进行按摩。一般手法是将下巴抬起,然后用中指、食指及无名指由近锁骨的位置起,由下往上用轻柔的力度按摩至下巴,继而用一样的手势按颈项两旁至耳畔的位置。注意掌握好颈部按摩的手法,避免按摩的同时产生皱纹。

(6)颈部面膜也是颈部保养重要的一步。除了以上的颈部护理方法,颈部面膜(颈膜)也是非常重要的一环。一般女性选择补水保湿的颈膜即可,不过也要看个人想要改善的颈部问题。如颈部干燥的人,可以选择补水滋养的颈膜。颈部肌肤松弛的人可以选择抗老化的颈膜。颈部肌肤暗淡的女性可以选择使用有助于淡化颈纹色素的颈膜。而肌肤偏干的女性可以敷保湿颈膜。总之,需要按照自身的需求,选择适合自己的颈膜。

四、手

社交活动中,人与人之间需要握手。手是仪容的重要部位。一双清洁没有污垢的手,是交往时的最低要求。要经常修剪指甲,指甲的长度不应超过手指指尖。修指甲时,指甲沟附近的"爆皮"要同时剪去,不能用牙齿啃咬。特别值得提出的是,在任何公共场合修剪指甲都是不文明、不雅观的举止。

手部随时保持干净,定期保养手部。指甲修剪整齐,男乘务员指甲长度不超过指尖 1 mm,女乘务员指甲长度不超过指尖 3 mm;女乘务员必须涂抹指甲油,所用颜色不同航空公司规定不同,比如海南航空指定肉粉色,东方航空指定为大红色,但指甲油必须为单色,禁止任何造型,不允许做美甲。

色彩的魅力

色彩是无限的，中国古代绘画中有赤、黑、黄、青、白5种正色。西方绘画中有红、黄、蓝3种颜色，阳光中可以分解出赤、橙、黄、绿、青、蓝、紫7种颜色。由此看来，服色不仅是艺术，同时还是文化。可以尝试用多种颜色的服装去营造多样的氛围，在这一点上，每个着装者都是艺术家。

（1）灰色：显得严肃且高雅，有超凡脱俗的风度，款式要大方得体，廓线利落，腰肩各部造型分明，这样看上去凸显时尚，不失沉稳。

（2）红色：可以塑造一种现代、洒脱、乡土气、放荡不羁的气质。

（3）褐色：多情色、优雅色。

（4）绿色：如墨绿、深绿、土黄，只要在此系列中就可以任意搭配，因为基本属于一个色相，只是色阶不同。如果选择得好，做成职业装、休闲装，都可以很大气、很文气，沉稳而又深邃。当然，如果皮肤偏于黄褐色，就不可选择此色，不然穿出来很土气。

（5）蓝色：选择余地较大，有清澈如湖水的湖蓝色，有鲜亮又沉静的宝石蓝，还有牛仔服似的靛蓝。

① 蓝色衣服是黄皮肤的人最常选择的颜色。因为蓝色会使黄皮肤的人提亮气色。

② 白皮肤和黑皮肤的人选蓝色为衣服主色的较少。

如果女性穿蓝色风衣，露出银灰色羊绒衫、洋红色的呢裙，再加上黑色皮鞋和黑色皮包，会显得非常高雅。这时候，不要忘记用鲜艳的丝巾点缀一下，会有新的亮点出现。

单元二　民航服务人员仪表礼仪

仪表是指人的外表，在交际场合，整洁的仪表是送给大众的见面礼。仪表美是指通过修饰打扮及后天环境影响产生的美。这是一种创造的美，也是仪表美的发展。讲求仪表美，不仅关系到一个人形象的问题，也是一种无声的语言。它体现个体对他人的尊重，常常关系到业务工作的成败。

视频：仪表礼仪——仪表美

职场小贴士

仪表美的具体要求

对仪表美的具体要求通常从以下几方面来考虑：

（1）适体美。适体美是指一个人的仪表要与年龄、体形、肤色、个性、气质、职业、身份等相适宜，表现出一种和谐，这种和谐能给人以美感。对不同年龄的人来说应体现出不同的风格。青年应着力展示其青春风采，淡淡妆饰以体现出自然之美和个性之美；中年应力求突出成熟风韵，妆饰柔和、服饰优雅体现出成熟之美；老年则宜适当创造高雅稳重、深沉理性的睿智之美。对于不同体形、不同肤色的人应注意扬长避短选择合适的服饰，力求突出体形优点、遮盖体形缺陷。对于个性气质不同的人，仪表美通过妆饰、着装展示其个性，以期获得外在仪表美与内在精神美的和谐。

（2）整体美。整体美要求人们在仪表修饰上将人视作一个整体，考虑各修饰部位的局部，促成妆饰、着装、佩饰三者之间及其与人自身诸多因素之间协调一致，使之浑然一体，营造出个体的整体风采。妆饰的整体美是指面部、颈部及手部等局部化妆色调、化妆线条、化妆质感和化妆风格要给人以整体的美感。着装的整体美是指服装本身的色彩、图案、款式、质料和风格等方面与人体相匹配，造就一种和谐的统一。佩饰的整体美是要求同时佩戴几种饰品时，要在色调、光泽、材质、形态、寓意和风格上取得相互协调一致。仪表的整体美感就是要让所有的修饰效果造就一种和谐的整体美。

（3）适度的美。适度的美即要求人在仪表的修饰上无论是修饰程度，还是在饰品数量和修饰技巧上都应把握分寸，自然适度，追求雕而无痕的效果。修饰是为了突出人的外在美并为个体气质服务的，而不是本末倒置。美与丑仅一步之遥，过分修饰、刻意装点不仅不会使人产生美感，还会给人留下庸俗的印象。饰品意在点缀，恰到好处的点缀似点睛之笔，如锦上添花，但若"珠翠满头"反而给人轻浮浅薄、庸俗不堪的感觉。修饰一定要把握分寸，仪表不修饰不好，修饰过度更不好，应做到既雕琢又似自然天成。

一、制服

制服是指公司统一制作配发的工作服装，分为男士制服和女士制服。

职场小贴士

职场服饰的选择

服饰美是指通过适宜、适时、得体的服装佩饰所呈现的美，包括衣着服装的美和佩戴饰品的美。服饰美在日常交际中起着不可低估的作用。据调查，人们在观察一个人时，有百分之八九十的注意力集中在服饰上，可见服饰对人的外在形象的重要性。一个穿着得体大方的人会感到惬意和自信，这种良好的"自我感觉"，是使他获得成功的重要因素。

职场服饰的选择应注意以下三个方面：

（1）注意服装和鞋子要配套（如不要出现西服配运动鞋的情况）。

（2）上下装从颜色到款式都要协调。

（3）装饰物要和穿着者的身份协调。服饰要给人"和谐统一"的美感，需要做到以下三点：

①服饰要和穿着者的思想感情及所处场合的基调一致。表示喜悦、欢庆的场合最好穿浅色服装，会让人心情愉快。而在严肃、庄重、哀痛场合，应穿黑色或深色的衣服，这样能更好地表达穿着者的情感，烘托气氛。以青春、理想为主题的场合，则可以穿较简洁、时尚的服装，以传递个体青春气息和奔放的热情。

视频：女士休闲装

②服饰要和肤色、体形、年龄相适应。一般说来，服装不能和自己的肤色反差太大。稍胖者宜穿深色和竖条的服装，稍瘦者宜穿暖色和明亮度较高的服装，青年人宜穿款式活泼和色彩鲜艳些的，中老年人可以穿得相对素雅。

视频：男士休闲装

③服饰要和气质、性格、职业、环境相吻合。好动的人可以借助蓝色，增加文静的感觉，沉稳的人可以借助浅色增加活力。在特定情况下，穿职业装可以显示自己的身份和对工作的热爱。在农村、建筑工地，大可不必西装笔挺，着工作服更有感染力。

1. 男士制服

男士制服包括春秋装（长袖衬衫、马甲、制服外套、裤子、深色袜子、单皮鞋）、夏装（短袖衬衫、马甲、裤子、深色袜子、单皮鞋）及冬装（风衣、羊绒大衣、皮靴、长袖衬衫、马甲、制服外套、裤子）。

男性民航服务人员着装如下（图2-13）：

（1）制服要始终保持干净整洁、挺括、尺寸合体、没有破损、没有污迹、纽扣齐全。

（2）穿制服的要求：衬衣下摆系在裤腰内，外套、马甲纽扣扣齐。

（3）袜子：统一穿航空公司发放的单一色系，确保无破损。

（4）皮鞋：干净光亮、无破损、无异味。

（5）风衣、大衣：穿戴时，必须纽扣扣齐、腰带系好。

图 2-13　男性民航服务人员着装规范

2. 女士制服

女士制服包括春秋装（长袖衬衫、马甲、制服外套、裙子、长筒丝袜、单皮鞋）、夏装（短袖衬衫、马甲、裙子、长筒丝袜、单皮鞋）及冬装（风衣、羊绒大衣、靴子、长筒毛袜、长袖衬衫、马甲、制服外套、裙子和裤子）。

女性民航服务人员着装规范如下（图 2-14）：

图 2-14　女性民航服务人员着装规范

（1）工作期间须穿制服，要始终保持制服的干净整洁、挺括、尺寸合体、没有破损、没有污迹、纽扣齐全。

（2）穿制服的要求：衬衣下摆系在裙服腰内，外套、马甲纽扣扣齐。

（3）长筒袜：统一穿航空公司发放色系的长筒袜子，确保无破损。

（4）皮鞋：干净光亮、无破损，通过候机楼大厅直到飞机起飞前穿高跟皮鞋，平飞后穿平跟皮鞋。

（5）风衣、大衣：穿戴时，必须纽扣扣齐、腰带系好。

职场小贴士

服饰礼仪的基本原则

服饰是一种文化、一种"语言"，是影响人际交往中"首因效应"的重要因素之一。在节奏如此之快的今天，人与人之间常常没有时间进行心与心的交流，往往第一面就决定了彼此是否有继续深入交往的可能。衣着是最为重要的一环。它能透露出一个人的生活水平、身份、地位、品位，甚至是性格和爱好。

任何一种服饰都在一定程度上体现着社会的精神风貌，反映着社会的等级差异与角色分工的不同，同时也充当着礼仪的工具。服饰能够反映一个人的社会生活和文化素养，得体的服饰能使人具有一种无形的魅力。在职场上，人们首先考虑的是服饰的社会性作用，而把其装饰性作用放在第二位来考虑。

服饰礼仪应遵循的基本原则如下：

（1）个性原则。个性原则是指在社交场合树立个人形象的要求。一个人的服饰往往能传达出个体性格、爱好、心理状态等多方面的信息，不同的人由于身材、年龄、性格、职业、文化素养等的不同，自然就会有不同的个性特点，所以服装选择首先应考虑自身特点，把握形体尺寸，力求做到"量体裁衣"，扬长避短；其次，保持并创造自己所独有的风格，突出长处，符合个性特点，选择能与个性融为一体的服装，搭配出自己的风格。着装切勿穷追时髦，随波逐流。

（2）着装的 TOP 原则。TOP 是三个英语单词的缩写，它们分别代表时间（Time）、场合（Occasion）和地点（Place），即着装应该与当时的时间、所处的场合和地点相协调。

①时间原则。时间涵盖了每一天的早间、日间和晚间三个时间段，也包括每年春、夏、秋、冬四个季节的交替以及不同的时期、时代。因此，人们在着装时应注重考虑时间层面，做到随时更衣。比如，冬天要穿保暖、御寒的冬装；夏天要穿通气、吸汗、凉爽的夏装。如今，有的女士在隆冬季节穿上短裤套外套，给人的感觉就不太符合季节特征，不符合人们心理上的审美习惯。又比如长袍马褂是清代男子最典型的服饰，但如果在今天有谁穿着行走在大街上那就不符合时代特征了。商务人员的着装既不能过于超前，也不能过于落后。

②场合原则。衣着要与场合协调。与顾客会谈、参加正式会议等,衣着应庄重考究;听音乐会或看芭蕾舞,则应按惯例着正装;出席正式宴会时,则应穿中国的传统旗袍或西方的长裙晚礼服;而在朋友聚会、郊游等场合,着装应轻便舒适。试想一下,如果大家都穿便装,你却穿礼服就有欠轻松,同现场气氛不搭;同样的,如果以便装出席正式宴会,不但是对宴会主人的不尊重,也会令自己颇觉尴尬。人们早间在家中和户外的活动居多,无论外出跑步做操,还是在家里盥洗用餐,着装都应以方便、随意为宜,如可以选择运动服、便装、休闲服等,这样会凸显几分轻松温馨之感。旗袍最能体现东方女性的风韵美,但如果有谁穿着旗袍去挤火车,那就大煞风景了。

③地点原则。从地点上讲,置身在室内或室外,驻足闹市或乡村,停留在国内或国外,身处单位或家中,在这些变化不同的地点,着装的款式理当有所不同,切不可以不变而应万变,即特定的环境应配以与之相适应、相协调的服饰,以获得视觉与心理上的和谐感。例如,穿泳装出现在海滨浴场,是人们司空见惯的,但若是穿着它去上班、逛街,则会令人哗然;西装革履地步入金碧辉煌的高级酒店会产生一种人境两相宜的效果,而若出现在大排档,便会出现极不协调、反差强烈的局面;在静谧肃穆的办公室里着一套随意性极强的休闲装,穿一双拖鞋,或者在绿草茵茵的运动场着一身挺括的西装,穿一双皮鞋,都会因环境的特点与服饰的特性不协调而显得人境两不宜。

(3)协调原则。这种协调既包含了服饰与年龄、身份、职业、体形、时间、场合上的协调,又包含服饰本身在色彩、款式、材质以及与之相配套的装饰物的协调。

服饰颜色协调是指上下身服饰的颜色要协调——颜色可以是对比色、互补色、相近色等。全身穿着相同色系,即所谓的"同色系",就是相同颜色的深浅变化,如桃红色、粉红色、紫红色,是红色系;黄绿色、草绿色、橄榄绿,是绿色系。若采取全身穿着同色系色彩"深深浅浅"的搭配方式,如中灰色西装外套搭配淡灰色套头针织衫与深灰色长裤,再加上银项链与铁灰色手包,可以让整体造型呈现出活泼却协调的美感。

服饰风格协调强调"服装在功能和款式上的统一性"。例如,"西装"和"运动鞋"强穿在一起就会不协调,雪纺材质的服饰和皮草材质的就不能一起搭配。

二、帽子

帽子应与相应服装配套,着春秋、冬装制服、大衣,送客时必须戴帽子。男性民航服务人员的帽子(图2-15)应航徽端正,正对鼻梁,佩戴端正。女性民航服务人员的帽子（图 2-16）也需佩戴端正，戴在眉毛上方 1～2 指位，不能遮住眉毛。民航服务人员帽子佩戴如图 2-17 所示。

图 2-15　男性民航服务人员的帽子

图 2-16　女性民航服务人员的帽子

图 2-17　民航服务人员帽子佩戴规范

视频：男装配饰

视频：女装配饰

三、丝巾

丝巾是航空制服的一部分，具有极强的装饰作用，从设计到搭配，能获得不同的反响和效应，是航空公司形象设计中的亮点，从视觉上能给人带来飘逸和优雅的感觉。不同的航空公司在设计理念、选材及色彩上各具特色，但最终目的都是一样的。可以根据自己的脸型，以与制服和谐、美观大方为目标，选择公司规定范围内

视频：丝巾的系法

的几种系法。

1. 丝巾系法——平结

（1）将丝巾对角折叠，再折叠，如图 2-18 所示。

图 2-18　折叠丝巾

（2）将丝巾戴在脖子上，两端交叉，再系上一个结，如图 2-19 所示。

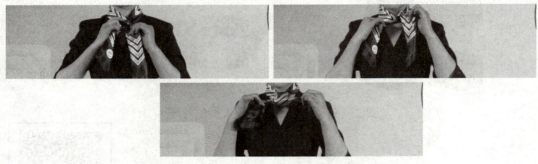

图 2-19　将丝巾戴在脖子上并打结

（3）整理丝巾两端，使之形成两角对等，放置在颈部右侧，丝巾角一端前、一端置后，如图 2-20 所示。

图 2-20　一端置前、一端置后

2. 丝巾系法——扇形

（1）将方形丝巾放平，像扇子一样正反面折叠到尾，如图 2-21 所示。

图 2-21　将丝巾正反面折叠到尾

（2）将折叠好的丝巾穿入丝巾扣，固定好位置，转到颈部右侧。
（3）整理丝巾，依次展开，使之呈现出扇形，如图 2-22 所示。

图 2-22　扇形系法

3. 丝巾系法——玫瑰花

（1）将方形丝巾对角边系一个结，如图 2-23 所示。

图 2-23　将丝巾对角边打一个结

（2）拿住另外两个丝巾角，从系好的结下方交叉穿过，如图 2-24 所示。

图 2-24　交叉穿过

（3）拉住两头轻轻甩动，直到丝巾出现玫瑰花造型，如图 2-25 所示。

图 2-25　玫瑰花造型

（4）稍加整理，将两端系在颈部的左侧，如图 2-26 所示。

图 2-26　玫瑰花系法

> **职场思考**
>
> 分组讨论空姐脖子上的丝巾除了装饰美观的作用，还有其他作用吗？

四、领带

领带是男性饰物中最具有男子汉气概的饰物，是男性身上唯一可以变换色彩的饰物。在工作场合，领带是男性制服的灵魂，穿西装不系领带往往会使制服黯然失色。

男性民航服务人员在工作期间必须使用统一配发的领带，系领带是男性民航服务人员必须要做好的功课。领带的扎系要符合规范要求，领带的大箭头要与皮带扣对齐。工作中不得将衬衫领口松开。

视频：领带的选择与搭配

视频：领带的打法

1. 领带系法——平结

平结的系法如图 2-27 所示。

第一步：右手握住宽的一端（下面称大端），左手握住窄的一端（下面称小端）。大端在前，小端在后，交叉叠放。

第二步：将大端绕到小端之后（这个是平结打得是否好看的基础，要注意转的方向）。

第三步：继续将大端在正面从右手边翻到左手边，成环（要注意控制结的方向）。

第四步：把大端翻到领带结之下，并从领口位置翻出（这个时候结特别容易变形，要控制好）。

第五步：再将大端插入先前形成的环中，系紧（缩紧的时候可以适当地调整结的形状）。

第六步：完成，稍加整理。

图 2-27　平结的系法步骤

2. 领带系法——半温莎结

半温莎结的系法如图 2-28 所示。

第一步：宽的一端（下面称大端）在左，窄的一端（下面称小端）在右。大端在前，小端在后，呈交叉状。

第二步：将大端向内翻折。

第三步：大端从右边翻折出来之后，向上翻折。

第四步：大端旋绕小端一圈。

第五步：拉紧。

第六步：将大端向左翻折，成环。

第七步：由内侧向领口三角形区域翻折。

第八步：打结，系紧。

第九步：完成，稍加整理。

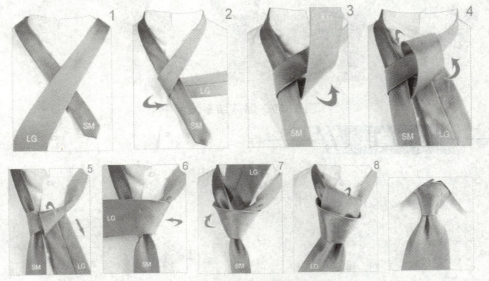

图 2-28 半温莎结系法步骤

3. 领带系法——温莎结

温莎结的系法如图 2-29 所示。

第一步：宽的一端（下面称大端）在左，窄的一端（下面称小端）在右。大端在前，小端在后，呈交叉状。

第二步：大端由内侧向上翻折，从领口三角区域抽出。

第三步：继续将大端翻向左边，即大端绕小端旋转一圈。

第四步：大端由内侧向右边翻折。

第五步：右边同左边一样，绕小端旋转一圈。

第六步：整理好骨架，拉紧。

第七步：从正面向左翻折，成环。

第八步：最后将大端从中区域内侧翻折出来。

第九步：系紧领带结，完成。

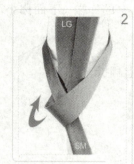

图 2-29　温莎结系法步骤

延伸阅读

温莎结的由来

温莎结是最经典的领结之一，形状对称、尺寸较大、结形完美，如图 2-30 所示。不太了解领带的人一定会有这样的疑问"温莎结是什么？温莎又是谁"？

其实，温莎结并非由温莎发明的领带打法，而是受到温莎公爵认可的领带打法。

温莎公爵是曾短暂担任过英国国王的爱德华八世，这位公爵为爱情放弃王位，其个人穿着风格更对男装时尚产生过不可忽视的影响。因为他对于这种领带打法的认可，因此引领了这种结形的流行。

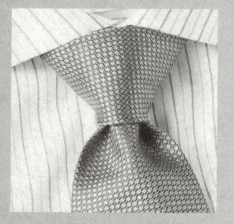

图 2-30　温莎结

温莎结结形非常对称、宽大，看上去非常严谨，所以更加适合商务和政治场合。

模块二 民航服务人员职业形象礼仪

> 由于温莎结需要打出来的结比较大,所以不适用窄领的衬衫,那样会看上去非常局促。更加适合大翻领或者温莎领。
>
> 打温莎结所使用的领带应该足够轻薄。丝绸质地等比较薄的领带都非常合适。呢料、棉麻等比较厚的材质打出来的结会过大,看上去有失美观,所以并不适合。

五、围裙

围裙主要是飞机航行过程中为旅客提供餐饮时穿戴,要求干净整洁,无褶皱。

六、鞋袜

穿着制服时,应穿统一发放的工作皮鞋;工作皮鞋应保持干净光亮,无破损、无异味。女士丝袜的颜色以肉色为标准,禁止穿黑色丝袜,不能出现勾丝与破洞,如图 2-31 所示。

七、飞行箱包

飞行箱包包括小背包、小拉杆箱。民航服务人员执行飞行任务时必须携带统一发放的男女乘务员箱包。箱包外不得有装饰物、贴画等。应保持箱包外观整洁。小背包不得斜背于肩上,如图 2-32 所示。

图 2-31 女性民航工作人员鞋袜要求

图 2-32 民航服务人员携带小拉杆箱

民航服务人员携带箱包应有相应的规定，依据飞行距离、航线的需要做出以下规定：

（1）当天往返的航班：女性民航服务人员携带小型拉杆箱和小背包，男性民航服务人员携带一部拉杆箱。

（2）三天以内往返的航班：女性民航服务人员携带小型拉杆箱、小背包和一个衣袋，男性民航服务人员携带一部拉杆箱和一个衣袋。

（3）三天以上往返的航班：女性民航服务人员携带衣箱、小背包和一个衣袋，男性民航服务人员携带一部衣箱和一个衣袋。

八、登机牌

登机牌是中国民航局颁发的现行有效的航空人员证件，在执行飞行任务时，必须携带此证件进入候机楼大厅、上飞机。该证件适用全球各大国际机场。登机牌仅限个人使用，不可借他人使用，应妥善保管，不可丢失，一旦出现问题，应立即报告有关部门。未经航空公司许可，不得携带此证件参加其他公司或机构的与航空无关的活动。登机牌在通行使用期间，应主动出示并接受有关部门的检查。登机牌的正确佩戴方式如图2-33所示，登机牌的佩戴应符合下列要求：

（1）穿制服时，登机牌挂在衣领外部；穿大衣时挂在大衣领子外侧。

（2）登机牌上的姓名信息不能随意涂改或删除。

（3）登机牌统一使用航空公司配发的带有航空公司标识的带子，登机牌正面朝外，自然下垂。

图2-33　登机牌的正确佩戴示范

九、服务牌

民航服务人员胸前的服务牌上嵌有航徽、服务人员中文和英文拼写的姓名，要求出差时必须佩戴。佩戴服务牌的作用，既体现了行业的规范管理，又体现了有诚意接受社会公众的监督和检查。

1. 男性民航服务人员佩戴服务牌的规范

（1）穿制服外衣时，服务牌佩戴在胸前左侧上方口袋上沿中间处（图2-34）。

（2）穿马甲或衬衫时，服务牌佩戴在胸前左侧上方口袋上沿中间处。

图2-34 男性民航服务人员穿制服外衣佩戴服务牌的方式

2. 女性民航服务人员佩戴服务牌的规范

（1）穿制服外衣时，服务牌佩戴在胸前左侧上方。

（2）穿马甲时，服务牌佩戴在胸前左侧口袋上沿中间处（图2-35）。

（3）穿围裙时，服务牌佩戴在胸前左侧裙带与裙身交接的地方。

图2-35 女性民航服务人员佩戴服务牌的方式

职场小贴士

服务牌通常佩戴在身体左侧，但是国航外套制服左侧为开口，为了美观，其服务牌要求佩戴在胸前右侧的上方。

十、佩戴饰物

男性民航服务人员可以佩戴一枚戒指、一块职业手表。女性民航服务人员可以佩戴一对黄豆大小的耳钉、一枚戒指、一块职业手表。具体要求如下：

1. 手表

（1）每名空勤人员出差时，必须佩戴一块走时准确的手表，一旦发生紧急情况，全体机组人员必须按照机长的指令、按预定时间采取应急措施或紧急撤离。

（2）男女手表款式要选择正规的，如图2-36所示。禁止佩戴超个性化、夸张时尚的或卡通式的手表。

图2-36　佩戴的手表款式

2．耳钉

女性民航服务人员在工作期间，允许佩戴一对货真价实、黄豆大小的耳钉或珍珠，如图2-37所示。不得佩戴任何悬挂、超出耳垂轮廓或多出一对的耳饰。男性服务人员耳部不得佩戴任何饰品。

图2-37　耳钉佩戴

3．戒指

民航服务人员无论男女均可以佩戴一枚货真价实、简洁精致的戒指，位于中指或无名指，如图2-38所示。

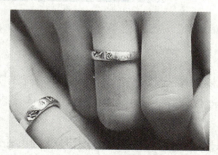

图2-38　戒指佩戴

> **职场小贴士**
>
> 民航服务人员工作期间无论男女均不能佩戴手链、脚链、手镯及胸针。

单元三 民航服务人员仪态礼仪

仪态也叫仪姿、姿态，泛指人们身体所呈现出的各种姿态，它包括举止动作、神态表情和相对静止的体态。人们的面部表情、体态变化、行、走、站、立、举手投足都可以表达思想感情。仪态是表现个人涵养的一面镜子，也是构成一个人外在美好的主要因素。不同的仪态显示人们不同的精神状态和文化教养，传递不同的信息，因此仪态又被称为体态语。

一、站姿

站姿，是一个人站立的姿势，是一种静态的身体姿态。古人云"立如松"，也就是说，人的站立姿态应该像松树一样端正挺拔、自然

视频：女士站姿

视频：男士站姿

优美。站姿是其他优美体态的基础和起始点，因此，它在人的举止中最为重要。

1. 标准站姿

（1）头正。抬头，两眼平视前方，嘴微闭，面带微笑，下颌稍内收，颈部挺直。

（2）肩平。两肩平正，稍向后下沉，不要耸肩，要微微放松。

（3）臂垂。两臂自然下垂，中指对准两侧的裤缝或裙缝，手指自然弯曲。

（4）躯挺。挺胸收腹，腰部正直，臀部向内、向上收紧。

（5）脚稳。双膝和脚后跟并拢，两脚尖张开成一拳距离，身体重心落于两腿正中。双脚站立的常见姿势见表2-1。

表2-1 双脚站立的常见姿势

序号	项目	内容
1	丁字步	丁字步一只脚在前，一只脚在后，两脚之间呈90°垂直的"丁"字形，两腿前后交叉距离以不超过一只脚板的长度为宜，全身的力量应该集中在前脚上，后脚足跟略微提起。这种丁字步的站姿多用于表达强烈感情的讲话，有利于激发听众的兴趣和感情。可根据需要随时变换左右脚的前后位置，如要诉诸左方听众时，就以左脚在前，要诉诸右方听众时则换右脚在前。 运用这种姿势需要注意的是，两腿不宜紧靠在一起，否则会显得呆板、没精神

（续表）

序号	项目	内容
2	稍息式	稍息式两脚之中任何一脚略向前跨步，两脚之间呈75°。这种站姿要求两脚均需直立，全身力量多半集中在后脚，前脚只是辅助，承重较轻。也可以根据需要随时变换左右脚。这种姿势较为舒适、轻松、自然，男女皆宜，说理、达意的交谈和演讲一般都用这种姿势
3	平分式	两脚分开，和肩膀同宽，两脚坚定有力，不弯不曲，这种方法较适合男性，给人以勇敢自信的感觉。 平时说话和演讲时，都要有一个基本的立足点。如果为了强调观点或将注意力引到某一个特别的方面，可以根据内容的需要向前后左右四个方向移动位置： （1）向前移步传达积极性的意义，如支持、肯定、坚信、进取等。 （2）向后移则传达消极性的意义，如疑虑、否定、颓丧、退让等。 （3）向左右移动则表示对其一侧听众特别的传情致意等

从侧面看，头部、肩部、上身和肢体都应该在一条垂直线上。从正面看，应该是全身笔直，挺拔有力，精神饱满。

2．礼仪规范

在正式场合，为了体现自身独特的气质，追求美感，或者减轻因久站的疲劳，在把握标准站姿的前提下，男士和女士可以适宜地变换姿态。但男女的姿态变化略不相同。

在标准站姿的前提下，男士的站姿可以做以下几种变换：将双手相握或交叠，置于腹前，或者将双手交叠后置于臀部；双手交叠时，应该左手在内，右手在外；将双腿分开，两脚分开但不超过肩宽，重心分散于两脚上。如果是在非正式场合，可以双脚一前一后站立，但要注意不能屈膝。

女士的站姿也可以做略微的变换：双手交叠或相握后置于腹部，同时，手要稍微向右上方提起，双手交叠或相握时，应该左手在内，右手在外；右手手心向上，小臂抬起置于腰部，再将左手轻轻搭在右手上；两脚尖张开成45°，右脚向前，将脚跟靠于左脚内侧中间位置，形成右"丁"字步，相反，也可以站成左"丁"字步；将重心放在一条腿上，另一条腿超过前脚斜立且略微弯曲。

3．民航服务人员站姿基本要求

民航服务人员工作状态中站姿要"站如松"（图2-39），基本要点如下：

图2-39　民航服务人员站姿

(1) 头摆正，脊椎挺直，挺胸收腹，下巴微微往里收。
(2) 双手伸直自然下垂，手指自然弯曲放在身体两侧。
(3) 女士双手可以在体前交叉，右手在上，肘部略微外张，双手轻轻放在身体前面，男士可双手或单手背于身后。
(4) 女士站立时膝和脚后跟应并拢靠紧脚成V形，男士站立时，双脚可以适当分开，但不可超过肩宽。

视频：站姿的基本要求

女士站立时要表现轻盈、妩媚、典雅、娴静的女士美。站立时双手自然垂于身体两侧，或手自然抬臂至腹部做提包状，脚后跟并拢，双脚成丁字步。端正的脊柱是构成女士形体曲线美的根本，因此站立时要腰部挺直、下腹微收、胸部挺起，只有这样才能显示女士的曲线美，才能有亭亭玉立的美感。

男士的站姿要体现刚健、潇洒、英武、强壮，站立时双手自然垂于身体两侧，或相握叠放于腹前、身后。双脚可以叉开，与肩同宽。

职场小贴士

站姿忌讳之处：
(1) 无精打采，东倒西歪。
(2) 双手叉腰，抱在胸前。
(3) 身体倚墙，以物支撑。
(4) 弓腰驼背，两肩不平。
(5) 手臂乱摆，两腿抖动。
(6) 手插衣袋，多小动作。

比如，职业女士经常要穿高跟鞋工作、交际应酬等，难免会有脚很疲劳的时候，但无论如何也不能出现随意靠着墙或者桌子、歪着身子等懒散的站姿。

4. 站姿训练方法

(1) 背靠背站立。两人一组，要求两人后脚跟、小腿、臀、双肩、脑后枕部相互紧贴。
(2) 顶书训练。在头顶上平放一本书，保持书的平衡，以检测是否做到头正、颈直，如图2-40所示。
(3) 背靠墙练习。要求后脚跟、小腿、双肩、脑后枕部均紧贴墙壁，张开两臂，与肩成一条直线，感受扩肩的感觉。

图2-40 顶书训练

二、坐姿

坐姿是指人在就座以后身体所保持的一种姿势，是一种静态造型。古人云："坐如钟"，就是说坐姿像旧时摆放在桌子上的台钟一样，四平八稳。优雅的坐姿不但传递着自信、友好、热情的信息，也显示出自身高雅、端庄、稳重的良好气质，同时还使人产生信任感。常言道："坐如钟"，也就是说，人的坐姿应该像座钟般端直，而这里的端直是指上体的端直。

视频：坐姿的基本要求

1. 常用坐姿

（1）标准式坐姿。入座时，轻缓地走到座位前，转身后右脚向后退半步，两膝并拢，同时上身前倾，轻稳地坐下。如果穿的是裙装，落座时应用双手将裙子向前拢一下，以防裙子打折后被坐住，而使腿部裸露过多。坐立时，上身正直而稍向前倾，头、肩平正放松，表情从容自如，嘴唇微闭，目光柔和平视，两臂贴身下垂，两手可随意放在大腿上，掌心向下。下肢的摆放要求，男士和女士各不相同。女士双膝自然并拢，小腿垂直于地面，两脚尖朝向正前方。男士两膝可以并拢，或分开一拳左右的距离，但不要超过肩宽，两脚自然分开成45°。

（2）前交叉式坐姿。在标准坐姿的基础上，右脚后缩，与左脚交叉，两踝关节重叠，两脚尖着地。在正式场合，这种坐姿，男士、女士均适宜。

（3）曲直式坐姿。在标准式的基础上，双膝并拢，右脚前伸，左小腿屈回，大腿靠拢，前伸的右脚掌着地，两脚同在一条直线上。男士的双膝可以略略打开，但是女士的双膝一定要并拢。

（4）后点式坐姿。在标准式的基础上，两小腿向后屈，脚尖着地，双膝并拢。这种姿势多为女性所用。

（5）斜点式坐姿。在较低的座椅上落座时，可以采用这种坐姿。两腿、两膝并拢，两小腿向左或向右斜出，右脚跟与左脚跟相互靠拢，大腿与小腿要成90°，小腿与地面成45°，头和身躯微向小腿所倾斜的方向倾斜。这种坐姿一般为女士常用。

（6）重叠式坐姿。重叠式也叫作"标准式架腿"，是一种造型优美的姿态，适用女士在正式场合或休闲场合，尤其适合穿短裙的女士。这种坐姿的基本要求：在标准式坐姿的基础上，将双腿叠放在一起，交叠后两腿间没有缝隙，犹如一条直线，两脚自然垂直或斜放，脚尖尽量向下压。如果斜放，脚尖与地面应呈45°。男士可以将右腿叠在左腿膝上部，右小腿内收，贴向左腿，脚尖自然地向下垂。

离座时，右脚先向后收半步，然后缓慢站起，向前走一步，再转身走开，整个过程要无声响。在正式的场合，一般要从椅子的左边入座，离座时也要从椅子左边离开。如果是坐在椅子上，应坐满椅子的三分之二；如果是坐在沙发上，应至少坐满沙发的二分之一。这是一种基本的礼貌，也表示对他人的尊重。

2. 礼仪规范

（1）入座时，要轻而缓，走到座位前，右脚后撤半步，上身保持正直，轻稳地坐下。

（2）着裙装的女性，入座时将裙子下摆稍微收拢一下。

（3）两腿并拢，两脚靠紧，小腿垂直于地面，大小腿折叠约90°，两手相握放于大腿上。

（4）坐在椅子上，上体应自然挺直，背部成一平面，身体重心垂直向下。一般只坐座椅的 2/3 或 1/3，不要靠在椅背上。

（5）起立时，右脚向后收半步，然后站起。

（6）注意一些常见的坐姿禁忌。比如：入座时不要把桌椅弄得乱响，落座后不要不断地整理服饰；女士不要双腿叉开，男士不要双腿叉开过大；脚尖不能指向他人；不要脚跟落地，脚尖翘起，这是一种幼稚、没有教养的表现；不要双手夹在双腿之间。这些动作都是失礼的行为，是不文明的举止，体现对他人的不尊重。

此外，在长者面前，我们要遵守"长幼有序"的原则，要做到"长者立，幼勿坐，长者坐，命乃坐"。总而言之，优美的坐姿，除了坐的姿势要保持端正外，还应做到轻松自如、落落大方，方显得文静优美，而且还要懂得基本的礼貌。

3．民航服务人员坐姿基本要求

民航服务人员坐姿的基本要点是"坐如钟"。

（1）男士坐姿：入座时要轻稳，头部挺直，双目平视，下颌内收；身体端正，两肩放松，勿倚靠座椅的背部；挺胸收腹，上身微微前倾，坐满椅子的 2/3 左右。双膝自然并拢或略分开（图 2-41）。规范的坐姿还需注意两手摆法：

①有扶手时，双手轻搭或一搭一放。

②无扶手时，两手相交或轻握放于腹部；左手放在左腿上，右手搭在左手背上；两手呈八字形放于腿上。

（2）女士坐姿：头正腰直，坐姿端正，膝盖并拢。坐满椅子的 2/3。两手轻轻放在膝盖上，或放在沙发扶手的一侧。规范的坐姿还需注意两腿摆法：

视频：男士坐姿

视频：女士坐姿

图 2-41　男性民航服务人员坐姿

①凳高适中时，两腿相靠或稍分，不能超过肩宽。
②凳面低时，两腿并拢，自然倾斜于一方。
③凳面高时，一腿略搁于另一腿上，脚尖向下。
女性民航服务人员坐姿如图2-42所示。

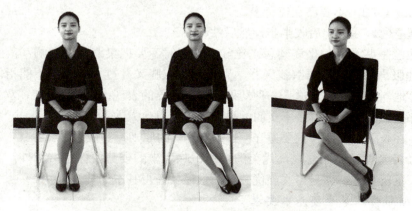

图2-42 女性民航服务人员坐姿

职场小贴士

坐姿禁忌：
（1）尽量不把椅子坐满，也不可坐在边缘上。
（2）不可坐在椅子上前俯后仰，摇腿跷脚。
（3）不可双手抱在胸前。
（4）不可抖腿。
（5）不可跷二郎腿。
（6）不要半躺半坐。

4. 坐姿训练方法

（1）动作分解。以小组为单位进行练习，并分解坐姿入座的几个步骤等。
（2）变换姿势。变换不同的站姿、坐姿，并通过深呼吸练习帮助提气、立腰。
（3）音乐训练。坐姿训练每次不少于15分钟，并配以适当的音乐进行，减少训练的疲劳感。
图2-43所示为某航空公司对员工进行坐姿训练。

图2-43 某航空公司对员工进行坐姿训练

三、蹲姿

蹲姿是人在处于静态时的一种特殊体位。蹲姿在工作和生活中用得相对不多,但最容易出错。人们在拿取低处的物品或拾起落在地上的东西时,不妨使用下蹲和屈膝的动作,这样可以避免弯曲上身和撅起臀部,尤其是着裙装的女士下蹲时,稍不注意就会露出内衣,很不雅观。

视频:蹲姿

民航服务人员蹲姿的动作要领:身体保持直线,双腿靠拢,一脚在前,一脚在后,两腿向下蹲,前脚全着地,小腿基本垂直于地面,后脚跟提起,脚掌着地,臀部向下。

1. 蹲姿基本要求

(1)高低式蹲姿。它的基本特征:双膝一高一低。要求在下蹲时,左脚在前,右脚稍后。左脚应完全着地,小腿基本上垂直地面;右脚脚掌着地,脚跟提起。这时右膝低于左膝,右膝内侧可以靠在左小腿内侧,形成左膝高右膝低的姿态。女士应靠紧两腿,男士可以适度地分开。臀部向下,基本上以右腿支撑身体(图2-44)。

(2)交叉式。交叉式蹲姿,通常适用女士,特别是穿短裙的女士采用。其优点是造型优美典雅。基本特征是蹲下后双腿交叉在一起,两腿前后靠近,合力支撑身体。上身略向前倾,而臀部朝下(图2-45)。

图 2-44 高低式蹲姿

(3)半跪式蹲姿。左脚平放在地上,左腿自然弯曲向左打开约30°,右脚尖着地,右脚跟翘起,将臀部的重心坐落在右脚跟上,右膝向下向右打开约60°,两手平放在大腿上,指尖与膝盖取齐,两肘紧贴两肋,上身挺直,昂首挺胸,目视前方。练蹲姿时,必须时刻保持标准姿势,没有命令不许晃动,不许换腿(图2-46)。

图 2-45 交叉式蹲姿

图 2-46 半跪式蹲姿

(4)半蹲式蹲姿。一般是在行走时临时采用。它的正式程度不及前两种蹲姿，但在应急时也采用。基本特征是身体半立半蹲。主要要求在下蹲时，上身稍许弯下，但不要和下肢构成直角或锐角；臀部务必向下，而不是撅起；双膝略微弯曲，角度一般为钝角；身体的重心应放在一条腿上；两腿之间不要分开过大。

(5)客舱服务中的特殊蹲姿。

①拾取物品。在蹲姿的基础上，一手捡取物品，另一只手置于腿上，女性民航服务人员巧妙地将手置于两膝之间。

②服务特殊旅客。为要客、老人或儿童服务时，面对乘客45°，采取弯腰或下蹲的姿态。

2. 蹲姿训练方法

(1)动作分解。以小组为单位进行练习，并分解坐姿入座的几个步骤。

(2)与行姿结合。将行姿与蹲姿结合练习，并配合音乐。

图 2-47 所示为某航空公司对员工进行蹲姿训练。

图 2-47 某航空公司对员工进行蹲姿训练

职场小贴士

蹲姿注意事项

(1)不要突然下蹲。蹲下来的时候，不要速度过快。当自己在行进中需要下蹲时，要特别注意这一点。

(2)不要离人太近。在下蹲时，应和身边的人保持一定距离。和他人同时下蹲时，更不能忽略双方的距离，以防彼此"迎头相撞"或发生其他误会。

(3)不要方位失当。在他人身边下蹲时，最好是和他人侧身相向。正面他人，或者背对他人下蹲，通常都是不礼貌的。

(4)不要毫无遮掩。在大庭广众之下，尤其是身着裙装的女士，一定要避免下身毫无遮掩的情况，特别是要防止大腿叉开。

(5)不要蹲在凳子或椅子上。有些人有蹲在凳子或椅子上的生活习惯，但是在公共场合这么做的话，是不能被接受的。

(6)女士无论采用哪种蹲姿，都要将腿靠紧，臀部向下。需要我们注意以下几个方面：

①弯腰捡拾物品时，两腿叉开，臀部向后撅起，是不雅观的姿态。两腿展开平衡下蹲，其姿态也不优雅。

②下蹲时注意内衣"不可以露，不可以透"。

四、行姿

行姿也称步态，是指一个人在行走过程中的姿态。古人云："行如风"，就是说走路时轻快自然，如微风拂过。行姿是站姿的延续，以标准站姿为基础，是人体所呈现出的一种动态，行姿文雅、端正，不仅给人以沉着、稳重、冷静的印象，而且也是展示自己气质与修养的重要形式。按照行走的方向，行姿可分为前行式行姿（直立前行）、后退式行姿（与他人告别时，应先后退两三步，再转身离去）及侧行式行姿（引导他人前行或在较窄的地方与他人相遇时，要采用侧行式走姿）。潇洒和优雅的行姿能够体现一个人的风度和魅力，给人留下良好的印象。

1. 行姿基本要求

民航服务人员的行姿要求是"行如风"，如图2-48所示，基本要点如下：

图 2-48　民航服务人员行姿

（1）抬头挺胸收腹，目光平视前方，脚尖向前，双腿自然向前迈进，双臂在身体两侧自然摆动，步履轻捷，神态平和，要走出节奏，走出韵律。

（2）注意步位，步位就是脚下落到地上的位置，这一点对女士来说尤为重要。两脚轮换前进，要踩一条直线，而不是两条平行线。在行走时，必须保持明确的行进方向，尽可能地使自己犹如在直线上行走，不突然转向，更忌突然大转身。

（3）注意步幅，步幅是指跨步时两脚之间的距离，一般人的步幅时大时小，而标准的步幅是一个脚长。因此，不同的人标准步幅的大小是不同的。就一般而言，行进时迈出的步幅与本人一只脚的长度相近。即男子每步约40 cm，女子每步约36 cm。

（4）男士走路步态稳重，以显示其刚强英武的男子气概，女士走路步态应轻柔匀称自如，以显示其端庄典雅的女子窈窕美。速度均匀，在正常情况下，男子每分钟108～110步，女子每分钟118～120步。不突然加速或减速。

（5）陪同客人的走姿是位于客人侧前方2～3步，按客人的速度行进，不时用手势指引方向，招呼客人。

（6）与同事同行时走姿：在办公室不可并肩同行，不可嬉戏打闹，不可闲聊。

（7）与客人反向而行走姿：接近客人时，应放慢速度；与客人交会时，应暂停行进，空间小的地方，要侧身，让客人通过后再前进。

（8）与客人同向而行走姿：尽量不超过客人；实在必须超过，要先道歉后超越，再道谢。

> **职场小贴士**
>
> 行姿禁忌：走路时忌讳驼背哈腰、晃臂扫腰、晃肩摇头、左顾右盼、东张西望、克服内八字或外八字（图2-49）。
>
>
>
> 图2-49　不规范的行姿

2. 行姿训练方法

（1）直线行走。这是行姿训练的主要内容。训练时，在地面上绷直一条较长的颜色鲜艳的带子，行走时，双脚内侧要求落到带子上。

（2）停连结合。训练停顿、拐弯，侧行、侧后退步。在行姿训练时可进行摄像，然后播放录像，使训练者了解自己的步态，再相应进行纠正。经过反复训练达到端正、轻盈、稳健、灵敏的标准。

视频：行姿训练

五、体动

除了站姿、坐姿、走姿、蹲姿外，体动（包括头动和身动）也是传情达意的重要内容。中国有句古话："举手投足，可见其内心机蕴"，就是体动和站坐走蹲等姿态相

模块二 民航服务人员职业形象礼仪

互联系、相互转化的情形描述。

1. 头动

头动就是用头部的活动来传递信息，表达内心的情感。在表现形式上，有点头、摇头、偏头、回头、仰头、低头、垂头7种，所含意思各不相同。在特定的交际环境中，点头，可表示赞同、肯定、鼓励；摇头，可表示反对、否定、怀疑；偏头，可表示诧异、犹豫、不解；回头，可表示欣赏、拒绝、回避；仰头，可表示景仰、傲慢、坚强；低头，可表示娇羞、顺从、沉思；垂头，可表示无奈、沮丧。头是人身体最突出的部位，其表达情感、传递信息的作用非常明显，也很宽泛。唐代诗人李白的那首五言绝句："床前明月光，疑是地上霜。举头望明月，低头思故乡。"没有奇思妙想，没有华丽辞藻，其中两个头动"举头""低头"将诗人的思乡情怀表现得淋漓尽致，至今我们读起来仍余韵未尽。

有时头动所指是不确定的。需要交际者根据现场的情况及自己的经验去加以判断、甄别，以免会错了意、表错了情。

2. 身动

身动是整个身体的动作。交际中，人的情感传达和信息传递可以通过整个身体的动作来展现。身动主要表示正式礼仪，如鞠躬等正式礼节。

六、手势

手势是极富表现力的一种"体态语言"，是通过手和手指活动传递信息的，它作为信息的传递方式，不仅远远早于书面语言，甚至早于有声语言。俗话说：心有所想，手有所指。可见手的重要性。手扶是爱，手捧是敬，手指是怒，拍手是赞成，招手是致意，挥手是告别。

视频：常用手势与服务手势

手是人体最灵巧而有力的肢体，也是颇具活力的身体部位。由手的指、掌、拳、腕、臂等的不同造型及伸、抓、握、摇、摆、挥、摊、按、推、劈、举等动作节拍所形成的手势，可以描摹复杂的事物状貌、传递丰富的内部心声、表达特定的含义。据说一个人种学家记录了澳大利亚阿兰达部落所用的手势语共有450个符号，这些手势符号不但能表达具体事物，而且在一定程度上能表达抽象的概念。可见，手势表达的潜力是很大的。

（一）手势的构成

在人际交往中，手势作为一种交流符号，具有十分重要的意义。了解一些常见的手势有助于准确地相互交流、相互理解，促进自身的人际关系。

1. 手指

人手掌上的5根指头，都可以用来表情达意、传递信息。手指所具有的象形、暗示、指向、指示等作用，历来为人所重视。秦时，赵高指鹿为马，其"指"，即是对事物的具体指点；鲁迅"横眉冷对千夫指"，其指，是对敌人的指责手势。手指的运用很灵活，代表着手势的主要表意类型有以下几种。

（1）象征性手势。象征性手势比较抽象，但用得准确、恰当，能引起听众心理上的联想，启发思维。第二次世界大战期间，英国首相丘吉尔在结束电视演讲时，举起握拳的右手，然后伸出食指和中指构成"V"形，以象征英文"胜利"（victory）一词的开头字母，结果引起全国欢呼。从此这个手势成为必胜和信心的象征性手势。其他如竖起大拇指表示称赞；伸小指头为轻蔑；食指和大拇指搭圆，构成"OK"手势等。

（2）会意性手势。会意性手势使情感表达得真切、具体、形象，渲染作用很大。比如讲到非常气愤的事情时，会双手握拳，不断地颤抖，加上其他动作配合就给人传达一种愤怒的情感，有助于情感的表达。又如食指刮脸表示羞人，五指一撮是不妙，手指放在嘴边意为"不要出声"，伸出一手的拇指和小指靠近耳边表示打电话等。

（3）指示性手势。指示性手势运作简单，表达专一，基本上不带感情色彩，直接指示出要表达的事物。如指这儿、那里；你、我、他；前、后、左、右；上、中、下等。指示性手势给人以真实感，其缺点是只能指示听众视觉可及范围内的事物和方向，视觉不及的，不能用指示性手势。在1942年延安整风运动中，毛泽东同志曾多次为党政军干部做演讲，为了使演讲条理清晰，给人留下深刻的印象，他就把内容归纳为一、二、三、四，甲、乙、丙、丁，并且边讲边用右手扳着左手指，一个一个地数，直截了当。

（4）描述性手势。如用手比划物体，表示形状、大小、厚薄、方圆、长短、深浅、高度、速度等，给听者一种形象的感觉。比如讲到"袖珍电子计算机只有这么大"，说的同时用手比划一下，听众就可知其大小了。这是一种极简便且常用的手势。

2. 手掌

手掌在交际中的辅助作用，主要体现在沟通的礼仪、礼节方面。

通用的国际惯例是握手。握手运用的场合较多、含义较广。与人相见，不管是生人还是熟人，与之握手，表示欢迎、问候；别人有了成绩，与之握手，表示祝贺、道喜；别人帮助了自己，与之握手，表示感谢；别人有忧愁、悲伤，与之握手，表示安慰、理解；与人分别，与之握手，表示留恋、祝福；确定共同目标后，彼此握手，表达信心、期盼；曾经对立的双方握手，表示释嫌、化解。在握手的方式上，稍微碰碰就松手，或用力过轻，会显得冷淡、应付；而紧紧握住又长时间不放，又会让人感到难堪。因此，在握手的时间和轻重上应注意把握分寸。握手一般只伸出右手与对方相握，表示亲热。特别诚挚时，可以伸出双手与对方相握，或者以右手相握，以左手搭其臂、肩。异性一般情况下不握手，正式或较为隆重的场合，男性轻握女性手掌前三分之一。

鼓掌也属于国际通用惯例，主要表达欢迎、鼓励、感谢、肯定、同意、赞扬、拥护及振奋等意思。

触摸和拍打可以是手与人体其他部位或与其他物体的接触。如上司拍拍下属的肩膀，表示对下属的承认和赏识；朋友相见，拍拍对方肩膀或手臂，表示亲热；自己叹气，会拍自己的大腿；恍然大悟，会拍拍自己的脑袋；人懊悔，会连连轻拍桌案；人发怒，则会狠狠重拍桌案。像"闻一多拍案而起，横眉怒对国民党的手枪，宁可倒下去，也不屈服"。

除了礼仪、礼节方面的含义外，在沟通中手掌动作传递信息也是非常灵活的。如掌心向上与向下的态势，就分别暗示接纳、欢迎或拒绝、压制的意愿；五指伸开与握拳，分别代表放弃、舒展或凝聚、有力、加劲。搓掌表示期待，快搓意味着急切，慢搓表示有疑虑；手掌向前表示拒绝、回避；劈掌表示果断、决心，等等。

3. 手臂

手臂动作范围与影响比手指和手掌都大得多，也更容易引起对方注意。经典表现如列宁讲演时习惯的左手插入坎肩，右手伸向前方的姿势，显示出领袖人物坚毅、刚强的神采。手臂的活动范围，有三个情感区域。

（1）上区（肩部以上）。手臂在这一区域活动，多用来表示理想、宏大、张扬、向上的内容的感情，如表示坚定的信念、殷切的希望、胜利的喜悦、美好的憧憬等。

（2）中区（肩部至腹部）。手臂在这一区域活动多表示叙述事物和说明事理，演讲者心情较平静。

（3）下区（腹部以下）。手臂在这一区域活动多表示憎恶、鄙夷、不屑、厌烦等内容和感情。

在运行方向上，双手由外而内的合拢态势，让人感觉有力、团结、积极；双手由内而外的摊开态势，配合耸肩，让人感觉无奈、悲观。

（二）手势运用的要求

手势的运用不要求千篇一律，千人一体，但要求得当、自然、简练、协调，见表2-2。

表2-2　手势运用的要求

序号	要求	内容
1	得当	手势与所说的内容合拍、协调一致，不能说东指西。如表示兴奋："好哇好哇！"本该把双手放在上区或中区快速摆动或鼓掌，若放在下区，则不伦不类。不适宜的手势，会使人感到生硬不快。再如用手势示意"我"，有以手轻按胸口的，有以食指指自己鼻子的，还有以拇指自指的，要根据情境选择
2	自然	手势应是真情的流露，要大方自然，幅度不可过大也不可过小。过大，会让人觉得说话者不稳重，张牙舞爪；过小，显得拘谨呆板，缺少风度
3	简练	手势要简洁明了，容易被听众看懂和接受，不至于让听众费心思去猜度。有人喜欢用奇怪繁杂的手势，想借此博得听者的注意，而结果往往适得其反
4	协调	手势语使用的频率、摆动的幅度以及手指的姿态等应和谐地配合有声语言来传递信息。过多、过杂而不注意姿势的手势动作，会给人张牙舞爪和缺乏修养之感。手势语能弥补有声语言之不足，辅助表达，但前提是要同有声语言一致，还要同其他的体态和思想感情一致，否则只会适得其反，让人觉得装腔作势

(三）民航服务人员常见的引导手势

引导手势是地面服务人员经常使用的礼仪手势，特别是负责头等舱或要客室的服务员，要求手势、仪态、表情、语言做得更加规范和标准。航空服务人员在介绍某人、请人做某事、为客人指示方向时，上身略向前倾，手臂伸直，五指自然并拢，掌心稍稍向上，目光面向客人方向以肘关节为支点，上身稍向前倾15°，指向目标方向。这可以表示对他人的敬重、诚恳、恭敬、有礼貌。如果掌心朝下含有压制、控制他人的含义，用一个手指指点，含有教训他人的意思。

常见的引导手势如下：

1. 曲臂式引导手势

曲臂式引导手势用于请客人"请往里面走"的指引方向或用于介绍时有礼貌的手势。曲臂式引导手势的要领如下：

（1）身体保持基本站姿。
（2）左手自然下垂。
（3）右手从右侧抬起，大臂与小臂成90°，小臂与地面平行。
（4）右手心在垂直于地面的基础上向上翻45°。
（5）目光朝向右手指尖所指方向。
（6）使用礼貌语言"请您这边走！"

图2-50所示为标准曲臂式引导手势。

图2-50　标准曲臂式引导手势

2. 斜臂式引导手势

斜臂式引导手势一般用于请客人就座或请客人下楼时，主人使用的手势。其动作要领如下：

（1）身体保持基本站姿。
（2）左手自然下垂。
（3）右手从右侧抬起，斜臂伸直。
（4）右手心在垂直于地面的基础上略向上翻45°。

（5）目光朝向右手指尖所指的方向。
（6）使用礼貌语言"请坐""请您注意脚下，慢走"。
图 2-51 所示为标准斜臂式引导手势。

图 2-51　标准斜臂式引导手势

3. 高位式引导手势

高位式引导手势主要用于引导客人上楼或示意高位物品时使用的礼貌手势。其动作要领如下：

（1）身体保持基本站姿。
（2）左手自然下垂。
（3）右手从右侧抬起，大臂与小臂成 120°。
（4）右手心在垂直于地面的基础上向上翻 45°。
（5）手腕与肩在同一条直线上。
（6）目光朝向右手指尖所指的方向。
（7）使用礼貌语言"请您从这边上楼"。
图 2-52 所示为标准高位式引导手势。

图 2-52　标准高位式引导手势

七、鞠躬

在一个人未开口之前，他的举止和姿态就是他的个人语言，虽然无声，但影响力很大。例如鞠躬行礼。

鞠躬，在日常生活中是一项不可缺少的礼仪，特别是在亚洲，中国、日本、朝鲜都广泛使用。鞠躬被视为一个人的态度，头低得越低，腰弯得程度越大，表示的诚意越大，尊重的程度越高。航空公司要求服务人员在迎送乘客、自我介绍时，行鞠躬礼，以表示欢迎与尊重。这是职业的需要，希望认真学习，并能熟练掌握。

视频：鞠躬礼仪

1. 鞠躬的基本要求

乘客登机时、自我介绍时、道别再见时、表示歉意时，都需要鞠躬。行鞠躬礼时，动作要到位，需要停顿时要停顿，以示尊重。面部表情自然放松，面带微笑，语言、目光要得体。

民航服务人员有如下三种鞠躬方式。

第一种：见面打招呼，用于乘客登机和道别（15°）。

第二种：敬礼，用于自我介绍、表示衷心感谢（30°）。

第三种：表示歉意，用于赔礼道歉（45°）。

鞠躬如图 2-53 所示。

图 2-53　鞠躬

（1）男性民航服务人员鞠躬要求（图 2-54）。

图 2-54 男性民航服务人员的三度鞠躬

（2）女性民航服务人员鞠躬要求（表 2-3）。

表 2-3 女性民航服务人员鞠躬要求

类型	要求
一度鞠躬	（1）乘客进入舱门时，先问候乘客："您好，欢迎乘坐本次航班！" （2）目光注视乘客，中腰前倾 15°，后背、颈部挺直。 （3）面带微笑，目光略下垂，表示欢迎之意。 （4）礼毕起身，仍然面带微笑，目光礼貌地注视乘客
二度鞠躬	（1）准备鞠躬时，目光注视乘客，中腰前倾 30°，后背、颈部挺直。 （2）面带微笑，目光注视前方 1.5 m 的地面，表示谦恭之意。 （3）礼毕起身，仍然含有笑意，目光礼貌地注视乘客
三度鞠躬	（1）准备鞠躬时，目光注视乘客，中腰前倾 45°，后背、颈部挺直。 （2）面带微笑，目光视前方 1 m 地面，表示歉意，请求原谅。 （3）礼毕起身，仍然含有笑意，目光礼貌地注视乘客

2．鞠躬训练方法

女性民航服务人员在标准站姿的基础上，双手交叉，置于腹前，目光注视前方，恭候乘客登机。图 2-55 所示为某航空公司员工进行鞠躬训练。

图 2-55 鞠躬训练

男性民航服务人员在标准站姿的基础上，双脚打开，与肩同宽，双手交叉半握拳，置腹前或背后，目光注视前方，恭候乘客登机。鞠躬时，按照垂臂式站姿，双脚并拢，双臂自然下垂，贴于身体两侧，拇指内收，虎口向前，手指向下行鞠躬礼。

> **职场小贴士**
>
> 90°鞠躬要慎用。在中国文化中，90°鞠躬一般是大喜大悲和表示忏悔、改过、谢罪时用的。

八、握手

握手通常是我们与人交往中的第一次身体接触。握手得体与否，对接下来的相互交往有着重大的影响。握手可以传达出欢迎、感谢、问候、告别、祝贺和慰问等感情。不敷衍、不做作、不扭捏、不莽撞，是实施握手礼很重要的原则。谁也不喜欢与虚伪无礼的人做朋友，因此，要记住以上要点，诚恳认真地与朋友、同事和客户实行握手礼，给彼此一个愉快的会面体验。

视频：握手礼仪

一次令人愉快的握手感觉，应该是坚定的、干爽的、触摸很舒服的，时间持续3～5 s，它可以良好地传达愉快相见的情感，建立彼此的友谊，使双方产生信赖感。如果手心容易出汗，可以在握手前不经意地擦干，并控制好时间。

1. 握手的基本要求

在航班上，握手动作往往出现在航班结束后，乘客为了表达感激之情，会主动伸出手来与服务人员握手道别。服务人员应给予乘客礼貌地回应，应做到：

（1）选择好时机，要握手就大大方方地伸出手，借这个动作准确传达信息。

（2）在飞机上，为了尊重乘客的权利，不应先伸手，而是乘客伸手时，我们应做出回应。

（3）乘务员应遵循年龄长者、地位高者、女士先伸手的礼节。

（4）一般情况下，我们都应该用右手与别人的右手实施握手。除非是老友惊喜重逢或是表达深切的谢意，否则最好不要用双手去握手。

（5）把握好握手的时间，3～5 s为宜。

（6）把握好握手的力度，不要因为过于用力或轻描淡写让人感到疼痛或缺乏诚意。

握手礼仪如图2-56所示。

2. 握手的训练方法

（1）以乘务组为单位，分两排，面对面站立，相隔距离1步远。

图2-56　握手礼仪

(2) 女民航服务人员腹前握指式站姿。
(3) 男民航服务人员垂臂式站姿。
(4) 各自伸出右手虎口对虎口相握。
(5) 握手时目光注视对方,微笑示意。
(6) 力度适中,轻微用力 3～5 s。
(7) 加上寒暄语同时练习,例如"认识你很高兴"等,如图 2-57 所示。

图 2-57 握手礼仪训练

职场小贴士

握手礼仪的忌讳

忌讳一:手太脏

不管在什么情况下和别人握手之前要注意一下自己的手部卫生,如果有的话就千万不能和别人握手了,那是非常不礼貌的行为。建议用别的方式打招呼,如果时间来得及建议擦一擦或者洗一洗。

忌讳二:手太冰

如果自己要和别人握手表示礼貌的话,先把自己的手捂暖再进行握手,否则也是不礼貌,是被别人反感的行为。特别是在冬天的时候,本来天气就冷,而自己的手也很冰的话,就是给别人雪上加霜了。

忌讳三:手半掩

很多初入社会的朋友都有自己的握手习惯,比如手不张开半掩着,因为受家乡风俗习惯的影响。其实这个在社交中是一个很不礼貌的行为。要么就不握手,握手一定要整个手张开方显尊重。

忌讳四:手未伸直

在社会上,在职场中经常看到很多人握手手不伸直,身体半撅着。这个其实也是职场握手禁忌!所以一定要明白握手时要大气地伸直手再进行握手。

忌讳五：手握得太久

有些人以为握手握得久就是很礼貌很重视对方。其实这个在握手的礼仪中是一个不正确的观点。握到适合的时间就好，不要握着手一直不放，特别对女士来说很不礼貌，也不够尊重。

忌讳六：握手未握手的三分之二

握手其实是有技巧和原则的，不能只握手尖，也不能全部拿捏。最好的握手方式就是握到手掌的三分之二。这个也是职业素质教育课上体会最深的。

忌讳七：握手太重

当双方手都握上以后，要有一个适度的力度。不能太轻，否则显得不重视。不能太重，否则显得不够稳重和礼貌。所以这个就需要双方互相拿捏了。

忌讳八：握手不看着对方

以前只说：说话需要看着对方。其实握手也是一样的，也需要看着对方，方能凸显尊重、重视和礼貌，而且亲密度也会更上一层楼。

忌讳九：戴手套握手

在寒冷的冬天大家都避免不了戴手套御寒。但是如果要握手，千万要把手套摘掉。否则就是没礼貌、不懂事了。在别人看来也说明了一种不成熟的表现。

九、递送名片

递送名片已成为人际交往、公关中的一种重要手段。名片是一个人身份、地位的象征，是一个人的尊严，因为名片上一般印有公司名称、头衔、联络电话、地址等，有的还印有个人的照片。通过递送名片，可以使对方认识自己，需要时可以联系。当然，名片除了有介绍个人的意义外，还是他所在单位的形象缩影。所以说，有人把它称作"第二张身份证"。

视频：名片礼仪
——名片的分类与制作

1. 递送名片的基本要求

飞机上偶尔有乘客会递送名片，特别是当民航服务人员为乘客做了某项特殊服务时，乘客想表达感激之情，会递送名片；或者有些乘客非常喜欢你，愿意和你保持联系，也会递送名片。乘务员职业规定，在工作期间不能与乘客乱拉关系，应保持一定的距离。但是，当乘客明确表示对乘务员的喜欢，希望递送名片，下机后保持联系时，乘务员应给予礼貌的回应，应做到：

（1）礼貌地双手接受，明确地感谢对方对自己工作的认可。

（2）接受名片后，要仔细看一遍，并说"谢谢"。

（3）应十分认真地对待接受的名片，面对乘客不可随手乱放。

（4）不可当着乘客面拿着名片折来折去，应放在自己的口袋里。

（5）如果递送名片，应双手呈递，将正面朝向接受方。

（6）当乘客明确表示希望请客吃饭时，应学会婉言谢绝，把被动变为主动。

2．递送名片仪态训练

（1）以乘务组为单位，分两排，面对面站立，相隔 1 步距离。

（2）递送名片时，面带微笑，将名片的正面朝向对方，恭敬地用双手捏住名片上端两角送到对方胸前。

（3）如果是坐着，应起身或欠身递送。

（4）如果同外宾交换名片，可先留意对方是用单手还是双手递名片，随后再跟着模仿。因为欧美人、阿拉伯人和印度人惯于用一只手与人交换名片；而日本人则喜欢用右手递送自己的名片，用左手接对方的名片。

（5）接受他人名片时，应起身或欠身，并轻声说"谢谢"。

（6）接过名片后，当着对方的面，用 30 秒钟"读"一遍，妥善放好。

递送名片礼仪如图 2-58 所示。

视频：名片礼仪——递接名片的礼仪

图 2-58　递送名片礼仪

职场小贴士

在中东和许多东南亚国家，递名片时一定要用右手递上，永远不要用左手，即使你是左撇子也不行。在这些地区，左手是用于清理身体卫生的，因此被认为是"不干净"的手。

十、表情

表情是指面部肌肉运动和面部器官，如眉、嘴、鼻等互动所显示出的心理活动和情感信息。面部表情无论好坏都会带给人们极其深刻的印象。紧张、疲劳、喜悦、焦虑等情绪无不清楚地表露在脸上。

1．眼神

面部表情中占主导地位的，是眼睛的表情——眼神。泰戈尔说："一旦学会了眼睛的语言，表情的变化将是无穷无尽的。"俗话说："眼睛是心灵的窗户。"行为科学家认为，只有当你同他人"四目相对"的时候，交际的真正基础才能建立。我国古代大教育家孟子也说："存乎人者，莫良于眸子，眸子不能掩其恶。"在人际交往中，眼神的灵活变化及丰富内涵，有时比语言表达还来得微妙。

（1）眼神运用方法。一个人的眼神变化是其心理情感状态的"晴雨表"。在人际交往中，运用眼神来表情达意能起到十分重要的作用。眼神的运用主要有以下4种方法：

1）环视。有节奏或周期性地把视线从听众的左方扫到右方，从右方扫到左方或从前排到后排，从后排到前排。视线由弧形构成环形。目的是使听者都注意到你，感觉你在和他（个人）交流，也能整体把握听者的心态，从而掌控说话现场。这是很重要的控场技巧。

2）虚视。就是似视非视，发言人常需要这种虚与实的目光交替，"似"看某一部分人，"非"看大家，仿佛"目中有人"，实则"心中无人"。这是很重要的心理调控巧。尤其是初上场的演讲者可以借此回避台下那火辣辣的眼神，克服自己惧怕与分神的毛病。

3）前视。前视法就是发言者的视线要平直向前，统摄全场听众。一般来说视线的落点应放在最后一排听众的头顶部位。这样的视线，可以使听众感到"他是在想我说话"，从而引起他们的注意；也有利于发言者保持端正的姿态，观察听众的情绪和变化。

4）凝视。在社交场合相逢时，目光正视对方的两眼与嘴部的三角区，表示对对方的尊重；但凝视的时间不能超过 5 s，因为长时间凝视对方，会让对方感到紧张、难堪。如果面对熟人朋友、同事，可以用从容的眼光来表达问候，征求意见，这时目光可以多停留一些时间，不要迅速移开，以免给人留下冷漠或有意回避的猜疑。

调整视线的角度，也能传递出丰富的情感信息：

①平视。表示礼貌、平等或正视等。

②仰视。表示敬意、希望或向往、等待。

③俯视。相当于傲视，多表示高傲、得意或轻视等。

④斜视。表意比较丰富，既可表示藐视、歧视等贬义，又常常表示俏皮、快活或好奇等情趣。

（2）运用眼神应注意的问题。有的交际者在交际中不注意用目光注视，往往因此影响交际。如无论是发送信息还是接收信息，低头看脚、抬头看天、左顾右盼、目光该指向甲时却指向乙。这种交际者要是处于发送位置，接收者会感到发送者心不在焉，根本无心交际；要是处于接收位置，发送者会感到你不懂礼貌、藐视自己。因此，运用眼神要注意以下几个方面：

1）凝视时间的长短。凝视时间的长短可以判断听者的心理感受。通常与人交谈时，视线接触对方脸部的时间应占全部谈话时间的 30%～60%。表示友好、重视、感兴趣，通常凝视时间稍长；如果对对方不在意、漫不经心，甚至是蔑视，则凝视时间极短，往往一瞥而过。

2）注视的部位。对话过程中通常是注视对方眼部至唇部。一般不能直视或长时间地凝视对方双眼，这是不礼貌的行为或是挑衅。英国人体语言学家莫里斯说："眼对眼的凝视只发生在强烈的爱或恨之时，因为大多数灵敏的人在一般场合中都不习惯被人直视。"

3）眨眼频率高低。正常情况下，一般人每分钟眨眼5～8次，每次眨眼不超过1 s。超过次数，表示神情活跃，感兴趣，也可能个性怯懦。超过秒数，一是表示厌烦；二是对方不屑一顾。

4）视线的角度。正视线接触的角度，即目光的方向。俯视一般表示爱护、宽容、羞涩、忧伤、愧悔；正视一般表示喜欢、庄重、平等；仰视一般表示尊敬、期待或傲慢。眼神游移不定意味着慌张、心绪不宁。视线有意回避，可能掩饰什么或有所愧疚，也可能是羞怯。从听者的角度来看，如果他感兴趣，目光大多集中在讲话者的脸上，并且在听到疑问处或重要处，目光会不自主地与讲话者目光相接；若听者目光不稳定地四处乱看，表明他没有兴趣；当听者目光长时间凝视某处，或视而不见时，多半反映了他根本没有听你的讲话，思想在溜号；如果听话者害怕同你的目光相接，很可能不愿意你了解此事；如果是紧盯住你，则可能是他有话要说，希望你能注意他。

5）瞳孔的大小。瞳孔的变化是非意志所能控制的。传达正面信息，如高兴、喜欢、肯定时，瞳孔一定会放大，眼睛很有神；传达负面信息，如痛苦、厌恶、否定、消极、戒备或愤怒时，瞳孔会缩小，眼睛无光。

2. 微笑

作为面部表情之一的微笑，在交际中的作用奇妙无比。在公共场所，不慎碰痛了别人，以微笑道歉："对不起"，立即可消除对方的不满情绪；在会见客人时，边微笑边握手，使客人感到亲切、有礼，有诚意；在交谈中，碰到不易接受的事情，边微笑边摇头，委婉谢绝，不会使人感到难堪。在发言时，面带微笑，可以令听众很快接受你。微笑，可以显示出一个人的思想、性格和情操。

运用微笑传情达意应做到：

（1）笑得自然。微笑是发自内心的，是美好心灵的外观。这样才能笑得自然、笑得亲切、笑得美好、笑得得体。不能为笑而笑，无笑装笑；像电影《满意不满意》中的小杨师傅那样，由于不安心服务工作，心里有抵触情绪，他的笑是为应付差事而"挤"出来的，是假装出来的，是皮笑肉不笑的。这样，不但不能迎来顾客，而且还会吓跑顾客。

（2）笑得真诚。微笑语既是自己愉快心情的外露，也是纯真之情的奉送。

（3）笑得合适。微笑并不是不讲条件的，也并不是可以用于一切交际环境的。它的运用，是很有讲究的。

首先，场所要合适。当你出席一个庄严的集会，去参加一个追悼会，或讨论重大的政治问题，自然不宜微笑。当你同对方谈一个严肃话题，或者告知对方一个不幸的消息时，或者你的谈话使对方感到不快时，也不应该微笑，或者应及时收起笑容。

其次，程度要合适。微笑是向对方表示一种礼节、一份尊重，也是自己仪容的展现。但也有一个程度问题。笑得太放肆、太过分、太没有节制，就会有失身份，引起对

方的反感。微笑如果一笑即收敛，一闪而过，也同样收不到好的效果。总之以适度为宜。

最后，对象要合适。对不同的交际对象，应使用不同含义的微笑，传达不同之情，表达不同之意。对恋人，微笑是传递爱慕之情；对同事、朋友、顾客，微笑是传达友好之意；对长辈，微笑是表示尊敬；对晚辈，微笑表示慈爱；对敌对者的笑与上述微笑不同，是一种冷笑、讥笑，带有轻蔑、讥讽、鄙视等种种含义。

3．表情运用的一般要求

对航空服务人员表情的要求：永不消失的职业微笑贯穿地面服务和航班空中服务全程。对客人微笑服务，神态真诚热情而不过分亲昵，表情亲切自然而不拘泥，眼神专注大方而不四处游动。

（1）要有灵敏感。就是说，要迅速、敏捷地反映内心的情感。一般来说，脸上的表情应当和有声语言所表达的情感同时产生，并同时结束，过长或过短，稍前或稍后，都不好。

（2）要有鲜明感。讲话者脸上所表达的情感不仅要准确，而且要明朗，即每一点微小的变化都能让听者觉察到，喜就是喜，愁就是愁，怒就是怒。一定要克服那种似是而非、模糊不清的表情。如高兴时应喜笑颜开，忧愁时要愁眉苦脸，激动时要面红耳赤，愤怒时应脸色铁青。

（3）要有真实感。也就是说，面部表情一定要使听者看出来讲话者的内心，感觉出这是讲话者心灵深处最真实的东西。如果让听者感到讲话者哗众取宠、华而不实，讲话者的面部表情做得再好也是失败的。

（4）要有分寸感。要运用面部表情传达情感并把握一定的度，做到不温不火、适可而止。过火，显得矫揉造作；不及，显得平淡无奇。以"笑"为例，说话时可以根据情感变化的缓急，有时可表现为"开怀大笑"，有时只是"莞尔一笑"，有时可表现为"抿嘴一笑"，有时则只需让人们体察到"脸上挂着笑意"。运用之微妙，全在于讲话者自己潜心琢磨、细心体味。

（5）要有艺术感。如民航服务人员的面部表情既区别于生活中的面部表情，又区别于舞台艺术中"脸谱化"的表情。它既不能拘泥于单纯、原始的生活化，这样会缺乏美感、不感人；又不能一味追求纯艺术化，这样就会过度夸张、不自然，像做戏，从而失掉服务的现实性和严肃性。所以，如何把面部表情和内心世界恰如其分地结合在一起：既有生活的真实，也带有一定的艺术性；既使服务对象受到情感的陶冶，又使他们获得美的享受。

延伸阅读

表情语言的"三角区"

人脸部的眉、目、鼻、嘴组成了表情语最集中、最丰富的"三角区"。这些丰富的表情语言如下：

（1）眉的表情。展眉表示欢快，皱眉表示愁苦，扬眉表示满意，竖眉表示愤怒，低眉表示悲哀，弯眉表示欢乐。

（2）嘴的表情。噘嘴表示不快，抿嘴表示害羞，努嘴表示暗示或指示，撇嘴表示不愿或蔑视，歪嘴表示不服，咧嘴表示高兴，咬牙切齿表示愤怒。

（3）鼻的表情。鼻孔张大表示愤怒，屏息敛气表示恐惧害怕，嗤之以鼻表示轻蔑。

（4）头的动作。点头表示同意、赞许；摇头表示怀疑、否定，昂首表示骄傲、伟岸，俯首表示沉思、屈服。

4．表情的训练方法

（1）心情调适法。心情愉悦，多想美好的事情，发自内心地笑。
（2）发声练习法，练习"一""七"。
（3）三秒迅速微笑法，把右手放在右肩上"耶"。
（4）咬筷子练习。

图 2-59 所示为某航空公司对员工进行微笑训练。

图 2-59　某航空公司对员工进行微笑训练

延伸阅读

浅论职业形象的重要性

（1）得体地塑造和维护职业形象，会给初次见面的人以良好的第一印象，包括发型、着装、表情、言谈举止、待人接物、女士的化妆及饰品等。当下服装自由的大企业越来越多了，对于着装也越来越自由化。要想给人以好感，得体地塑造和维护个人形象是很重要的。基本上是无论男女均穿商务套装，要以高雅的穿着作为工作服。另外，装扮要看场合。不只是着色和款式，也要注意服装是否合身。西方国家人民在传统上有一套烦琐的见面礼节，从握手、问候到互相介绍都有约定俗成的习惯。在正式场合下，一个人的言谈举止可以体现一个人的内在品质。握手是最普通的见面礼。在美国，握手时，男女之间由女方先伸手。男子握女子的手不可太紧，如果对方无握手之意，男子就只能点头鞠躬致意。长幼之间，年长的先伸手；上下级之间，上级先伸手；宾主之间，则由主人先伸手。握手时应注视对方，并摘下手套。如果因故来不及脱掉手套，须向对方说明原因并表示歉意。还应注意人多时不可交叉握手，女性彼此见面时可不握手。同握手的先后顺序一样，介绍两人认识时，要先把男子介绍给女子，先把年轻的介绍给年长的，先把职位低的介绍给职位高的。

（2）职业形象不是个人性的，它承担着外界对一个组织的印象。服饰礼仪、职业礼仪渐渐成为企业的必修课。服饰礼仪是人们在交往过程中为了表示相互的尊重与友好，达到交往的和谐而体现在服饰上的一种行为规范。职业礼仪是在人际交往中，以一定的、约定俗成的程序、方式来表现的律己、敬人的过程，涉及穿着、交往、沟通、情商等内容。若是觉得其他颜色驾驭不住，可以穿黑色衣服。因为黑色很简单，在正式、非正式的场合都适合，尤其是当一天当中参加很多活动时，黑色可以以不变应万变。着装没有必要讲究名牌，另外，保持形象的连贯性也很重要。千万不要今天这样，明天那样，否则会把自己的形象一段一段破坏掉。讲究个人形象的连贯性，会给人一种稳定、诚信的感觉。

（3）职业形象是沟通工具。俗话说"人靠衣服马靠鞍"，商业心理学的研究告诉我们，人与人之间的沟通所产生的影响力和信任度，是来自语言、语调和形象三个方面的。它们的重要性所占比例是：语言占7%；语调占38%；视觉（形象）占55%，由此可见形象的重要性。而服装作为形象塑造中的第一外表，而成为众人关注的焦点。你的形象就是你自己的未来，在当今激烈竞争的社会中，一个人的形象远比人们想象的更为重要。一个人的形象应该为自己增辉，当形象成为有效的沟通工具时，那么塑造和维护个人形象就成了一种投资，长期持续下去会带来丰厚的回报，让美的价值积累，让个人消费增值。没有什么比一个人许多内在的东西都没有机会展示，还没领到通行证就被拒之门外的损失更大了。

（4）职业形象在很大程度上影响着组织的发展。作为一个企业，个人形象在很大程度上影响着企业的成功或失败，这是显而易见的。只有当一个人真正意识到个人形象与修养的重要性，才能体会到个人形象给带来的机遇有多大。同时要注意交往的对象，与大众传播、广告或是设计之类等需要天马行空般灵感的行业人士交往时，个人形象方面可以活泼、时髦些；而与金融保险或是律师事务所，以及日系公司等以中规中矩形象著称的行业人士交往时，则尽量以简单稳重的造型为佳。如果注意到了这一点，那么就已经成功了一半。

总之，交往中最需要表现给上司、同事、商务伙伴以及客户以专业稳重的个人印象是至关重要的，因此在出门上班前，正确地选择服装、发式，注意自身的言谈举止，对工作绝对有加分的效果。

模块小结

良好职业形象的塑造应从仪容、仪表、仪态三个方面着手。仪容主要是指个人的容貌。它包括一个人头部的全部外观，如头发、脸庞、眼睛、鼻子、嘴巴、耳朵等。仪表是指人的外表，在交际场合，仪表是送给听者的见面礼。仪态也叫仪姿、姿态，泛指人们身体所呈现出的各种姿态，它包括举止动作、神态表情和相对静止的体态。民航服务人员的形象代表着整个航空公司甚至是整个国家的门面，其发型要求干净整齐、妆容要求淡雅清新，应着职业装上岗，行为举止应符合礼仪规范，每一位民航服务人员都应具备良好的职业形象塑造能力，掌握自身仪容、仪表的修饰技巧、遵守行为举止的规范规定，在工作中给人留下美好的印象。

岗位实训

1. 实训目的

完成民航服务人员的职业形象塑造。

2. 实训内容

（1）仪容：包括发型梳理、面部妆容、颈部及手的护理。

（2）仪表：包括职业装的穿着、饰品饰物的佩戴等。

（3）仪态：包括站姿、坐姿、行姿等方面的规范。

3. 实训要求

运用学到的仪容、仪表、仪态方面的规范要求塑造自己的职业形象，能够熟练地画职业妆，养成严谨细致的职业妆容习惯。然后分成两组，互相监督和评估对方的职业形象是否符合要求（可以互相打分）。

4. 实训心得

_____

_____

模块三

民航服务人员语言礼仪

知识目标

1. 了解基本的礼貌用语；
2. 熟悉各种称呼语、问候语、应答语、征询语、祝贺语、推托语的运用；
3. 掌握民航各岗位常用礼仪用语的运用规范。

技能目标

1. 能够在民航服务岗位中熟练运用各种礼貌用语；
2. 能够掌握与旅客沟通的各类技巧和语言禁忌；
3. 能够通过得体的语言与旅客之间建立良好的沟通桥梁，为旅客提供高质量的服务，并化解民航服务工作中常见的各种矛盾和纠纷。

素养目标

1. 履行崇德向善、诚实守信的道德准则和行为规范；
2. 热爱民航事业，培养严谨科学的专业精神，弘扬当代民航精神；
3. 具备收集、汇总、提炼、分析信息的职业素养及精益求精的职业精神，能发现问题、分析问题、解决问题。

案例导入

某航班乘务组巡视客舱时,一名旅客问正在巡视客舱的男乘务员:"现在飞到哪了?"乘务员回答:"我也不知道。"旅客听后对于乘务员的回答非常不满,于是张口说:"你是、是……啥饭的!"乘务员因为没听清就回头问了一下,旅客当时正看着窗户外面没有理会乘务员,于是乘务员就拉了一下旅客的袖子,继续询问旅客:"先生您刚才说什么,有什么事吗?"于是旅客就说:"你是……饭的?你白干这工作?"乘务员听后有些生气没有很好地控制情绪与旅客发生了争执,最后该旅客要意见卡投诉乘务员,虽经乘务长努力调解但旅客仍表示不接受道歉。

【案例分析】

这名乘务员在回答旅客问询时,没能注意语言技巧,在面对旅客的问题时不应该先说我不知道,这样很容易让旅客产生不满的情绪。尤其是后面的发展,作为一名乘务员,每一班都会遇到形形色色的旅客,这就要求乘务员较好地运用语言技巧,化解矛盾而非激化矛盾。

单元一 民航服务基本礼貌用语

礼貌是一种美德，我们对待任何人都应该要有礼貌。无论在什么场合，有礼貌都是很重要的。礼貌用语的重要性是极大的，你有礼貌，他人才会给予你物质或精神上的帮助，于人于己皆是有益的。一个人彬彬有礼，不但给人留下良好的印象，而且也会得到不少方便。礼貌用语，是指在语言交流中使用带有尊重与友好的词语。礼貌用语是尊重他人的具体表现，是友好关系的敲门砖。

延伸阅读

礼貌用语的"四有与四避"

在日常交际中，人们使用礼貌用语通常要做到"四有四避"，即有分寸、有礼节、有教养、有学识，要避隐私、避浅薄、避粗鄙、避忌讳。

1."四有"

（1）有分寸。这是语言得体、有礼貌的首要问题。要做到语言有分寸，必须配合以非语言要素，要在背景知识方面知己知彼，要明确交际的目的，要选择好交际的方式，同时，要注意如何用言辞行动去恰当表现。当然，分寸也包括具体言辞的分寸。

（2）有礼节。语言的礼节就是寒暄。有五个最常见的礼节语言的惯用形式，它表达了人们交际中的问候、致谢、致歉、告别、回敬这五种礼貌。问候是"您好"，致谢是"谢谢"，致歉是"对不起"，告别是"再见"。回敬是对致谢、致歉的回答，如"没关系""不要紧""不碍事"之类。

（3）有教养。说话有分寸、讲礼节，内容富于学识，词语雅致，是言语有教养的表现。尊重和谅解别人，是有教养的人的重要表现。尊重别人符合道德和法规的私生活、衣着、摆设、爱好，在别人的确有了缺点时委婉而善意地指出。谅解别人就是在别人不讲礼貌时要视情况加以处理。

（4）有学识。在高度文明的社会里，必然十分重视知识，十分尊重人才。富有学识的人将会受到社会和他人的敬重，而无知无识、不学无术浅鄙的人将会受到社会和他人的鄙视。

2."四避"

（1）避隐私。隐私就是个体不可公开或不必公开的某些情况，有些是缺陷，有些是秘密。在高度文明的社会中，隐私除少数必须知道的有关人员应当知道外，不必让一般人员知道。因此，在言语交际中避谈避问隐私，是有礼貌的重要表现。欧美人一般不询问对方的年龄、职业、婚姻、收入之类，否则会被认为是十分不礼貌的。

（2）避浅薄。浅薄，是指不懂装懂，"教诲别人"或讲外行话，或者言不及义，言不及知识，只知柴米油盐，鸡猪猫狗，张长李短，男婚女嫁。言辞单调，词汇贫乏，语句不通，白字常吐。如果浅薄者相遇，还不觉浅薄，但有教养、有知识的人听他们谈话，则无疑感到不快。社会、自然是知识的海洋，我们每个人都不可能做万能博士或百事通。我们应当学有专攻又知识渊博，但总有不如他人之处，总有不懂某种知识之处，要谦虚谨慎，不可妄发议论。

（3）避粗鄙。粗鄙指言语粗野，甚至污秽，满口粗话、丑话、脏话，不堪入耳。言语粗鄙是最无礼貌的语言。它是对一个民族语言的污染。

（4）避忌讳。忌讳，是人类视为禁忌的现象、事物和行为，避忌讳的语言同它所替代的词语有约定俗成的对应关系。社会通用的避讳语也是社会一种重要的礼貌语言，它往往顾念对方的感情，避免触忌犯讳。下面是一些重要避讳语的类型：

首先是对表示恐惧事物的词的避讳。比如关于"死"的避讳语相当多，就是与"死"有关的事物也要避讳，如"棺材"说"寿材""长生板"等。

其次是对谈话对方及有关人员生理缺陷的避讳。比如现在对各种有严重生理缺陷者通称为"残疾人"，是比较文雅的避讳语。

最后是对道德、习俗不可公开的事物行为的词的避讳。比如把到厕所里去大小便叫"去洗手间"等。

一、称呼语

称呼，指的是人们在日常交往中，所采用的彼此之间的称谓语。正确、适当地使用称呼，反映了人们自身的教养和对他人的态度。

1．称呼的分类

（1）日常生活中的称呼。

1）尊称。如：对长辈、平辈称"您"，对晚辈称"你"，对德高望重的老人称"您老""王老"，等等。

2）姓名或姓、名加辈分。如"王伯伯""叔叔""阿姨"等。

3）以"先生""女士""小姐""夫人""太太"相称。未婚者称"小姐"，已婚者或不明身份者称"女士"。

4）以"同志"相称。在较传统的地区、人群中或不知如何称呼时通用，这种略显保守的称呼反而较保险。

（2）工作中的称呼。在工作岗位上，人们彼此之间的称呼有其特殊性。总的要求是庄重、正式、规范。职场中多以对方的职务、职称相称。

1）职务性称呼。在工作中，以交往对象的职务相称，以示身份有别和尊重。如"赵部长""周教授""张医生"等。

2）一般限于同事、熟人之间可直接以姓或名称呼。

2. 民航服务人员称呼语的运用

民航服务人员对顾客的尊称如下：

（1）男宾不论其年龄大小与婚否，可统称为"先生"，女宾则根据婚姻状况而定。已婚女子称"夫人"（太太），也可统称"女士"，以上称呼可以连同姓名、职衔、学位一起使用，如"王小明先生""张总经理""李局长""史密斯夫人""卡特教授""张女士""基辛格博士"等。

（2）对地位高的政府官员、外交使节、军队中的高级将领，按不同国家的习惯，有的可称"阁下"，以示尊重，如"部长阁下""总统阁下""大使先生阁下""将军先生阁下"等。美国、墨西哥、德国等国家则习惯称"先生"，不称"阁下"。

（3）对君主立宪制国家，则应称国王、王后为"陛下"，称王子、公主、亲王为"殿下"。对有公、侯、伯、子、男爵位的可称其爵位，如"公爵先生""公爵夫人"等，也可称"阁下"。

（4）对军人一般称军衔，或军衔加先生，知道姓名的可冠以姓名，如"上校先生""莫利少校""维尔斯中尉先生"等。

> **职场小贴士**
>
> 在涉外场合，正确使用称呼非常重要，切忌使用"喂"来招呼顾客。比如，英、德等国家对头衔非常看重，如对方有博士学位，在称呼时一定不能省略。即使对称呼较为随便的美国人，在不熟悉的情况下，最好还是称"某某先生""某某夫人""某某女士"为好。否则，会伤害对方的情感，或者被对方认为缺乏教养。总之，在称呼上要多加学习研究，善于正确使用，以免造成误会。

二、问候语

问候语是指民航服务人员接待乘客时，应根据时间、场合和对象的不同，所使用的规范用语。

（1）与顾客见面，应主动说："您好，欢迎登机。""您好，欢迎乘坐本次航班。""女士们，先生们，欢迎你们的光临。""您好，××女士（先生），很高兴为您服务。"

（2）按每天不同的时间问候顾客，"您早！""您好！""早上好！""下午好！""晚上好！""晚安！"

（3）指示语，通常需配合手势等肢体语言，如"您好！欢迎您登机，请往这边走。"

> **职场小贴士**
>
> ### 运用问候语的注意事项
>
> （1）注意时空感。问候语不能老是"先生，您好！"一句话，应该让客人有一个时空感，不然客人听起来就会感到单调、乏味。如中秋节时向客人说一声"先生中秋好！"就强化了节日的气氛。
>
> （2）把握时机。问候语应该把握时机，一般在客人离你约 1.5 m 的时候进行问候最为合适。对于距离较远的客人，只宜微笑点头示意，不宜打招呼。
>
> （3）配合点头或鞠躬。对客人光有问候，没有点头或鞠躬的配合，是不太礼貌的。如一些服务人员在客人询问"洗手间在哪里？"的时候，仅仅用一个远端手势表明位置，没有语言上的配合，甚至只是努努嘴来打发客人，这样就显得很不礼貌。如果服务人员既用了远端手势，又对客人亲切地说："先生请一直往前走，右边角上就是！"客人的感觉就会好得多。

三、应答语

应答语是服务人员在工作岗位上服务于人时，用来回应服务对象的招呼或是在答复其询问之时所使用的专门用语。在服务过程中，服务人员所使用的应答语是否规范，往往直接反映着他的服务态度、服务技巧和服务质量。应答语可以分为三种基本形式。在某些情况下，它们相互之间可以交叉使用。

1. 应答语的基本形式

（1）肯定式应答语。它主要用来答复服务对象的请求。重要的是，一般不允许服务人员对于服务对象说"不"字，更不允许对其置之不理。这一类的应答语主要有："是的""好""随时为您效劳""听候您的吩咐""很高兴为您服务""我知道了""好的，我明白您的意思""我会尽量按照您的要求去做""一定照办"等。

（2）谦恭式应答语。当服务对象对于被提供的服务表示满意时，或是直接对服务人员进行口头表扬、感谢时，一般宜使用这类应答用语进行应答。它们主要有："这是我的荣幸""请不必客气""这是我们应该做的""请多多指教""您太客气了""过奖了"。

（3）谅解式应答语。在服务对象因故向自己致以歉意时，应及时接受，并表示必要的谅解。常用的谅解式应答用语主要有："不要紧""没有关系""不必，不必""我不会介意"。

2. 民航服务人员应答语的运用

民航服务人员在运用应答语时应注意：

（1）对前来的顾客说："您好，我能为您做什么？""请问，我能帮您什么忙？"

（2）引领顾客时说："请跟我来。""这边请。"

（3）接受顾客吩咐时说："好，明白了！""好，听清楚了，请您放心！""好，知道了！"

（4）听不清或未听懂顾客问话时应说："对不起，请您再说一遍。""很对不起，我还没有听清，请重复一遍，好吗？"

（5）不能立即接待顾客时应说："对不起，请您稍候。""请稍等一下。""麻烦您，等一下。"

（6）对等候的顾客打招呼时说："对不起，让您久等了。"

（7）接待失误或给顾客添麻烦时应说："实在对不起，给您添麻烦了。""对不起，方才疏忽了，今后一定注意不再发生这类事。"

（8）当顾客表示感谢时应说："不用谢，这是我应该做的。""别客气，我乐于为您服务。"

（9）当顾客误解致歉时应说："没关系。""这算不了什么。"

（10）当顾客赞扬时应说："谢谢，过奖了，不敢当。""承蒙夸奖，谢谢您了。""谢谢您的夸奖，这是我应该做的。"

（11）当顾客提出过分或无礼要求时应说："这恐怕不行吧。""很抱歉，我无法满足您的这种要求。"此时，必须沉得住气，婉言拒绝，表现出教养和风度。

四、征询语

征询语确切地说就是征求意见时的询问语。在正常情况下，民航服务人员应用最广泛的征询语主要有三种，见表3-1。

表3-1 征询语的类型

类型	释义	举例
主动式征询语	优点是节省时间，直截了当；缺点则是稍微把握不好时机的话，便会使人感到有些唐突、生硬	"需要帮助吗？" "我能为你做点什么？" "您需要什么？"
封闭式征询语	多用于向服务对象提供帮助之时。它往往只给对方一个选择方案，以供对方及时决定是否采纳	"您觉得这东西怎么样？" "您不来上一杯咖啡吗？" "您是不是很喜欢这种颜色？" "您是不是想先来试一试？" "您不介意我来帮助您吧？"
开放式或选择式征询语	指服务人员提出两种或两种以上的方案，以供对方有所选择。这样做，往往意味着尊重对方	"您需要这一种，还是那一种？" "您打算预订雅座还是预订散座？" "这里有红色、白色、黑色三种，您喜欢哪一种颜色？"

民航服务人员使用征询语应注意：

（1）注意服务对象的态势语。如当乘客东张西望的时候，或从座位上站起来的时

候，或招手的时候，都是在用自己的态势语表示他有想法或者要求了。这时民航服务人员应该立即走过去说"先生／小姐，请问我能帮助您做点什么吗？""先生／小姐，您有什么吩咐吗？"

（2）用协商的口吻。经常将"这样可不可以？""您还满意吗？"之类的征询语加在句末，显得更加谦恭，服务工作也更容易得到对方的认可和支持。

（3）应该把征询当作服务的一个程序。我们一定要先征询乘客意见，得到乘客同意后再行动，不要自作主张。

（4）赞赏语。赞赏语主要适用人际交往中称道或者肯定他人之时。如"太好了""真不错""对极了""相当棒""还是您懂行""您的观点非常正确"等。这类语言使用时要求少而精，并要恰到好处。

五、祝贺语

在民航服务过程中，服务人员往往有必要向旅客适时地使用一些祝贺用语。在多数场合，这么做不仅是一种礼貌，而且也是人之常情。如"祝您成功""生意兴隆""心想事成""生活愉快""合家幸福""节日快乐""白头偕老""寿比南山，福如东海"等。这类语言使用时要注意时效性，在节日、庆典及对方喜庆之日时使用，并注意了解对方的心理，针对具体内容，使用不同的祝贺语。

六、推托语

推托或拒绝别人，也是一门艺术。在推托他人时，如果语言得体，态度友好，拒绝者往往可以"逢凶化吉"，使被推托者的失望心理迅速淡化。反之，则很有可能令服务对象不快、不满，甚而怒发冲冠，酿成口角。如"你好，谢谢您的好意，不过……承蒙您的好意，但恐怕这样会违反规定，希望您理解"。"您可以到对面的商厦去看看。""我下班后还有一件急事需要处理，所以不能接受您的邀请"等。这类语言使用时一般应该先肯定，后否定，并客气委婉，不简单推托拒绝。如果推托得过于冰冷、生硬，直言："不知道""做不到""不归我管""问别人去""爱找谁找谁去"等，很容易让服务对象感到不快。

职场小贴士

民航服务人员的语言表达的原则

民航运输是提供服务的行业，也是依赖服务获取经济效益的行业，因此，要提高民航运输的经济效益需要有优质的服务做基础。民航服务由硬环境和软环境两大系统构成，硬环境简单来说就是客舱环境、设备和餐食质量

模块三　民航服务人员语言礼仪

等旅客可以看到、用到的东西；软环境则指的是乘务人员的服务态度、沟通技巧与服务技能等旅客听得到，感受得到的东西。

民航服务人员的语言表达作为民航服务软环境的重要内容，应遵循以下基本原则：

（1）谈吐文雅。
（2）用词简练。
（3）清楚明确。
（4）语调亲和、平稳。
（5）语句流畅，合乎规范。
（6）语意完整，合乎语法。
（7）说话方式委婉、热情。
（8）说话要用尊称。
（9）注意举止表情。

单元二　民航服务岗位礼貌用语

一、"请、谢谢、对不起"的运用

1．"请"字开路

"请"是一种礼貌，更是一种姿态。当一个人对另一个人说"请"时，这个人已经将"尊贵"和"显赫"给了对方，将谦恭的姿态表现了出来，被"请"的人将非常乐意为"请"字后面的行为努力，因为他体会到了尊重和恭维。所以，民航工作人员多用"请"这个美好的词语来表达自己对旅客行为的希望和要求。

2．"谢谢"压阵

"谢谢"就是在对方为自己做出一些善意言行以后，自己在言辞上所做的一种情感回报。"谢谢"有下列几种功能：一是表达自我情感。人们在接受别人的善意言行后，都会产生一种感激之情，情动于衷，发乎言辞。二是强化对方的好感。人际关系学认为，人际交往是一个互动的过程，一方的善意行为必然引起另一方的酬谢，而这种酬谢又将进一步使对方产生好感，并发出新的善意行为。三是拉近双方距离。

3．"对不起"不离口

民航公司许多员工，在对旅客说"对不起"时心存疑虑，怕一声"对不起"为自己招来不必要的麻烦。"对不起"不是责任的划分，只是服务人员对旅客歉意的表达。

"对不起"不仅仅是一句客套,更是"旅客总是对的"服务理念的体现。及时、到位的一声"对不起",可以浇灭旅客因不满意的服务而生起的火焰,能够化干戈为玉帛,调节人际关系。

在民航服务中,下列情况都应该给旅客说一声"对不起"。

(1) 由于服务人员的服务失误(如客舱服务时,不小心饮料弄脏了旅客服装;旅客行李晚到等),而给旅客带来不便。

(2) 由于其他旅客的疏忽导致旅客的利益受到损失。

(3) 由于航班延误(不管是什么原因引起的延误),致使旅客不能按时到达目的地。

(4) 由于机场或航空器上设备、设施设置的人性化不够,设备设施的损害导致旅客意外伤害的情况,等等。

二、地勤服务窗口常用语

(1) 您好,请出示您的身份证(或相关证件)和登机牌。
(2) 对不起,您的证件与规定不符,我需要请示,请稍等。
(3) 谢谢,请往里走。
(4) 请把您的行李依次放在传送带上,请通过安全门(配以手势)。
(5) 请稍等,请进。
(6) 请各位旅客按次序排好队,准备好身份证件和登机牌,准备接受安全检查。
(7) 请将您身上的香烟、钥匙等物品放入筐内。
(8) 先生(小姐)对不起,安全门报警了,您需要接受手工检查。
(9) 请摘下您的帽子。
(10) 请转身,请抬起双臂。
(11) 检查完毕,谢谢合作。
(12) 请收好您的随身物品。
(13) 对不起,请您打开这个包。
(14) 对不起,这是违禁物品或限带物品,按规定不能带上飞机。
(15) 对不起,水果刀您不能随身带上飞机,您可交送行人带回或办理托运。
(16) 谢谢合作,祝您一路平安。

三、民航服务广播用语

民航广播用语是民航服务用语的重要组成部分,大多数旅客在接受民航服务时,更多的是通过机场或航空器上的广播词了解民航服务信息。

(一)民航服务广播用语的基本要求及分类

清晰、准确、亲切的民航广播用语是民航服务质量的基本要求。

(1) 清晰：是指广播词简单明了，表达的意思通俗易懂，播音员吐字清晰。

(2) 准确：是指广播词不能够给人以歧义，特别是涉及安全事项和旅客具体行程的广播词，更要准确无误。

(3) 亲切：是指广播的语气要亲和宜人，广播用语要多从旅客的角度表述，以人为本，善意地提醒旅客遵守或遵从民航安全和服务规范。

从民航服务的角度讲，民航广播用语通常包含以下几个方面：

(1) 安全设备使用说明的广播用语。

(2) 旅客广播用语。

(3) 航班信息的广播用语。

(4) 航空器起飞、降落的广播用语。

(5) 供餐广播用语。

(6) 航班不正常时向旅客致歉的广播用语。

(7) 安抚旅客情绪的广播用语。

(8) 找寻旅客的广播用语。

（二）民航服务公共广播用语

公共广播系统是机场航站楼必备的重要公共宣传媒体，是机场管理部门播放航空公司信息、特别公告、紧急通知等语言信息的重要手段，是旅客获取信息的主要途径之一，也是提高旅客服务质量的重要环节。

1. 出港类广播用语

出港类广播用语包括办理乘机手续类、登记类及航班延误取消类广播用语。

(1) 办理乘机手续类广播用语。

① 开始办理乘机手续通知。

前往 _____ 的旅客请注意：

您乘坐的 _____ 航班现在开始办理乘机手续，请您到 _____ 号柜台办理。谢谢！

② 推迟办理乘机手续通知。

乘坐 _____ 次航班前往 _____ 的旅客请注意：

由于（1.本站天气不够飞行标准；2.航路天气不够飞行标准；3. _____ 天气不够飞行标准；4.飞机调配原因；5.飞机机械原因；6.飞机在本站出现机械故障；7.飞机在 _____ 机场出现机械故障；8.航行管制原因；9. _____ 机场关闭；10.通信原因），本次航班不能按时办理乘机手续。预计推迟到 _____ 点 _____ 分办理。请您在出发厅休息，等候通知。谢谢！

③ 催促办理乘机手续通知。

前往 _____ 的旅客请注意：

您乘坐的 _____ 次航班将在 _____ 点 _____ 分截止办理乘机手续。乘坐本次航班没有办手续的旅客，请马上到 _____ 号柜台办理。谢谢！

④过站旅客办理乘机手续通知。

乘坐 _____ 次航班由 _____ 经本站前往 _____ 的旅客请注意：

请您持原登机牌到 _____ 号（1.柜台；2.服务台；3.问询台）换取过站登机牌。谢谢！

⑤候补旅客办理乘机手续通知。

持 _____ 次航班候补票前往 _____ 的旅客请注意：

请马上到 _____ 号柜台办理乘机手续。谢谢！

（2）登机类广播用语。

①正常登机通知。

前往 _____ 的旅客请注意：

您乘坐的 _____ 次航班现在开始登机。请带好您的随身物品，持登机牌，由 _____ 号登机口上飞机。祝您旅途愉快。谢谢！

②催促登机通知。

前往 _____ 的旅客请注意：

您乘坐的 _____ 次航班很快就要起飞了，还没有登机的旅客请马上由 _____ 号登机口上飞机。这是 _____ 次航班（1.第 _____ 次2.最后一次）登机广播。谢谢！

③过站旅客登机通知。

前往 _____ 的旅客请注意：

您乘坐的 _____ 次航班现在开始登机，请过站旅客出示过站登机牌，由 _____ 号登机口先上飞机。谢谢！

（3）航班延误取消类广播用语包括四种。

①航班延误通知。

前往 _____ 的旅客请注意：

我们抱歉地通知，您乘坐的 _____ 次航班由于（1.本站天气不够飞行标准；2.航路天气不够飞行标准；3. _____ 天气不够飞行标准；4.飞机调配原因；5.飞机机械原因；6.飞机在本站出现机械故障；7. _____ 飞机在机场出现机械故障；8.航行管制原因；9. _____ 机场关闭；10.通信原因）（1.不能按时起飞；2.将继续延误；3.现在不能从本站起飞），起飞时间（1.待定；2.推迟到 _____ 点 _____ 分）。在此我们深表歉意，请您在候机厅休息，等候通知。如果您有什么要求，请与（1.不正常航班服务台；2.服务台；3.问询台）工作人员联系。谢谢！

②所有始发航班延误通知。

各位旅客请注意：

我们抱歉地通知，由于（1.本站天气原因；2.本站暂时关闭；3.通信原因），由本站始发的所有航班都（1.不能按时；2.将延误到 _____ 点 _____ 分以后）起飞。在此我们深表歉意，请您在候机厅内休息，等候通知。谢谢！

③航班取消通知（出港类）。

前往 _____ 的旅客请注意：

模块三　民航服务人员语言礼仪

我们抱歉地通知，您乘坐的_____次航班由于（1.本站天气不够飞行标准；2.航路天气不够飞行标准；3._____天气不够飞行标准；4.飞机调配原因；5.飞机机械原因；6.飞机在本站出现机械故障；7.飞机在机场出现机械故障；8.航行管制原因；9._____机场关闭；10.通信原因）决定取消今日飞行，（请您改乘_____次航班，起飞时间）（1.待定；2.为_____点_____分）。在此我们深表歉意。请您与_____（1.不正常航班服务台；2.服务台；3.问询台）工作人员联系，（或拨打联系电话_____），我们将为您妥善安排。谢谢！

④不正常航班服务通知。

乘坐_____次航班前往_____的旅客请注意：

请您到（1.服务台；2.餐厅）凭（1.登机牌；2.飞机票）领取（1.餐券；2.餐盒；3.饮料、点心）谢谢！

2．进港类广播用语

进港类广播用语包括正常航班预告、延误航班预告、航班取消通知（进港类）、航班到达通知及备降航班到达通知。

（1）正常航班预告。

迎接旅客的各位请注意：

由_____飞来本站的_____次航班将于_____点_____分到达。谢谢！

（2）延误航班预告。

迎接旅客的各位请注意：

我们抱歉地通知，由_____飞来本站的_____次航班由于（1.本站天气不够飞行标准；2.航路天气不够飞行标准；3._____天气不够飞行标准；4.飞机调配原因；5.飞机机械原因；6.飞机在____机场出现机械故障；7.航行管制原因；8._____机场关闭；9.通信原因）（1.不能按时到达；2.将继续延误），（1.预计到达本站的时间为_____点_____分；2.到达本站的时间待定）。谢谢！

（3）航班取消通知（进港类）。

迎接旅客的各位请注意：

我们抱歉地通知，由____飞来本站的____次航班由于（1.本场天气不够飞行标准；2.航路天气不够飞行标准；3.____天气不够飞行标准；4.飞机调配原因；5.飞机机械原因；6.飞机在_____机场出现机械故障；7.航行管制原因；8._____机场关闭；9.通信原因）已经取消。（1.明天预计到达本站的时间为_____点_____分；2.明天到达本站的时间待定）。谢谢！

（4）航班到达通知。

迎接旅客的各位请注意：

由_____飞来本站的_____次航班已经到达。谢谢！

（5）备降航班到达通知。

由_____备降本站前往_____的旅客请注意：

91

欢迎您来到_____机场。您乘坐的_____次航班由于（1._____天气不够飞行标准；2.航路天气不够飞行标准；3.飞机机械原因；4.航行管制原因；5._____机场关闭）不能按时飞往_____机场，为了您的安全，飞机备降本站。请您在候机厅内休息，等候通知。如果您有什么要求，请与_____（1.不正常航班服务台；2.服务台；3.问询台）工作人员联系。谢谢！

职场小贴士

公共广播的要求

（1）播音时要有表情，要亲切微笑。微笑，是内心的鲜花在脸上的绽放，所以即使旅客看不到，从声音里依然可以感受到笑容，体会到发自内心的温暖，给人宾至如归之感。

（2）播音时情绪要饱满、振奋，声音要亲切悦耳。对旅客周到细致地服务，离不开饱满振奋的情绪。否则会给旅客怠慢的感觉。亲切悦耳的声音可以给旅客宾至如归的感觉，减少紧张感和疲劳感。

（3）播音时语言要规范，采用统一的专业术语，语句通顺易懂，避免发生语义的混淆。播音用语应以汉语和英语为主，同一内容应使用汉语普通话和英语两种以上语言对应播音；少数民族地区应增加民族语言广播。

（4）广播内容要准确，航班到达、延误或取消等信息应及时、反复进行广播。

（5）播音时音量要适度。音量过高或过强往往会使自己的服务态度显得生硬、粗暴，而且还有可能会让旅客有震耳欲聋的不舒适感。音量过低过弱，则又会显得有气无力，会有沉闷不堪的感觉，甚至还会让乘客产生被怠慢的感觉。适度的音量，往往表现得婉转、平稳，让人倍感亲切，增强感染力和吸引力。

（6）播音时语速要适中。过快或过慢都会让旅客听起来觉得费力，过快的语速会给人性情急躁、不耐烦的感觉；拖腔拉调会给人有气无力、矫揉造作的印象。

（7）语调生动，语言灵活。根据需要，分出轻重缓急，分清抑扬顿挫，而且要能够根据不同内容传达出不同的思想感情。

（三）民航服务客舱广播

客舱广播是为旅客服务的，按照性质包括服务和安全两部分。服务方面主要是通过广播让旅客了解此次航班的航程、时间、途经的省市和山脉、河流，还有一些服务项目等。安全方面首先是正常的安全检查，在起飞和落地前都会广播提醒旅客；其次出现特殊情况和突发事件，都会通过广播让旅客及时了解。

模块三 民航服务人员语言礼仪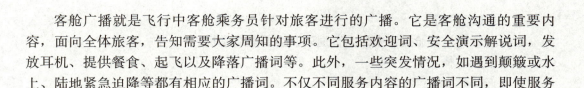

客舱广播就是飞行中客舱乘务员针对旅客进行的广播。它是客舱沟通的重要内容，面向全体旅客，告知需要大家周知的事项。它包括欢迎词、安全演示解说词，发放耳机、提供餐食、起飞以及降落广播词等。此外，一些突发情况，如遇到颠簸或水上、陆地紧急迫降等都有相应的广播词。不仅不同服务内容的广播词不同，即使服务内容相同也要视服务对象的不同而有所区别。

1. 欢迎致词

这种播音是欢迎旅客上飞机常用的播音。要求语言清晰、亲切。

女士们、先生们：

欢迎您乘坐中国_____航空公司_____航班由_____前往_____（中途降落_____）。由_____至_____的飞行距离是_____千米，预计空中飞行时间是_____小时_____分，飞行高度_____米，飞行速度平均每小时_____千米。

为了保障飞机导航及通信系统的正常工作，在飞机起飞和下降过程中请不要使用手提式电脑，在整个行程中请不要使用手提电话、遥控玩具、电子游戏机、激光唱机和电音频接收机等电子设备。

飞机很快就要起飞了，现在由客舱乘务员进行安全检查。请您坐好，系好安全带，收起座椅靠背和小桌板。请您确认您的手提物品是否妥善安放在头顶上方的行李架内或座椅下方。

本次航班的乘务长将协同机上_____名乘务员竭诚为您提供及时周到的服务。

谢谢！

2. 客舱安全介绍

客舱安全介绍主要是对飞行中安全注意事项的介绍，如氧气罩、安全带、应急出口的使用与位置介绍等。要求语言庄重、规范、清晰流畅。

女士们、先生们：

你们好！现在由客舱乘务员向您介绍救生衣、氧气罩、安全带的使用方法及紧急出口位置。（配合演示或录像）

救生衣在您座椅下面的口袋里。使用时取出，经头部穿好，将带子扣好系紧。然后打开充气阀门，但在客舱内不要充气。充气不足时，请将救生衣上部的两个充气管拉出用嘴向里充气。

氧气面罩储藏在您的座椅上方，发生紧急情况时，面罩会自然脱落。氧气罩脱落后，要立即用力向下拉面罩。请您将面罩罩在口鼻处，进行正常的呼吸。

在您座椅上备有两条可以对扣起来的安全带，当飞机在滑行、起飞、颠簸和着陆时，请您系好安全带。解开时，先将锁口打开，然后拉开连接片。

本架飞机共有4个紧急出口，分别位于前部、后部和中部以及上舱，在客舱通道上以及出口处装有紧急照明指示灯，在紧急脱离时请按指示路线撤离。在您座椅背后的口袋内备有安全说明书，请您尽早阅读。

3. 起飞后广播

这种播音词是客舱播音中最为普遍的，需要熟练掌握。

（1）航线广播。

女士们、先生们：

我们的飞机已经离开 _____ 前往 _____ 。在这条航线上，我们将飞越的省份有 _____ ，城市有 _____ ，河流有 _____ ，山脉有 _____ 。您现在乘坐的这架飞机是 _____ 公司制造的 _____ 型客机，能够容纳 _____ 名旅客。在您座位上方备有阅读灯、通风孔以及呼唤铃。

您的座椅靠背可以调节，调节时请按座椅扶手上的按钮。清洁袋在您座椅前面的口袋里，供您放置杂物以及呕吐时使用。洗手间位于客舱前部及尾部，当安全带指示灯亮时，洗手间暂停使用。请您全程不要在客舱及洗手间内吸烟。您的座椅上方还有空气调节设备，您如果需要新鲜空气，请转动通风口。

在这段旅程中，我们为您准备了正餐、点心及饮料，供餐时我们将广播通知您。

为确保大家旅途安全，顺利到达目的地，请您在飞机滑行、起飞、降落和颠簸期间，在座位上坐好，系好安全带，不要开启行李架，以免行李滑落，砸伤其他旅客。多谢您的合作。

祝您旅途愉快、身体健康！谢谢！

（2）餐前广播。

女士们、先生们：

我们将为您提供餐食（点心餐）、茶水、咖啡和饮料。欢迎您选用。需要用餐的旅客，请您将小桌板放下。

为了方便其他旅客，在供餐期间，请您将座椅靠背调整到正常位置。谢谢！

（3）征询意见。

女士们、先生们：

欢迎您乘坐中国 _____ 航空公司航班，为了帮助我们不断提高服务质量，敬请留下宝贵意见，谢谢您的关心和支持！

（4）预定到达时间广播。

女士们、先生们：

本架飞机预定在 _____ 分钟后到达 _____ 机场，地面温度是 _____ ，谢谢。

（5）下降时安全检查广播。

女士们、先生们：

飞机正在下降。请您回原位坐好，系好安全带，收起小桌板，将座椅靠背调整到正常位置。所有个人电脑及电子设备必须处于关闭状态。请确认您的手提物品是否已妥善安放。稍后，我们将调暗客舱灯光。谢谢！

（6）到达终点站。

女士们、先生们：

飞机已经降落在 _____ 机场，本地时间是 _____ ，外面温度为 _____ 摄氏度。飞机正在滑行，为了您和他人的安全，请先不要站起来或打开行李架。等飞机完全停稳、系紧安全带指示灯熄灭后，请您再解开安全带，整理好随身物品准备下飞机。从行李架里取物品时，请注意安全。您交运的行李请到行李提取处领取。需要在本站转乘飞机到其他目的地的旅客请到候机室中转柜台办理。

感谢您选择_____航空公司班机！下次旅途再会！

4. 特殊情况广播

要求镇定、自信。遇到气流颠簸、飞机延误、备降等情况时，服务人员的播音一定要及时、自信、沉稳。平和的播音能够有效减轻旅客的恐慌心理，很好地树立起航空公司的良好形象。

（1）特殊天气。

女士们、先生们：

现在飞机遇到气流，有些颠簸，为了您的安全，请您在座位上坐好，系好安全带，谢谢合作。

女士们、先生们：

由于_____正降大雪，本次航班将在_____：_____备降_____机场。请您收好小桌板，系好安全带，乘务组对飞机备降给您带来的不便深感抱歉，谢谢合作。

（2）延误后落地广播。

女士们、先生们：

本架飞机已经降落_____机场，外面的温度为_____摄氏度。

飞机还将继续滑行，请您仍坐在座位上，不要起立，系好安全带。安全带指示灯熄灭后请带好您的全部手提物品（护照、证件和_____）准备下飞机。您交运的行李请凭行李牌到候机室出口处领取。

需从本站转乘飞机到其他目的地的旅客，请到候机室办理换乘手续。

各位旅客，感谢您乘坐_____航空公司班机，由于_____原因，耽误了您的旅行，我代表全体机组人员在此向您深表歉意，并欢迎您再次乘坐我们的航班。

女士们、先生们，我们下次旅途再见。

（3）夜间飞行。

女士们、先生们：

为了保证您旅途中得到良好的休息，我们将调暗客舱灯光；为了防止气流变化引起突然颠簸，请您在睡觉期间系好安全带。如果您需要我们帮助，请按呼唤钮；如果要看书，请打开阅读灯（按钮在您座位上方）。请保持客舱安静！谢谢！

（4）紧急脱险播音词。

各位旅客：

正如机长所述，我们的飞机将在_____机场紧急迫降。飞机没有大的危险，全体机组成员受过严格、良好的训练，请大家听从乘务员的指挥。

各位旅客：

为了保证您在撤离时的安全，请您取下身上的锋利物品。如手表、钢笔……

各位旅客：

现在我们将飞机上的紧急出口向您介绍一下，并将同时向您介绍一下客舱脱离区域的划分：

①本架飞机有 3 处紧急出口，分别位于客舱的前部、中部、后部。

②从第一排到第_____排的旅客由前部登机门脱出。

③从第_____排到第_____排的旅客由中部登机门脱出。

④第_____排到最后一排的旅客由后部登机门脱出。

各位旅客：

飞机紧急着陆时，一般会有冲击，为了您的安全，现在我们向您介绍防冲击安全姿势：当您听到乘务员喊"抱紧，防撞！"时，请您采取并保持这个姿势直到飞机完全停稳。下面请看乘务员示范"两臂交叉，紧抓前方座椅靠背，头俯下，两脚用力蹬地"。

各位旅客：

为了做好紧急撤离工作，我们将在旅客中选择援助者，如果您是军人、警察、消防员、民航内部职工，请与乘务员联系。

5. 旅客下飞机广播

女士们、先生们：

本架飞机已经完全停稳，请您从前（中、后）登机门下飞机。谢谢！

> **职场小贴士**
>
> **客舱广播的要求**
>
> （1）迎、送致辞主要用于欢迎和欢送旅客上下飞机，要求语言清晰、亲切。
>
> （2）客舱安全广播主要是对飞机上的安全注意事项进行介绍，如对氧气罩、安全带、应急出口的使用与位置介绍等，要求语言庄重、规范、清晰流畅。航线及安全注意事项广播是客舱中最基本的播音内容，需要熟练掌握。
>
> （3）风光导游的播音要准确恰当、有时代感。因为部分乘坐飞机的旅客并不会经常乘坐同一航线飞机，他们来自不同地区和国家，在飞行中常常会对途经的地方感兴趣。因此客舱乘务人员经常需要承担导游的角色，主动介绍途经的风景区。
>
> （4）特殊情况播音要求镇定、自信。遇到气流飞机颠簸、延误、备降等情况时，乘务员的播音一定要及时、自信、沉稳。平和的播音能够有效减轻旅客的恐慌心理。
>
> （5）节日活动播音要丰富多彩，语言要热情、具有鼓动性。

四、民航服务电话用语

在民航服务行业,接打客户电话是必需的服务手段和内容,对于这种"只闻其声,不见其人"的沟通交流方式,民航服务人员应加强训练。图 3-1 所示为中国某航空客服中心的民航服务人员在接听客户电话。

图 3-1 中国某航空客服中心服务人员

1. 接听客户电话

在接听客户电话时,有一个礼节性的流程,即问候致意→自我介绍→询问了解→承诺感谢。接听电话应符合下列要求:

(1)调整心态,及时接听。电话铃响应及时接听,办公电话通常不超过三声。超过三声后就应道歉:"对不起,让您久等了。"如果受话人不能及时接听,代接的人应妥善解释。当您拿起电话听筒的时候,一定要面带笑容。不要以为笑容只能表现在脸上,它也会藏在声音里。

(2)自报家门。拿起听筒后应先说"您好!"再报出单位名称或部门或个人,以使对方清楚是否打对了电话。

(3)确认对方。对方打来电话,一般会自己主动介绍或说明事由。如果对方没有介绍或者你没有听清楚,就应该主动询问:"请问您是哪位?我能为您做什么?"避免拿起电话听筒直接盘问:"喂!哪位?"这在对方听来,既陌生、疏远,又缺少人情味。

(4)仔细倾听。

①接听电话时,应注意使嘴和话筒保持 4 cm 左右的距离;要把耳朵贴近话筒,仔细倾听对方的讲话。

②接听电话时,应中断其他交谈和事宜,切忌边说边笑、叼着香烟、嚼着东西接听。

③交谈过程中声音不宜过大或过小，吐字清晰。

④在接听中应经常说一些"是""好的"之类的话语，以使对方感到你在认真地倾听，不要轻易打断对方的话题。

（5）做好记录。接听公务电话时，应该一手持电话听筒，一手持笔记录。一般情况下你要记清楚：who（谁来的电话）、whom（打电话找谁）、what（来电的内容）、why（来电的原因）、where（来电提到的地点）、when（来电中提到的时间）、how（如何处理）。

对于旅客的预订信息，记录完毕后，要求复述核对，并且不要忘记落实。

（6）转接电话。如果电话是找其他人的，若对方找的人在旁边，您应说："请稍等。"然后用手掩住话筒，轻声招呼受话人接电话。如果对方找的人不在，您应该告知对方，并且询问是否需要留言？记下对方的姓名、电话或需要转达的事宜。

（7）礼貌挂断电话。通话结束，应等对方放下电话后，再轻轻把话筒放好。不可"啪"的一下扔回原处，这是极不礼貌的行为。

2．拨打电话

（1）时间的选择。通常应根据受话人的工作时间、生活习惯选择拨打电话的时间。紧急事情除外。

①拨打电话一般白天宜在早8点以后（节假日应在9点以后），晚间22点以前，以免影响他人休息。

②不宜在中午休息或一日三餐的常规时间打电话，以免影响他人休息或用餐。

③给单位拨打电话时应避开刚上班或快下班的时间。

④打公务电话，不要占用他人的私人时间，尤其是节假日时间。

⑤打电话前要搞清地区时差、各国工作时间和生活习惯差异。不要在休息日打电话，以免影响他人休息。即使客户已将家中的电话号码告诉你，也尽量不要在休息日往家中打电话。

⑥非公务电话应避免在对方的通话高峰和业务繁忙的时间段内拨打。

（2）拟好要点，再打电话。在拨打电话前要事先想好拨打电话的目的是什么？通话时怎样开头？通话中要怎样说？遭到拒绝怎么办？对方不在怎么办？二次电话该打多久等一系列问题。在打电话之前应先列提纲，如怕遗漏，可拟出通话要点，理顺说话的顺序，备齐与通话内容有关的文件和资料。忌结结巴巴，既有损个人形象，也不礼貌。

（3）语言要礼貌、规范。电话接通以后，应先说"您好"，再询问对方单位或部门或个人，得到答复后再进行更进一步的交流。

（4）考虑对方处境。如电话交谈的内容较多，应询问对方是否方便，若对方时间不便，则应以商量的口吻和对方另约时间。

（5）姿态端正，注意举止、表情。拨打电话时应注意姿态端正，面带微笑，嘴和话筒保持4 cm左右的距离。不能把话筒夹在脖下或趴在桌子上，也不要趴着、仰着、坐在桌角上，更不要把双腿高架在桌子上。不要以笔代手去拨号。

（6）掌握通话时间。打电话前拟好要点，再拨打电话，既可以使自己表达流畅、应对自如，也可以节约通话时间，不要"煲电话粥"，通常一次通话不应长于3分钟，即所谓的"3分钟原则"。

（7）拨错电话应致歉。拨错电话时应向对方致歉，勿直接挂断电话，没有作出任何解释。

（8）请人转告时注意礼貌。受话人不在，请人转告时留言要简明，讲清楚自己的姓名、联系电话或再次联系的时间。

（9）礼貌挂断电话。通常打电话的一方应先结束话题。结束时要说一些"打扰您了""拜托您了""麻烦您了""谢谢""再见"等礼貌用语终止通话，轻放好话筒。不要用力一摔，这样会引起对方不快，同时也是失礼的表现。

职场小贴士

提高民航服务人员的外语水平

目前国内各航空公司乘务员的外语水平普遍较弱，尤其在听、说方面，虽然航空公司也注重外语能力，但事实上能够流利使用英语的乘务员非常少，更不用说其他类型的外语了。面对国际化的市场需求，外语听、说能力对服务质量的评价面临着更为严峻的考验。增强外语培训，提高乘务员的外语水平是空中服务刻不容缓的一个环节，面对语言挑战和国际航班的业务需求，航空公司应加大外语培训力度，在初始乘务员的培训中增加外语培训课程时，甚至在招聘过程中优先挑选外语水平好的应聘者，以弥补国际航班中语言能力的不足。语言上的畅通比一个漂亮的外表更能满足外国旅客的服务需求和占有国际市场优势，从而吸引更多的国际旅客选择中国民航客机作为首选交通工具，以提高民航的竞争力，推动中国民航事业的发展壮大。

单元三　民航特殊服务用语

一、不正常航班的沟通用语

关于航班变更时间、取消等信息，需要及时与旅客沟通，并使用规范用语，见表3-2。

表 3-2　不正常航班服务规范用语

序号	项目	规范用语
1	通知旅客航班变更规范用语	"您好,请问是××先生/小姐吗?我们非常抱歉地通知您,由于××原因,您原来购买的从甲地到乙地、航班号为××的航班,现在的出发时间已经提前(推迟)××小时,现在的时间是××,您看可以吗?" "请您按照变更后的时间提早到达机场办理乘机手续。"
2	通知旅客航班取消规范用语	"您好,请问是××先生/小姐吗?我们非常抱歉地通知您,由于××原因,您原来购买的从甲地到乙地、日期为××、航班号为××的航班已经取消。现改乘的日期为××、航班号是××、起飞时间为××,请您接到我们通知后,按规定时间前往××机场办理登机手续。" 若旅客坚持要退票,则说:"您可以到我司任一直属售票处或原出票地点办理免费退票手续,谢谢!" 若旅客不愿意乘坐航空公司安排的航班,要自己选择时刻,则说:"请告诉我您选择××时间的航班,我们会根据您的要求安排好您的行程。"
3	答复旅客电话确认规范用语	首先要求旅客报记录编号:"好的!请告诉我您的记录编号。" 当旅客报不清楚或不了解记录编号时:"对不起,请再告诉我乘机人的姓名、航班号和乘机日期。" 当提出 PNR 时,请务必核对旅客姓名、航段、航班号和起飞时间,确认订座状态为 RR 状态。 "现在机票已经确认,请您按时去××机场办理乘机手续。"

职场小贴士

发生民航突发事件时如何更好地与旅客沟通

发生民航突发事件时,与旅客沟通应做到:

(1)语言交流要有针对性,视旅客情况区别对待。民航旅客来自五湖四海,从外表看,有性别、年龄、民族、国籍、健康或生病、残疾等不同;从身份看,有贵宾、官员、企业家、文艺人士、军人、宗教人士等不同;从目的看,有公务、旅游、求学、探亲等不同,所以绝不可以使用千篇一律的语言。民航服务人员要善于察言观色,有敏锐的倾听能力,能迅速判断旅客的情况、心理和服务需要,尽量站在旅客的立场说话办事,力求听懂旅客的话外之音或欲言又止之处。

(2)用委婉的语气表达否定的意思。在民航服务工作中,回答旅客提出的问题或向旅客进行说服工作,像解释民航规章制度、纠正旅客不文明行为等,都需要沟通。回答旅客的提问要用婉转的道理和有涵养的语言,避免因直言快语引起失敬或失和。解释民航规章的出发点是为旅客服务,而不是

模块三 民航服务人员语言礼仪

用民航规章来约束旅客。因此反驳的话不要说得太直接，出言要有智慧、礼貌周全，要使旅客礼中知理、心悦诚服。比如：因工作需要或条件限制而需要拒绝旅客时，如果直接使用否定词句会显得十分生硬，让旅客的心情不愉快。因此，即使在需要对旅客说"不"的时候，也要尽量用委婉的表述方式。例如："对不起，能否关掉空调，这位旅客有点发烧。"

（3）得体道歉并安抚旅客。民航服务人员每天接待的旅客不仅数量多，而且差别大。旅客来自四面八方，有着不同的职业、生活环境、经济条件、教育背景、习惯和饮食口味，因而对服务的需求千差万别。即使十分注意和小心，也难免会遇到各种无法预料的突发事件。面对各种突发事件导致的旅客不满及各种需求，民航服务人员要始终做到尊重客人、临辱不怒、沉着大度，以妙语应粗俗，以文雅对无礼，论理处事有理有节，矛盾自然会得到解决，同时也会赢得旅客对民航企业的理解与信任。在实际服务工作中，民航服务人员不可能预见到每一种意外的状况，所以，要善于处理因各种原因而导致的旅客抱怨，要根据具体情况灵活运用语言向旅客致歉并安慰旅客。不要与旅客争论、辩解，认真聆听旅客的不满，从同情和理解的角度出发，坦诚相待，不急不恼，不说过头话，要减轻旅客的不满情绪，有效避免产生矛盾或化解矛盾，从而对民航企业产生信任和感激之情。

（4）尽量避免使用外来语和专业用语。无论话是讲给谁听，都要力求易懂。不同的行业都有不同的专业用语。各行各业的人哪怕是无意之中说出的专业用语，对旅客来说就可能全然不知了。这一点应引起注意。

（5）用幽默化解矛盾。民航服务工作就是与人打交道的过程，要求服务人员不断总结，积累经验，具备较好的沟通技巧和灵活多变的处事方法，使旅客感受到服务人员是在用心服务，真心地为旅客着想，诚心地为旅客办事，即使是执行各项安全规定也是为了保证旅客及飞行安全而必须做的，并非有意要刁难旅客，而幽默不失为一种良好的沟通方法。

二、面对旅客提出的棘手问题时的用语

在实际工作中，遇到非常棘手、一时难以回答的问询，不要急于回答；严格执行"首问责任制"，按《旅客问题处理程序》中的相关规定解决旅客问题。

服务用语："非常抱歉，这事我还不能立即答复，请您留下联系方式好吗？我们一定及时了解情况，给您一个明确的答复。""我记下了，您的电话是××××。"

三、要求旅客出示有效证件时的用语

"请出示您的有效证件，请核对您的姓名是否和客票一致。"无误后，再与旅客

核对乘机日期、行程和起飞时间。若旅客咨询乘机机场和乘坐民航班车的时间、地点，要准确回答或提供给旅客准确的机场大巴电话。

四、接待晚到旅客时的规范用语

若旅客购票时间接近该航班截止办理乘机手续时间，售票员应主动热情地提醒旅客尽快办理乘机手续。

如：航班截止办理乘机手续时间为××时××分，请您尽快到值机柜台办理乘机手续。

现在距离截止办理乘机手续时间还有××分钟，请您抓紧时间。

若旅客购票时间已经超过了航班截止办理乘机手续时间，在航班有剩余座位的情况下，售票员可先请示是否可为其办理客票。如可办理，柜台人员应立即引导旅客办理乘机手续，以保证航班正点。

如：该航班已过截止时间，请您稍等，我先帮您请示是否可为您办理。

若旅客购票时间已经超过了航班截止办理乘机手续时间，航班在无剩余座位的情况下，售票员应热情主动地为旅客推介后续航班。

如：该航班已超过截止时间，我帮您查看后续临近航班是否有剩余座位，可以吗？

单元四　民航服务语言沟通技巧

沟通就是为了设定的目标，把信息、思想和情感在个人和群体间传递，并且达成共同协议的过程。从沟通的概念可以看出，沟通不仅是信息的传递，更是思想和情感在个人和群体间的传递。如果一个服务沟通行为只是传递了一项冰冷的信息，而没有将我们的感情传递给旅客，我们的沟通就是无效的，甚至是失败的。

延伸阅读

沟通的目的

（1）引导旅客行为。旅客有没有明白我们的服务意图，是否配合我们的服务工作，特别在航班不正常时是否按照我们的意思去做，这些事情不沟通是不会知道的，所以服务沟通可以有效地引导旅客行为。

（2）激励员工改善绩效。服务团队其他成员一般不太知道我们在忙什么，我们也不知道他在想什么，我们面对的服务困难他人也未必了解，这时

模块三 民航服务人员语言礼仪

> 就失去了激励。因此，作为服务团队的一员，我们应该弥补这个问题，常常与其他成员沟通交流，哪怕只有短短的几个字，对团队成员都会有非常大的影响。
>
> （3）表达情感。表达情感指的是两方面的内容，一是通过沟通，表达公司对员工的情感；二是通过服务沟通，表达公司、员工对旅客的情感。团队情感分享可以打造具有凝聚力的服务团队，与旅客的情感分享可以产生"自己人"印象，让旅客的服务满意度上升。
>
> （4）流通信息。服务中的信息流通可以提高服务质量，减少由于信息不畅而导致的服务失败，更可以减少旅客对我们的误会。在沟通基础上理解，在沟通基础上合作，尽量在服务的各环节都让旅客感到满意。

一、锻炼敏锐的观察能力

在航行过程中，常可以见到一些让人忍俊不禁的场景：乘务员手里拿着高端经济舱名单表，逐一对着名单找金卡旅客，然后面无表情对着金卡旅客，犹如小学生对着老师背课文似的说："先生，你好，欢迎您乘坐我们的航班，如果有需要请按呼唤铃，我会及时为您服务，谢谢！"而那位金卡先生很茫然地看着乘务员，不知所措。等他反应过来时，乘务员已经走到另外一位先生那儿去"背书"了。规范的服务程序，着实让人无法挑出毛病，而"机器人"般的服务，也无法让人感受到真诚。2009年，在某个航班中，一位商务旅客习惯性地拿出笔记本电脑在专心工作。此时乘务员过来说："先生，您好，请问需要用餐吗？"该先生很礼貌地说："谢谢，需要时我再叫你们。"大约10分钟后，另一位乘务员又过来，重复着前面乘务员的服务程序，该旅客同样礼貌地做了回答。又大约过了15分钟，乘务长过来又重复了前面的服务程序，那位旅客有些不悦地说："没时间，不吃！"又大约过了20分钟，第一位乘务员过来对着该旅客说："先生，我们还有一小时就落地了，是否需要用餐？"这位旅客彻底不干了，指着乘务员就说："你们这叫什么服务呀？"无独有偶，在另一个航班中，也是因为乘务员反复给一位旅客盖毛毯，结果招致旅客生气。类似这些情况，屡见不鲜。

在服务中，乘务员不应该过多地专注所谓的"三化"，即规范化、程序化、标准化。而应该更多地关注"三学会"，学会观察、学会关注、学会关心。5个手指头长短不一，旅客的需求也是不一样的。因此，提高观察力是民航服务人员与旅客进行有效沟通的关键。

1. 旅客何时需要等待

（1）旅客之间正在交谈时。旅客在交谈的时候经常会用到一些身体语言。例如，指尖向上搭成尖塔形，表示正在发表一个观点；而指尖向下，则表示在倾听，有时显得有点装模作样。如果两个旅客在进行深谈，手握在一起，保持目光接触，这时，不

要立即打断他们,最好和他们保持一定的距离,直到他们觉察到有你在场为止。他们会很自然地停止交谈,接受这次礼貌的打断。

(2)全神贯注时。全神贯注的表现方式有很多种。通常来说,用手支住头、以手托腮或者皱眉等都可以表示这种状态。遇到这样的旅客,你要问问自己是不是应该打扰他们。

2. 旅客何时需要帮助

在服务中,很容易看出旅客的需求,需要帮忙的旅客常常会向四处张望,而且可能会挥手示意。另外,看表可能表示焦急,摇头也许表示恼怒。

3. 何时应该走开

如果和某个旅客站在一起,别忘了注意一下他们双脚所指的方向。当人们觉得谈话已经结束,脚尖就会不自觉地指向他们要离去的方向。如果两人意见不一致,他们会不经意地转过身去,表示不悦。

4. 其他暗示

身份和权力也是值得注意的。比起其他社会阶层的人士,皇家贵族、政界要人和企业家经常以更加自信的姿势显示他们的地位。同样,一个人的年龄、文化和背景,都可以通过身体语言表现出来。一定要记住,来自某些文化领域的人不能容忍西方文化中的一些不太正规的身体语言。

和成人不同,小孩和青少年有一些非常天真的身体语言,然而,随着年龄的增长,他们的身体语言越来越趋向于成熟,开始控制那些夸张的姿势,变得更加内敛。

经典案例

敏锐观察,悉心照料,送迷失旅客回家

××××年××月××日傍晚时分,正值广西柳州白莲机场一片繁忙的时候。候机大厅走来一名衣着单薄、头发蓬乱、打着赤脚的少女。她四处闲逛,然后蜷缩着坐在了一个角落。机场工作人员很快发现了她,便上前主动询问,但少女一直低着头一言不发。

工作人员见这名女子冻得浑身发抖,赶紧找来大衣和鞋子给她穿上,又叫来了机场公安干警试图与女孩进行交流。这名女子没有随身携带任何物品,只说来接朋友,其他的信息一概不愿透露。工作人员只好把她带到机场医务室烤火,为她煮了面条,并陪她聊天。

女子始终一言不发。21时,机场公安干警安排了警车,和急救中心医生一道,试图将她送至柳州市救助站。但到了救助站,这名女子怎么都不肯下车,终于说出了家人的电话。

这名女子的父亲接到电话后,非常激动。原来,该女子患有精神疾病,因不愿到医院接受治疗,从家里偷跑出来。在其父亲的要求下,机场公安干

警把该女子送到了广西脑科医院。见到女儿,她的父母热泪盈眶,向机场工作人员连连道谢。

这时已到深夜,看着女子与家人团聚了、安全了,机场工作人员的脸上露出了欣慰的笑容。正是机场工作人员的细心、敏锐,发现了女子的难处,并通过真诚的付出,给旅客及家人送去安慰与帮助。

二、善于运用无声语言

在民航服务中,服务人员就像舞台上的演员一样,良好的无声语言是通向成功的第一步。民航服务人员在工作中要随时做好准备,以正确的无声语言创造良好的氛围。无声语言包括笔挺的站姿、优雅的坐姿、恰到好处的微笑、真诚的眼神、得体的举止等。好的无声语言能够表现出全身心投入,例如:脚尖应始终指向客人,同时,头部要抬起,肩部要放松。如果场合允许,双手应背在身体后面并握住,这样表示随时准备行动。如果双手在身体前面握住,则有一点防备他人的意味。

在民航服务中,服务人员必须表现出随时准备去履行职责的状态。即使仅仅靠笔直的站姿,也能让旅客看出服务人员的职业素质。双肩下垂、耷拉着头、弯着脖子、脚在地上乱蹭,这些都是消极的表现。如果觉得很难做到,不妨想象一下,自己正在一个舞台上表演或者面对着一架摄像机,这样会激励自己随时注意自己的身体语言并把自己调整到一个最佳的状态。否则,就可能给旅客造成服务人员对他们缺乏兴趣与耐心的暗示。走路时要满怀自信,不要太快,应以正确的节奏表现出职业的态度。避免接触到客人的身体,但是在难走的地方(比如台阶)扶他们一把是允许的。记住,过分亲热会冒犯客人。不要用手整理头发,不要摸鼻子或者摸耳朵,更不要抠鼻子。如果你觉得周围没有人在看你,也不要做出这种举动——可能有个安全摄像头正对着你呢!除非你的眼睛里有东西,否则不要去揉眼睛,这个动作表示受挫或者疲倦,表现态度非常消极。通过恰当的眼神把你的真诚传达给对方。然而,也许来自某些其他文化的旅客不能接受。由于文化和宗教的关系,有些人不喜欢目光接触,比如日本人。

人的感情一般是通过语言和表情流露出来的。人们常说"言以传情,情以动人",就是这个道理。因此,工作中说话时的神态、表情是十分重要的。比如,当你向别人表示祝贺时,如果嘴上说得非常动听,而表情冷冰冰的,那对方一定认为你只是敷衍而已。同样,当你向别人表示慰问,而神态显得很不专心时,对方也一定认为你是在故作姿态。这样,对方不但不会对你感激,反而会引起疑虑甚至反感。所以,礼貌用语首先必须做到态度诚恳和亲切,也就是让对方体会到语言和情感的一致。

通过无声语言给旅客留下良好的印象,让旅客做出相应的积极回应,民航服务才能更顺畅愉快地进行。

延伸阅读

语言沟通的姿态美

有人说，维纳斯千百年来一直保持有完美的形象，很大程度上是因为她不开口说话，这充分说明了姿态美的重要性。语言沟通中的姿态美应做到：

（1）双方应互相正视、互相倾听，不能东张西望、左顾右盼。

（2）交谈过程中眼睛不应长时间地盯住对方的某一位置，让人感到不自在。

（3）交谈时不能过于懒散，哈欠连天、面带笑容会给人留下不好的印象。

（4）不要做小动作，包括玩指甲、摆弄衣角、骚脑勺、抠鼻孔等。这些小动作显得猥琐、不礼貌，给人心不在焉、傲慢无礼的印象。

三、选择合适的沟通态度

每个人在沟通过程中，由于信任的程度不同，所采取的态度也不一样。如果你没有一个端正、良好的态度，那么沟通的效果肯定是不好的。在沟通过程中，根据果敢性和合作性的不同，分为五种态度。请注意，态度决定一切。如果态度问题没有解决，沟通的效果就不好。

（1）强迫性的态度。强迫性态度，果敢性非常强，却缺乏合作的精神。在工作和生活中，确实有这样的情况，如父母对小孩子、上级对下级，在这种强迫的态度下，沟通实际上不容易达成一个共同的协议。在民航服务中，如果旅客的行为威胁到民航飞行安全、旅客生命财产安全和民航员工生命、民航财产安全的紧急情况时，面对不合作的旅客，必须用强迫性的态度与之沟通。

（2）回避性的态度。在沟通中既不果断地下决定，也不主动去合作，那么这样一种态度叫回避性的态度。他总是回避着你，不愿意与你沟通，不愿意下决定，所以得不到一个良好的沟通结果。

（3）迁就性的态度。具有迁就性态度的人虽然果敢性非常弱，但是他能与你合作，你说什么他都会表示同意，那么在平时工作生活中，你有没有遇到对方采取的是一种迁就性的态度？通常下级对上级往往采取一种迁就性态度。当你与下级沟通的时候，要注意：他的态度是否发生了问题，采取的是不是迁就性的态度。如果是，那么沟通就失去了意义，得不到一个正确的反馈。在父母和小孩沟通的时候，小孩也可能迁就地说好、行，是因为一方有权力，另一方没有权力。

（4）折中性的态度。折中性的态度果敢性有一些，合作性也有一些，非常圆滑。旅客是我们的衣食父母，他们对我们是有权力的，旅客是中国民航生存的基础，我们要爱我们的旅客。因此，正常的民航服务应该用合作，甚至采用适当迁就的态度进行沟通。

（5）合作性的态度。合作在沟通过程中，需要有一个正确的态度：既要有一定的果敢性勇于承担责任、下决定，同时又要有合作性，这样的态度才是合作性的态度，才能产生共同的协议。

四、学会倾听，有效反馈，寻求共鸣

在民航服务过程中，乘客的行为会影响服务质量和效果。乘客有效的参与行为是保证服务质量和满意度的必要和重要条件。有效的、顺利的沟通，离不开乘客的有效参与和配合。为此，必须耐心倾听旅客的诉求，与旅客找到共同语言，以促进旅客的配合。

1. 聆听

俗话讲，人有两个耳朵却只有一张嘴，这意思就是说，人应该多听少讲，才能彼此沟通。在与旅客交往中，"谈话"是一种特殊的沟通能力，但学会"听话"是乘务员在沟通中一个必要的重要品质。服务人员一旦成为善于倾听的人，就会在服务技巧方面胜人一筹。倾听的目的，不仅是听到对方说的话，还要理解对方的感情，感知对方是否对你敞开了心扉，并对他们说话的语气及伴随的身体语言做到心领神会。倾听是接通对方的心灵，倾听也是最佳形式的说服。要想说服旅客，让他们相信你，对你有信心，乃至听从你的意见，恐怕没有比真诚的倾听并表现出真正的关心更加有效的方式了。在倾听的时候，你的心里正在默默地向对方说："我想理解你，我想知道你的需求，我要帮你解决问题，因为你很重要。"

（1）聆听的原则。

①聆听者要适应讲话者的风格。每个人发送信息的时候，说话的音量和语速是不一样的，要尽可能适应他的风格，尽可能接收他更多、更全面、更准确的信息。

②聆听不仅仅是用耳朵在听，还应该用眼睛看。耳朵听到的仅仅是一些信息，而眼睛看到的是他传递的一种思想和情感，因为这是需要更多的肢体语言去传递的，所以听是耳朵和眼睛在共同工作。

③首先是要理解对方。听的过程中一定要注意，站在对方的角度去想问题，而不是去评论对方。

④鼓励对方。在听的过程中，看着对方保持目光交流，并且适当地点头示意，表现出有兴趣的聆听。

（2）有效聆听的四个步骤。

①准备聆听。首先，就是给讲话者一个信号——我做好准备了，给讲话者以充分的注意。其次，准备聆听不同的意见，从对方的角度想问题。

②发出准备聆听的信息。通常在听之前会和讲话者有一个眼神上的交流，显示给予发出信息者的充分注意，这就告诉对方：我准备好了，你可以说了。要经常用眼神交流，不要东张西望，应该看着对方。

③采取积极的行动。积极的行为包括我们刚才说的频繁点头，鼓励对方去说。那

么，在听的过程中，也可以身体略微前倾而不是后仰，这是一种积极的姿态，这种积极的姿态表示着：你愿意去听，努力在听。同时，对方也会有更多的信息发送给你。

④理解对方全部的信息。聆听的目的是理解对方全部的信息。在沟通的过程中没有听清楚、没有理解时，应该及时告诉对方，请对方重复或者解释，没有听清或没有理解又不请对方重复或解释是我们在沟通过程中常犯的错误。所以在沟通时，如果发生这样的情况要及时通知对方。

（3）聆听的五个层次。在沟通聆听的过程中，因为我们每个人的聆听技巧不一样，所以看似普通的聆听又分为五种不同层次的聆听效果。

①听而不闻。所谓听而不闻，简而言之，可以说是不做任何努力地去听。听而不闻的表现是不做任何努力，从他的肢体语言看出，他的眼神没有交流，他可能会左顾右盼，他的身体也可能会倒向一边。听而不闻，意味着不可能有一个好的结果，当然更不可能达成一个协议。

②假装聆听。假装聆听就是要做出聆听的样子让对方看到，当然假装聆听也没有用心在听。在工作中常有假装聆听现象的发生，如和客户之间交谈的时候，客户有另外一种想法，出于礼貌他在假装聆听，其实他根本没有听进去；上下级在沟通的过程中，下级惧怕上级的权力，所以做出聆听的样子，实际上没有在听。假装聆听的人会努力做出聆听的样子，他的身体大幅度地前倾，甚至用手托着下巴，实际上没有听。

③选择性地聆听。选择性地聆听，就是只听一部分内容，倾向于聆听所期望或想听到的内容，这也不是一个有效的聆听。

④专注地聆听。专注地聆听就是认真地听讲话的内容，同时与自己的亲身经历做比较。

⑤设身处地地聆听。设身处地地聆听，不仅是听，而且努力在理解讲话者所说的内容，所以用心和脑，站在对方的利益上去听，去理解对方，这才是真正的设身处地地聆听。设身处地地聆听是为了理解对方，多从对方的角度着想：他为什么要这么说？他这么说是为了表达什么样的信息、思想和情感？如果与上级说话的过程中，他的身体向后仰过去，那就证明他没有认真地沟通，不愿意沟通。在沟通的过程中，频繁地看表也说明他现在想赶快结束这次沟通，你必须去理解对方：是否对方有急事？可以约好时间下次再谈，对方会非常感激你的通情达理，这样做将为你们的合作建立基础。

2. 反馈

反馈有两种：一种是正面的反馈；另一种是建设性的反馈。正面的反馈就是对对方做得好的事情予以表彰，希望好的行为再次出现。建设性的反馈就是在别人做得不足的地方，你给他一个建议。请注意建设性的反馈是一种建议，而不是一种批评，这是非常重要的。

反馈也有负面的。在工作中，我们也会经常接收到一些负面的反馈，说你做的事情没有做好。那么，在接收的过程中，我们的心情会是什么样的呢？心情就会不愉快。负面的反馈是接收完了以后不仅没有帮助，反而带来了很多负面的影响。所以只有正面的反馈和建设性的反馈，没有负面的反馈，不存在负面的反馈这个定义。在沟通过程中，没有反馈的信息，沟通就不完善，因为信息过去了却没有回来，是一种单向的行为。所以说，没有反馈就不能称为完整的沟通。反馈，就是给对方一个建议，目的是帮助对方，把工作做得更好。

在反馈的过程中，我们一定要注意有的情况并不是反馈：第一，指出对方做得正确的或者是错误的地方。反馈是你给对方的建议，为了使他做得更好。第二，对于他人的言行的解释，也不是反馈。例如，我明白你的意思，你的意思是什么——这不是反馈，这是聆听的一种。第三，对于将来的建议。对于未来和将来的建议也不是反馈。反馈就是对刚才你接收到的这些信息给对方一个建议，目的是使他做得更好。

职场小贴士

反馈不是：
（1）关于他人之言行的正面或负面意见。
（2）关于他人之言行的解释。
（3）对将来的建议或指示。

3. 寻找共同语言

服务人员在与旅客沟通过程中，需要沟通的意见不一定符合旅客的观点，而毫无共同语言的沟通，结果可能是"开战"，这与沟通的本意不符。因此，需要尽力"找"出共同语言。在这方面有著名的"yes"原则。其中心内容就是沟通一开始，便让对方连连称"是"，尽量避免让对方说"不"，后面的沟通就容易多了。心理学的研究支持了这一观点。心理实验证明：人们说"是"时，整个身心都趋向于肯定方面，身体组织呈开放状态；而在人们说"不"时，全身的组织——分泌腺、神经与肌肉都聚集在一起，呈拒绝状态。并且，"不"字说出口之后，人们的一切言行便与其"尊严"联系起来。因而，即便后来察觉了自己的错误，人格的尊严也可能驱使他们坚持到底。

为此，在沟通的开始，特别是在意见不同前提下的沟通过程之初，我们可以从如下三方面入手：

（1）从旅客无法说"不"的客观事实入手。面对客观现实，除了无理取闹者，都会点头称是。有了确凿的事实和对方肯定性的态度，我们就可以逐步转入正题，使旅客由此增加对我们的信任感，从而使沟通变得更加顺利。

（2）可以从旅客的观点入手。完全天衣无缝的观点是极少的，因而，我们可从支持对方观点切入，在逐步深入的过程中，从"缺陷"之处岔出，引导其改变观点和态度，有时做得好可令对方觉得不是自己改变了观点，只是对其原有的观点进行了一些有益的"补充"。

（3）可从双方都同意的其他问题入手。这里所选择的"其他问题"，肯定是对方同意的，因而说"是"的概率极高，兴趣也浓。这时，才将要沟通的问题"自然地"切入，沟通过程便会更加顺利。

> **延伸阅读**
>
> ### 适宜的交谈主题
>
> （1）双方既定的主题。谈话之前双方已事先约定认可的主题，所以一般目的明确、主题突出。如双方在工作上的合作、求人帮助、咨询意见以及某些沙龙聚会上的已经通知参与者的主题。
>
> （2）健康时尚的主题。健康的主题是指有利于人们身体健康和心理健康的主题，如饮食、体育赛事、保健、文艺、学习等主题。时尚的主题是指紧跟社会生活与时代节奏的主题。如旅游、影视、形象保养以及目前社会上正热议的话题。
>
> （3）共同关注的主题。这类主题是指由于交谈双方性格爱好及周边环境等方面的原因，两者共同关注的话题，当然也包括社会普遍关注的话题，如体育、休闲、娱乐、旅游等以及世界和我国关注的大事等。

五、使用恰当的语音、语气、语调

1. 语音

语音，主要包括发音质量、音量大小和重音与停顿的安排。

（1）发音质量。

①发音标准。语言是思想情感的载体，谈话者的发音直接决定了交谈的顺畅性。在交谈时，场合比较正式，有不熟悉的人参与时，要尽量使用普通话。发音标准主要表现为口齿清楚、嗓音字正腔圆、平实明朗，无太多的尾音，每个音节之间要有恰当的停顿。发音不标准会增加交流的难度。

②发音清晰。优美的发音会使人产生快感，声音质地的好坏直接决定了交谈的效果。口吃、大舌头是不会使人有好印象的，更无法产生美感。清晰优美的语音听起来会如潺潺流水、迂回向前、生动活泼，给予人们清爽干脆的形象。一般来说，优美的发音比较清纯干净，符合人的生理特征，如小孩和女性的声音由于发声部位在口腔前部所以一般细腻柔和，而成年男性的声音因多是嗓音比较浑厚稳重。礼仪工作人员在接待宾客时，语音要标准，无论是普通话、外语、方言，咬字都要清晰，尽可能讲得标准；嗓音要动听，增加语言的感染力与吸引力。

（2）音量大小。音量是指声音的大小强度，声音高、强度大会产生刺耳嘈杂的感觉，声音小、强度低又不利于与人交往。交谈时音量的大小有两点基本要求：一要恰当、适度；二要顺畅、自然。在交谈时，说话用多大音量，要看周围的环境和场合，一般应根据听者的远近，适当控制自己的音量，最好控制在对方听得见的限度内。在礼仪场合，要保持音量适中。

（3）重音与停顿的安排。

①重音的安排。确切地说，主要是逻辑重音的安排。这里所讲的"安排"，就是要通过沟通语言中的重音，将需要强调的内容凸显出来，以达到沟通目的。如"我／请你来玩儿""我请你／来玩儿""我请你来玩儿"三个句子字面完全一样，但由于重音不同而意思各有侧重，如果参考个人感情和当时情境，就能从中悟出很多东西，有居高临下的命令，有不太情愿的邀请，有渴望分享开心一刻的感情等。再比如"您真聪明""您真／聪明"这句话，前者是真心称赞，后者如再与拖长的声调相结合，就很可能变为挖苦与讽刺了。

②停顿的安排。停顿，是较之重音更复杂的一种表达技巧，因为它常常与标点符号相联系，所以常常对句子的构成和意义起决定性作用，运用起来较复杂。如"有资格的和尚未取得资格的先生"这句话，如果停顿不当就会被读为"有资格的和尚／未取得资格的先生"，产生歧义，真正要表达的意思是"有资格的／和／尚未取得资格的先生"。巧妙地利用停顿，还可以在沟通中划开心理段落，这样，既可以整理前面的信息、体会情感，又可以为后来的沟通预做铺垫，进行心理准备，非常有利于信息消化和沟通过程的顺利进行。

2. 语气、语速和语调

据说，意大利著名悲剧影星罗西，应邀参加一个国外同行的宴会。席间，很多客人要求他表演一段节目，于是，他用意大利语念了一段台词。尽管大家都不懂他在说什么，但他那悲切的表情和凄凉的声调使大家被感动得潸然泪下，可事实上，艺术家匆忙中念出的只是晚宴的菜单！这一点，虽不是人人都可以做到的，但无疑反映出了语气语调在语言表达中的重要作用。大文豪萧伯纳曾说过：一个"不是"可以有500种表达方式。这虽然是"文学"表达方式，不能说整整就有500种，但语气语调会使语言表达方式丰富多彩是确定无疑的。就这一意义而言，词语本身有时倒显得不重要了，因为词语的含义多随着语气、语调而变化。在沟通过程中，尤其如此。

语速是指说话速度，适中的语速有利于交谈双方的情感表达与信息传递。语速过快不利于自我控制，也不利于对方理解沟通，过慢又容易使人烦躁不安或萎靡消沉。

一般讲来，"气徐声柔"，给人以温和感，表现出爱与友善；"气促声硬"，给人以挤压感，表现出憎恶与厌烦；"气沉声缓"，给人以迟滞感，表现出悲伤与无奈；"气满声高"，给人以跳跃感，表现出喜悦与欣然；"气提声凝"，给人以紧缩感，表现出惧怕与回避；"气短声促"，给人以紧迫感，表现出急躁与激动；"气粗声重"，给人以震动感，表现出愤怒与威吓；"气细声黏"给人以踌躇感，表现出疑虑与不安等。当然，这些还要结合说话人的性格特点和当时的情境来分析，才会得出确切的结论。至于阴阳怪气的表达，则显得冷嘲热讽；鼻音哼声在我国主要表达冷漠与傲慢的情感。

> **经典案例**
>
> ### 一位空姐的反思
>
> 　　小吴是一位说话时总挂着微笑的空姐,也因这甜美微笑及背后的真诚,她成了服务明星乃至全国劳模。
>
> 　　一次,小吴说起她上飞机后不久,发生的一件很值得她"反思"的事:一天,由南方一个小城市到上海的飞机上,全程飞行时间只有40分钟。她迎客的时候,便看见一位穿着醒目的先生,拿了一个当时很稀有的"大哥大",一直边走边打,声音特别响。飞机快要起飞了,小吴的师傅(当时的乘务长)让她提醒这位先生把移动电话关掉。谁知,小吴一次次走过去,笑着提醒他,此人始终毫无反应。
>
> 　　眼看飞机就快滑行到跑道口,师傅问小吴:"怎么还没有关?赶紧让他关。"小吴又过去欠了欠身子:"先生,对不起,请您关掉移动电话,先生,对不起……"那先生根本不理她,还转过头,看着窗外,继续打。
>
> 　　小吴就拍了拍他的肩膀,说:"对不起,对不起,先生请您关掉移动电话。"没想到,他站起来,一把推着小吴:"你敢打我?"小吴愣住了,她停了一下,喏嚅着:"对不起,我没有打你,是你在推我。"回到厨房间,小吴的眼泪在眼眶里转。她的师傅听说后也很生气,又告诉了机长。机长在那天飞机着陆后,叫了公安。
>
> 　　这是小吴做空姐后,第一次遇到刁难的乘客。然而,也正是这件事让她反思至今,她总结了自己与旅客在沟通上的缺陷,认为完全可以用另一种方式去劝阻这位旅客。
>
> 　　"当年,移动电话和他的着装体现了他的身份,他是需要我们来欣赏、关注的,恰巧我没有用欣赏和关注的语言来安抚好他。"小吴反思,"如果当时我说,'这位先生,这衣服穿在您身上特别帅,帮个忙,那个电话长话短说,谢谢你,我知道你的时间很宝贵,我们飞行只有40分钟。到了以后您可以继续沟通。'可能就不会出现后面的问题。"

六、熟练运用艺术的措辞

　　措辞的谦逊文雅体现在称呼和交谈用词两个方面:在称呼上,对他人应多用敬语、敬辞,对自己则应多用谦语、谦辞。谦语和敬语是一个问题的两个方面,前者对内,后者对外,内谦外敬,礼仪自行。在交谈用词上,要多用雅词雅语,少用脏词脏话,多用褒义词,少用贬义词,多用肯定句,少用否定句。这些都是一个人平时素养的表现。

在服务过程中,一句话往往会带来不同的结果。一句动听的语言,可能会给航空公司带来很多回头客;一句难听的话,可能导致旅客永远不再乘坐这家航空公司的飞机,他可能还会将他的遭遇告诉其他旅客,所以得罪了一名旅客可能相当于得罪10名或上百名旅客。例如,在一个航班上空姐为旅客提供正餐服务时,某位旅客所要的餐品刚好没有了,空姐非常热心地到头等舱找了一份餐送到这位旅客面前,说:"真对不起,刚好头等舱多余了一份餐我就给您送来了。"结果旅客一听,非常不高兴:"头等舱吃不了的给我吃?我也不吃。"由于不会说话,空姐的好心没有得到旅客的感谢,反而惹得旅客不高兴。如果空姐一开始这样说:"真对不起,您要的餐食刚好没有了,但请您放心,我会尽量帮助您解决。"然后到头等舱看看是否有多余的餐食供给旅客,拿到餐食后送到旅客面前时,可以这样说:"您看我将头等舱的餐食提供给您,希望您能喜欢,欢迎您下次再次乘坐我们航空公司的飞机,我一定首先请您选择我们的餐食品种,我将非常愿意为您服务。"这样的处理方法,相信可以取得完全不同的效果。这个案例说明,作为一名合格的民航服务人员,语言沟通时的措辞至关重要。

延伸阅读

交谈性质与环境

(1)社交。社交性质的交谈主要以交流、联络感情为主。在这种场合,交谈双方要积极地把握各种交谈交流的机会,寻找话题,谈话时要真诚热情。这种性质的谈话随意性比较大,天南海北,只要能够调节气氛,且为对方所接受,都可以谈。

(2)事务。事务性质的交谈以完成任务为核心。在进行这类交谈时,要做到用词专业、表意准确。当然,事情的完成也需要感情的铺垫,因此,在交谈之时适当的寒暄、问候是必不可少的。

(3)服务。服务性质的交谈以顾客满意、完成任务为主。服务用语的专业性主要表现为用词专业、态度热情、服务耐心、充满爱心、谦虚包容。

单元五 民航服务语言礼仪禁忌

一、与旅客对话时的禁忌

(1)说话时不东张西望,看着对方的"三角区",即鼻子和双眼之间。

（2）音量适度，不大声喧哗，语惊四座，也不要凑到旅客身边小声嘀咕。

（3）语气粗鲁，声音刺耳。

（4）说话时倚靠在其他物品之上。

（5）呼吸音量过大，使人感到局促不安和犹豫。

（6）声音表露倦怠。

（7）说话时鼻音过重。

（8）解说时口齿含糊，令人难以理解。

（9）说话时语速过快或过慢。过快容易使人思维跟不上，过慢容易使人感到沉闷。

（10）能用语言讲清楚的，尽量不用手势，若必须用手势，动作幅度不要太大，更不要用手指人。

（11）交流完毕扭头就走。

（12）语言平淡、气氛沉闷。

（13）不议论时政，不随便谈论宗教问题或其他社会敏感问题。

（14）察言观色，若对方已流露出倦意，要尽快结束谈话。

（15）谈话时若遇到急事需要离开或及时处理，应向对方打招呼表示歉意。

（16）不要轻易打断别人谈话，自己说话时也不要滔滔不绝，旁若无人，要给旅客发表意见的机会。

（17）与旅客谈话要专心倾听，不要表现出不耐烦的样子，或东张西望、似听非听、答非所问，或是出现伸懒腰、打哈欠、看手表、玩东西等漫不经心的动作。

（18）称赞对方不要过分，谦虚也要适度。

（19）对旅客提出的意见和要求，不要有厌烦的情绪和神色，更不可用责备的口吻甚至粗暴的言语。

（20）不要打断旅客的讲话，如不得已打扰时，应等对方讲完一句话后，说声"对不起"，再进行说明。

（21）忌打听旅客的个人隐私，如旅客的薪金收入、年龄、衣饰价格等。

（22）服务过程中，不得与旅客嬉笑玩闹，更不可对旅客评头论足。

（23）对旅客提出的要求应尽量满足，如不能做到，要耐心解释，不可怠慢；应允的事情一定要落实，不能言而无信。

（24）不能在背后指手画脚，议论旅客。

（25）如果与旅客有不同意见，不要固执己见，蔑视旅客，而要保持协商的口吻与其沟通。

（26）当旅客谈话时，不要旁听，不要随意插话。如果有事要与其中某位旅客谈话，应等其把话讲完。

（27）因为自己有事想早点结束谈话，但旅客谈兴正浓，这时不要贸然打断旅客谈话，而要抓住客人谈话的空隙，立即接过话茬，表示这个问题留在以后再谈，然后起身告辞，自然地结束谈话。

（28）如果要和旅客谈话，要先打招呼，如恰好遇到旅客和他人谈话时，不要凑上去旁听，如果有急事需要立即与旅客交谈时，应趋前说一声："对不起，打扰一下可以吗？我有急事要告知这位先生。"如果旅客点头答应，应表示感谢。如不想要别人知道谈话内容，可以到一边去谈，不要靠近旅客耳边窃窃私语，更不能一边对某位旅客私语，一边还不时用眼睛张望其他旅客。

（29）与旅客谈话时，必须集中精力，表情自然大方。尤其运用手势语时必须注意规范和适度，避免给人以手舞足蹈的不良感觉。

（30）谈话时，不要完全正面对着旅客站立，以免互相遮蔽视线，或因上下打量而给旅客一种压抑感和紧迫感。

（31）与旅客谈话时注意自己的身份，不要忘乎所以，谈话内容不要涉及个人隐私，即使谈论工作，也要掌握分寸，不要无休止地一味恭维旅客。

（32）与旅客谈话时，不要对别人进行人身攻击，也不要对他人轻易做出评价。

（33）不要随便解释某种现象，轻率下结论以显示自己内行。

（34）当旅客对某些话题不感兴趣时，应选择恰当时机转移话题，不要突然变换话题，使旅客感到莫名其妙。

（35）谈话时应保持情绪平稳，语气语言要有节制，不要喋喋不休，唾沫四溅。

（36）不要抢旅客的话头，或频繁打断旅客的话语。

职场小贴士

旅客在场时民航服务人员与同事交谈的注意事项

（1）四不准原则：

第一，不准谈与工作无关的事情；

第二，业务如有分歧时，请示更高层领导决断，同事之间不准进行讨论；

第三，不准交头接耳、嬉笑玩闹，更不准对旅客评头论足；

第四，不准有厌烦、疲倦的情绪和神色，更不准用轻蔑、责备的口吻甚至粗暴的言语跟同事交流。

（2）如因工作需要需中断与旅客的谈话，乘务员首先应取得旅客谅解，然后与同事做简单的咨询和信息的传达，时间以不超过一分钟为宜。如"不好意思，能否打断一下，××××"。

（3）当自身言行失误时，要使用"对不起""不好意思""非常抱歉""请原谅""请多包涵"等礼貌用语。

二、民航服务忌语

服务人员在工作岗位上应时时刻刻牢记服务忌语的危害，才能做到不使用服务忌

语。服务人员在工作岗位上不宜使用的服务忌语主要有以下四类：

（1）禁说不尊重之语。在服务过程中，任何对服务对象不尊重的语言，均不得为服务人员所使用。在正常情况下，这尊重之语多是触犯了服务对象的个人忌讳，尤其是与其身体条件、健康条件方面相关的忌语。

（2）禁说不友好之语。在任何情况下，都绝对不允许服务人员对服务对象采用不够友善，甚至满怀敌意的语言。只有摆错了自己的实际位置，或者不打算做好服务工作的人，才会那么做。例如：在服务对象要求服务人员为其提供服务时，使用鄙视前者的语言；当服务对象表示不喜欢服务人员推荐的商品、服务项目，或者是在经过了一番交涉，感到不甚满意，准备转身离开时，使用粗暴的语言；当服务对象对服务感到不满，或者提出一些建议、批评时，出言顶撞对方或使用对抗的语言等。在工作之中使用不友好之语对待服务对象，既有悖于职业道德，又有可能无事生非，或者进一步扩大事端。

（3）禁说不耐烦之语。服务人员在工作岗位上要做好本职工作，提高自己的服务质量，就要在接待服务对象时表现出应有的热情与足够的耐心。要努力做到：有问必答，答必尽心；百问不烦，百答不厌；不分对象，始终如一。假如使用了不耐烦之语，不论自己的初衷是什么，都是不合规范的。

（4）禁说不客气之语。服务人员在工作过程中，有不少客气语是一定要说的，而不客气的话则一句也不要说。

延伸阅读

普通话在民航服务中的重要性

我国地域辽阔，幅员广大，各地有各地的方言，不同方言区在语音方面的差异很大。往往南方人听不懂北方话，北方人听不懂南方话，至于各地区的方言差异就更明显了，这给情感交流和思想沟通带来了很大障碍。说话是说者和听者的互动行为，所以在交际时，都应用普通话，这样才能使听者听懂说者的语言，进而达到交流沟通的目的。

在民航服务中，使用普通话表情达意的重要性主要体现在以下4个方面：

（1）普通话是素质教育的重要内容。提倡素质教育，其内涵十分丰富，总体来说就是全面提高人的综合素质。普通话的应用就是其中一项重要标准。语言文字是思维表达的工具、文化知识的载体和交际能力的依托，因而是素质构成与发展的基础，是文化建设的必要条件。推广普通话是各级各类学校素质教育的重要内容，它有利于贯彻教育面向现代化、面向世界、面向未来的战略方针，有利于弘扬祖国优秀的传统文化和爱国主义精神，加强社会主义精神文明建设。试想一位综合素质较优秀的学生，要参加一个正式的场合但操着一口方言，其形象是不是要大打折扣呢？再比如一位优秀教师要上一堂公开课，各方面的准备都非常周密，但是就是因为不能用流利的普通话表达，其效果必然要受到影响，作为一名教师，不但在课堂上要用普通话给学生一个积极引导，而且还应督促学生使用普通话，由此使其素质得到全面提高。作为一种能力，普通话的学习关系到其他能力的提高与发展。比如对于掌握科学文化知识，培养创新精神和实践能力等。我们完全可以把普通话的学习作为一个基点，在此基础上，其他能力都将会获得更快的发展。

（2）应用普通话是美育的重要内容。普通话以其动听、优美、响亮的语音具有了美学方面的意义。一口流利标准的普通话就像一桌色、香、味俱全的菜肴，让人口齿留香，久久不忘。但是如果没有了流利的普通话，也就失去了"味"。有人说苏州话很好听，但若用苏州话来念文章，即使听起来再美，又有多少人能听得懂呢？可见，美也需要有普遍的意义才称其为美。

（3）使用普通话进行交际，有利于爱国主义情操的培养。语言是最重要的交际工具和信息载体，民族共同语的普及是国家统一、民族团结、社会进步的重要基础。自从一种语言产生以来，它就具有浓厚的民族意蕴，就成为这个民族、这个国家的"灵魂"，就像血浓于水一样，这种语言与这块土地以及人民血肉相连。爱国主义从来就不是空洞的口号，它不仅体现在热爱祖国的一山一水、一草一木，还体现在热爱祖国的文化传统，热爱本民族的语言。而普通话是全国通用的语言，使用普通话进行交际，有利于爱国主义情操的培养。

（4）使用普通话能够增强民族凝聚力，同时也是国家统一和民族团结的需要。一个国家、一个民族是否拥有统一、规范的语言，是关系到国家独立和民族凝聚力的具有政治意义的大事。我国是由56个民族组成的大家庭，一些少数民族还拥有自己的语言文字。我们对少数民族的语言一方面采取保留的态度，另一方面我们更大力推广普通话，使整个民族对共同的语言文化有强烈的认同感，并意识到自己是中华民族的一分子。因此，在少数民族地区的教学中使用普通话就显得尤为重要。

在建设中国特色社会主义现代化的历史进程中，大力推广、积极普及全国通用的普通话，有利于克服语言隔阂，促进社会交往，对社会主义经济、政治、文化建设具有重要意义。随着改革开放和社会主义市场经济的建立，社会对普通话的客观需求日益迫切。推广普通话，营造良好的语言环境，有利于促进人员交流、商品流通和建立统一的市场。

模块小结

　　礼貌用语，是指在语言交流中使用具有尊重与友好的词语。礼貌用语除了请、谢谢、对不起之外还可分为称呼语、问候语、应答语、征询语、祝贺语和推托语等。民航服务中各类礼貌用语的运用必不可少，另外，民航服务窗口、广播、电话客服等岗位还有很多专用的语言规范，工作中除了熟练运用各种规范用语与旅客进行沟通交流外，还应通过敏锐的观察力、合适的沟通态度、艺术语言技巧建立与旅客之间的沟通桥梁，为旅客提供优质的服务。

岗位实训

1. 实训目的

民航服务礼貌用语运用。

2. 实训内容

（1）问候语。

您好！早上好！小姐好！先生好！

（2）迎送语。

欢迎您，见到您很高兴！××小姐，欢迎您的到来！

再见！慢走！您走好！

（3）请托语。

请！请稍候！请稍等！请让一下！

劳驾！拜托！打扰！借光！请关照！

请您帮我个忙、劳驾请您帮我扶一下。

（4）致谢语。

××先生谢谢您！谢谢××小姐！

十分感谢！万分感谢！非常感谢！多多感谢！多谢！

有劳您了！让您替我费心了！给您添了不少麻烦！让您为我操了很多心！

（5）征询语。

需要帮助吗？我能为您做点什么？你要点什么？您喜欢哪一种？您如果不介意我来帮您吧？

（6）应答语。

好的，我知道了。好的，随时为您效劳。听候您的吩咐。很高兴为您服务。

不要紧！没关系！不会介意！

请不必客气！请多多指教！您太客气了！过奖了！

(7) 赞赏语。

太好了！真不错！对极了！相当棒！非常出色！太适合了！还是您懂行！非常正确！承蒙夸奖、不敢当、得到您的认可我很开心。

(8) 祝贺语。

恭喜恭喜！向您道喜！向您祝贺！真替您高兴！

春节快乐！生日快乐！新婚快乐！

(9) 道歉语。

对不起！请原谅！失陪了！不好意思！多多包涵！失礼了！惭愧惭愧！真过意不去！太不应该了！

3. 实训要求

同学们分成两组：一组模拟乘客，配合实训；另一组模拟民航服务人员对乘客进行问候、迎送、致谢等。

(1) 保持良好风度，待人以礼，谈吐得体。

(2) 音量低沉而有力度，不能太尖、太响。

(3) 发音清晰、准确。

(4) 语速平稳，不快不慢，声音要表现热情，不要携带疲劳和沮丧。

(5) 避免地方口音，不能严重得让人听不懂。

4. 实训心得

_____
_____
_____
_____

模块四
民航服务人员岗位礼仪

1. 了解民航客舱服务和地面服务流程；
2. 掌握民航客舱服务礼仪规范；
3. 掌握地面服务礼仪规范。

能按照服务礼仪规范要求，流畅地完成民航客舱迎送、巡视、广播、送餐等服务和民航地面票务、问询、值机、安检、引导等服务工作。

1. 践行爱国、敬业、诚信、友善的社会主义核心价值观；
2. 热爱民航事业，培养团结协作的工作作风，弘扬当代民航精神；
3. 具有良好的自我管理能力和职业生涯规划意识。

案例导入

有一位常年出差的客人就乘坐飞机时的感受谈到，早已习惯了各航空公司差异的空乘服务，笑脸越来越少，服务越来越不专业，然而乘坐新加坡航空公司（新航）去马尔代夫所享受的服务却很是让人感慨，航班延误共15分钟，但在延误的第5分钟开始发放点心和饮料并随时补发和增发给所需要的旅客，再到登机时，带儿童的旅客优先登机，让我特别专心地关注了新航的差异及特色服务，在这个过程中似乎很少有乘客感到登机延误的焦虑，甚至有旅客没有发现飞机延误了15分钟登机。登机时，所有乘务员的规范礼貌、问候和解说，让所有乘客真正感到了内心的微笑。登机后的特色服务让我记忆犹新，乘务员以最快的速度为每位乘客递上有独特香味的热毛巾，给儿童分发专用的耳机和小玩具，发餐前询问客人对食物有无特殊要求，以及发餐时在暂不想用餐的客人座椅上方贴上"请勿打扰"的提示便条，如同将五星级的饭店服务搬进了机舱；若下机时有儿童睡着了，可带走保暖的毛毯等，所有这一切服务，无不让乘客感受到新航服务的热心和贴心。

【案例分析】

新航树立了亲切的、温和的、优雅的空姐品牌形象，新航在服务细节上的差异化最重要的莫过于机上空乘人员所表现出来的职业素养和形象，无论他们是男是女，是美是丑，均能让旅客在第一时间内感受到与他们心灵沟通的零距离，让客舱服务的魅力带给乘客无限的享受。

单元一 客舱服务人员礼仪

客舱服务人员通常分头等舱乘务员和客舱乘务员。

> **职场小贴士**
>
> **客舱服务人员工作职责**
>
> 头等舱乘务员主要负责头等舱、驾驶舱的服务以及核对旅客人数等工作，具体包括认真布置和摆放好服务用品；热情迎候旅客上机；保持头等舱洗手间的整洁；注意客舱温度的调节；熟练掌握头等舱中餐、西餐供应程序；细心观察旅客的需求；下机时安排头等舱旅客先下等。
>
> 客舱乘务员主要负责厨房和普通舱的旅客服务工作，具体如下：
>
> （1）起飞前。检查紧急设备的数量和完好情况；检查客舱及洗手间卫生；检查机上娱乐用品、报刊；主动、热情、迅速地引导乘客就座；核对旅客人数；安全演示等。
>
> （2）起飞后。飞机滑行、下降、颠簸前进行安全检查；热情、有礼貌地向旅客供应物品；为旅客提供就餐服务；处理旅客的询问、异议等；注意客舱温度，了解旅客需要，及时调整；为老幼病残旅客进行特别关照，给予周到的帮助等。
>
> （3）降落后。引导旅客下飞机；为需要的旅客提供帮助；提醒旅客不要落下个人物品等。

一、航前准备礼仪

1. 准备会礼仪

"准备会"是乘务员执行飞行任务前的第一项工作，由乘务长负责组织并召开会议。准备内容包括航班号、航线、飞行时间、业务通告、分工、应急设备、准备空防预案、应急预案，检查有效证件和仪容仪表等工作。

准备会的礼仪是乘务员客舱服务礼仪的最初阶段，从走进客舱部大楼那一刻起，就意味着工作即将开始，要求全体乘务员要用职业礼仪、职业形象、职业的精神面貌，全身心地投入工作。

（1）主动相互问候。

①见到乘务长和乘务员主动问好，年轻人要主动向CF（主任乘务长）、PS（乘务长）

及资历深的乘务员打招呼。

②主动向乘务组成员做自我介绍。做自我介绍时，应注意：

第一，语言要概括、简洁、有力，不要拖泥带水、轻重不分。

第二，要展示个性，使个人形象鲜明。

第三，坚持以事实说话，少用虚词、感叹词之类。

第四，要符合常规，介绍的内容和层次应合理、有序地展开。

第五，尽量不要用简称、方言、土语和口头语，以免对方难以听懂。当不能回答某一问题时，应如实告知对方；含糊其词和胡吹乱侃是会导致失败的。

准备会如图4-1所示。

（2）摆放物品。

①个人飞行箱、衣袋按照乘务员守则要求，有序地摆放整齐。

②个人小背包统一摆放在自己的腿上，手中拿着笔和本，倾听乘务长下达任务及宣布有关的注意事项并适当地做好记录。

③工作帽整齐地摆放在会议桌上。

④登记证规范地挂在胸前。

图4-1 准备会

2．乘车礼仪

准备会结束后，全体机组人员需要乘坐专车驶向候机楼，在乘坐机组车时，需要注意的礼仪如下：

（1）问候礼仪。上车时礼貌待人，主动打招呼，问候机长，问候机组的其他成员。

（2）乘车礼仪。先上车的乘务员从后向前依次就座，把前面的座位让给后来的机组人员，并将自己的衣箱按顺序摆放整齐。

（3）下车礼仪。机长先行，乘务员互相协助提拿行李。

3．候机楼礼仪

（1）通过。乘务员走进候机楼的一瞬间将会成为众人瞩目的焦点，在众人的目光下，空姐美丽、端庄、大方的外表和优雅、从容而自信的仪态将展现得淋漓尽致，会给人们留下美好的印象，如图4-2所示。

女乘务员左肩挎包，左手扶握住包带下端，右手拉箱（图4-3）。头正颈直，目光保持平视，不可东张西望。表情自然，略收下颚，行走时

图4-2 机组人员列队进入候机楼

挺胸收腹，身体保持平稳，略微前倾。通过候机楼时，自然地排成纵队前行，保持队形整齐，走时双脚的内侧在一条线上，步履要稳健而轻盈，步伐适中，精神饱满、不要随意甩动飞行箱或摆出一副懒散的行姿，要走出和谐的韵律感，走出航空公司空中乘务人员的自豪感和美感。当遇到他人问询时，应放慢脚步，面带微笑，耐心友好地回答乘客的问询。严禁在行进中勾肩搭背、吃东西、打手机或高声喧哗。

图4-3　女乘务员列队进入候机楼

男乘务员左手提包，右手拉箱，左臂自然下垂，和谐摆动。头正颈直，目光保持平视，不可东张西望。通过候机楼时，步伐不要过大、过急，应与自己的身高成正比，不要随意甩动飞行箱，手不能随便插入衣兜，要走出男性的自信、坚定和阳刚之美。

（2）休息等候。由于天气原因或机器故障等原因，航班延误会时有发生，这时乘务员需要在候机楼大厅休息等候。当空姐整体在候机楼集体亮相时，会成为人们关注焦点，在此期间，举止端庄、优雅是向公众展示良好职业形象的机会。

在候机楼休息等候时：机组集体的衣箱要依次摆放整齐。仪态端庄优雅，安静等待，不可嬉笑打闹。禁止坐在窗台、柜台、台阶上，禁止有一切不符合专业化形象的行为举止。禁止在大庭广众之下吃东西或嚼口香糖。禁止在公众面前化妆、整理发型。禁止跷起二郎腿。禁止在禁烟区吸烟。

4. 安检礼仪

机组人员应列队进入安检区，主动将自己的行李放置在传送带上，接受安全检查，如图4-4所示。不能有任何抵触、反感的行为举止，哪怕是一个不礼貌的眼神，都将给个人，甚至是整个机组、航空公司的形象带来损害。

5. 乘坐步行梯礼仪

乘坐步行梯应做到：

（1）自觉靠右侧站立，留出左侧通道，方便要快速通过的乘客。

（2）安静地等待步行梯自动行驶，不得嬉笑打闹和做出有损职业

图4-4　民航服务人员接受安检

形象的举止。

（3）个人拉杆箱要摆放在身体后面或右侧。

（4）机组人员需要乘坐升降梯或摆渡小火车时，应当主动协助同行人开/关电梯门和拿衣箱、行李。

（5）当与乘客同坐一部电梯时，应保持人与人之间的安全距离，不要过于贴近，应把方便留给客人。

二、客舱迎送服务礼仪

乘客登机与乘务员初次见面的第一印象十分重要，它将决定后续工作的定位和乘客对这家航空公司的评价。应当牢牢把握乘客的心理，从第一印象开始做起，树立起良好的航空公司形象和个人形象。客舱迎接送服务包括迎客、送客两个环节。乘务员站在机舱门口，客舱内迎送旅客，是代表航空公司、乘务组对乘坐本次航班的全体旅客表示礼仪上的欢迎或道别。周到的迎接，可以给旅客宾至如归的感觉；美好的送别，可以给旅客留下美好的回忆。客舱迎送服务礼仪如下：

1. 端庄的仪态

端庄的仪态，可以透露出空乘人员良好的修养，有了端庄的仪态，才能既尊重别人，又赢得别人的尊重。客舱迎送服务的仪态包括站姿、鞠躬、手势等。

当听到乘务长广播通知，乘客准备登机时，全体乘务员应立即行动起来，用最快的速度检查个人的应携带物品及着装、仪表仪容，各就各位，站在自己的岗位上等待乘客登机。

（1）自查应携带物品是否齐全。

1）证件。乘务员在执行任务时必须携带登记证、健康证、乘务员执照、中华人民共和国因公护照（国际航线）和港澳通行证（地区航线）。

2）资料。包括乘务员手册、广播词、应急安全操作手册、航线资料。

3）物品。包括手电筒、手表、便签、笔、开关器、剪刀、围裙、化妆包、牙具、针线包等。

（2）自查着装、仪容仪表。头发干净整齐、一丝不乱，发型庄重规范。女乘务员面部洁净，口气清新，颈部、手部干净，指甲修剪得圆滑，皮肤细腻光润，化妆色彩与制服色泽和谐。男乘务员面部洁净，口气清新，不留鬓角、胡茬，鼻毛不外露；颈部、手部干净，指甲修剪得圆滑。制服整洁、挺括、扣子齐全，制服以及鞋袜搭配规范，整体和谐美观。

（3）检查乘务员迎客的"站位"。乘务长和SS2号乘务员站在L1处，其他乘务员站在舱门内的指定位置，面对乘客呈45°，恭候客人登机，如图4-5和图4-6所示。

（4）站姿要求。

1）女乘务员应头正目平、面带笑容、微收下颚、肩平挺胸、直腰收腹、双手交叉、两肩自然下垂、双手放在腹前，两腿夹紧，脚跟相靠，脚尖展开呈V形，目光柔和明亮，正视来宾，精神饱满，神采奕奕，充分展示女乘务员的自信、谦恭、热情。

图 4-5　L1 门站位

图 4-6　客舱内站位

2）男乘务员的站姿有三种：

①后握拳式。头正目平、面带笑容、微收下颚，肩平挺胸、身躯挺拔、双腿分开站立，脚尖与肩同宽，右手握住左手腕，置于身体后面。

②前握拳式。头正目平、面带笑容、微收下颚，肩平挺胸、身躯挺拔、双腿分开站立，脚尖与肩同宽，右手握住左手腕，置于身体腹前［图4-7（a）］。

③垂臂式。双脚并拢，双手置于身体两侧，双臂自然下垂，贴于身体两侧，拇指内收，虎口向前，手指向下。目光有神，正视乘客，面带笑容，精神饱满，要充分展现男乘务员谦恭大方、热情好客的风采［图4-7（b）］。

（a）　　　　　　　　（b）

图 4-7　男乘务员的三种迎送站姿

职场小贴士

交谈式站姿

在空中,如果与乘客站立交谈,可以将左脚或右脚交替向后撤一步,但上身仍然保持挺直,伸出的脚不可伸得太远,双脚不可叉开过大,双脚位置变换不可过于频繁。

反之,如果双腿随意抖动,无精打采,将手放进口袋,呈现自由散漫的状态,就会被人认为不雅,或者失礼。

此外还应注意,如果身体倚靠墙壁、柱子或者桌子,将会给人以懈怠、懒散的感觉。

(5) 鞠躬要求。客舱迎送采用 15°鞠躬礼,行礼时,目光注视乘客,中腰前倾 15°,后背、颈部挺直,面带微笑,目光略下垂,表示欢迎之意,如图 4-8 所示。

(6) 手势要求。客舱迎送服务中的手势主要为引导手势,乘务员采用手势为乘客指示行进方位时,要求五指并拢伸直,手心向上与水平面成 45°,手臂伸开成 135°弧线,身体略向前倾斜,另一只手臂自然下垂或置于腹前,如图 4-9 所示。

图 4-8　15°鞠躬礼

图 4-9　为乘客引导指示行进方位

2. 亲和的微笑

亲和的微笑能表现出空乘人员的善意、尊重和友好,会给客人留下非常深刻的印象。

微笑是一个很简单的动作，嘴唇微微牵动便可完成。在社会交往中，微笑是最经济的装饰品，几乎没有任何成本，却能获得别人的欣赏、喜欢。有时，它能够为我们的交往和工作锦上添花。然而，有时微笑又十分珍贵，并非所有人都能轻松拥有。完美的微笑须发自内心，它会牵动眉宇、唇齿和面部肌肉，经由表情、语气和动作散发出来，容不得虚假和伪装。真正的微笑是要与心情契合的，乘务员需要带着一颗善良、豁达、感恩的心，诚恳地欢迎乘客搭乘自己服务的班机。

乘务员必须学会微笑，如图 4-10 所示。不会微笑的乘务员不是合格的乘务员。

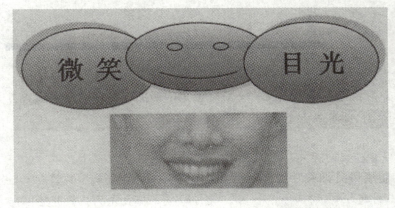

图 4-10　微笑

微笑的基本要求如下：
（1）微笑要甜美，迎客时笑得美丽、自然大方、亲切友善。
（2）微笑要适度，要有分寸，迎客时不可发出声音或毫无顾忌地张嘴大笑。
（3）微笑要适时，注意对方和场合，要善解人意。
（4）微笑要诚恳，迎客时，要发自内心地感谢对方搭乘班机。
（5）微笑要纯洁，没有丝毫混杂的念头，只是映衬着内心的心情，是最简单的动作。
（6）微笑要温暖，要从目光中流露，从内心流露，富有感染力。

延伸阅读

微笑的"四要"与"四不要"

微笑的"四要"：

（1）要口眼鼻眉肌结合，做到真笑。发内心的微笑，会然调动人的五官，使眼睛略眯、眉毛上扬、鼻翼张开、脸肌收拢、嘴角上翘。

（2）要神情结合，凸显气质。笑的时候要精神饱满、神采奕奕、亲切甜美。

（3）要声情并茂，相辅相成。只有声情并茂，热情、诚意才能为人理解，并起到锦上添花的作用。

（4）要与仪表举止的美和谐一致，从外表上形成完美统一的效果。

微笑的"四不要"：

（1）不要缺乏诚意、强装笑脸。

（2）不要露出笑容随即收起。

（3）不要仅为情绪左右而笑。

（4）不要把微笑只留给上级、朋友等少数人。

3. 舒心的问候

舒心的问候，对于融洽自己与乘客之间的感情有很大的帮助。在客舱迎送服务过程中，乘务员要用礼貌的语言向乘客表示亲切的问候和关心。

问候的基本要求如下：

（1）感情真挚。真挚才会亲切感人。

（2）运用问候的礼貌用语，如称呼得体，称老人为"爷爷""奶奶""老人家""伯父""伯母""叔叔""阿姨"等；称同学"小×""老×"等；称儿童为"小朋友"等。

（3）积极主动、热情。空乘人员向乘客问候一定要积极主动，这是职业和礼貌的要求，也会让空乘在此后的谈话交流和服务中取得主动。如果问候不主动，有可能因为乘客的走动、接听耳机、与他人交流而错过问候乘客的时机。此外，如果乘客先于自己问候，空乘人员一定要反过来问候乘客，不能没有反应。

（4）声音要清晰、洪亮且柔和。

①空乘人员问候乘客时，首先声音要洪亮，确保乘客能听得见。特别是在早晨、午后、傍晚乘客神经尚未完全兴奋时，大声的问候会使乘客感到兴奋，也使乘客对其有鲜明突出的印象，有利于服务气氛的开朗、活跃。

②空乘人员问候乘客时，还要语言清晰。无论是中文还是英文问候，力求发音准确，吐词清晰，确保乘客听得清楚，不要含混不清，也不要语速太快，更不要应付了事，否则就达不到问候的目的。

③空乘人员问候乘客时，还要语气柔和，确保乘客听得舒服。语气生硬，便失去了热情友好和善，不仅使问候成了多余，甚至会起到相反效果。

（5）问候要注意人物、时间及乘机状况。乘客的情况千差万别，他们身份不同、目的不同，所以绝不可千人一样的问候。例如，对于行李过多的乘客，可以说"欢迎登机，我来帮你吧"；对于匆匆赶来的乘客，可以说"你好，请不要着急，飞机还要等一会儿才起飞"；对于生病的乘客，可以说"请不要担心，我们会尽力照顾你的"等，这些都是非常得体的问候。相反，如果对一个悲伤的人说"你好"，对一个外籍乘客说"你吃了吗？"等，则是不合适的问候。

不同状况的迎客问候见表4-1。

模块四　民航服务人员岗位礼仪

表 4-1　不同状况的迎客问候

状况	问候语
正常迎客	①先生（小姐、女士），您（早上、下午、晚上）好！ ②欢迎登机！欢迎选乘××航空公司航班！ ③您的座位排数显示在行李架的下方蓝色（橘色）亮灯处。ABC 在您的右侧，DEF 在您的左侧（AF 座靠窗，CD 座靠通道）。 ④我能看一下您的登机牌吗？我来帮您找座位！ ⑤您的座位是×排×座，在客舱的前部/中部/后部，靠窗的/中间的/靠通道的座位。 ⑥对不起，我可以帮您放行李吗？
延误时迎客	①欢迎登机！ ②您辛苦了！ ③让您久等了！
通道被堵塞时迎客	①先生/小姐，您好！请您侧身让身后旅客先通过，谢谢！ ②对不起！请您先入座。您的行李一会儿我来帮您一起安排好吗？请您让后面的旅客先通过！
送客	①飞机已经完全停稳，您可以下飞机了。 ②再见，请走好。 ③当心脚下。 ④欢迎您再次乘坐我们的航班！

图 4-11 所示为某航班乘务员在舱门口迎客。

图 4-11　舱门口迎客

三、客舱巡视服务礼仪

客舱巡视（空中实施阶段）是体现乘务员服务技能和服务技巧的重要环节，是乘务员在工作中的一种常态，直接关系到航空公司的服务质量和声誉。客舱巡视可以及时发现问题并解决问题,可以针对乘客的不同需求,一对一地提供服务。许多特殊的服务就是在巡视客舱时发现和得到解决的。当乘务员以优雅的气质、端庄的仪态、柔美的表情,面带微笑,步态轻盈地走进客舱时,会给乘客带来安全、祥和、舒适、美好的感受。

1. 巡视的基本要求

乘务员进行客舱巡视时步伐要轻,步幅要稳,不能急促,切勿跑步,要给乘客带来美感、成熟与亲切感。夜航飞行时,脚步更需要轻、柔、慢,不能碰撞到熟睡的乘客。

女乘务员在正确基本行姿的基础上,面带微笑,温和友善,双手交叉相握于腰部,手腕略微上抬,双臂微收。目光关注在左右两侧 1～5 排范围内,可用微笑或点头与乘客交流,如图 4-12 所示。

图 4-12　乘务员在巡视客舱

男乘务员在正确基本行姿的基础上,面带微笑,温和友善。双臂自然下垂。一只手放在身体的后部(适用身体宽厚的男士,起到瘦身效果)。目光关注在左右两侧 1～5 排范围内,可以微笑或点头与乘客交流。

2. 与旅客沟通礼仪

与旅客沟通,首先要在服务过程中,养成设身处地地考虑服务对象的感受、立场、利益、需求的良好服务习惯。空乘人员要善于察言观色,有很好的倾听能力,能迅速判断乘客的情况、心理和服务需求,尽量站在旅客的立场上,力求听懂旅客的话外之音或欲言又止之处。不看对象、场合,千篇一律地应答或服务是非常不合适的,乘务员面对的旅客来自不同国家、不同地区,文化层次不同,职业、年龄、地位不同,风俗习惯不同,因此必须注意分别对待,以满足每位旅客的心理需求和服务需求。

与旅客沟通应注意:

(1)正确的站姿与蹲姿。与旅客进行站姿沟通时,应注意:上身挺直,头摆正,目光平视,将下颚微微收回,面带微笑;与旅客蹲姿沟通时,应该在目光视线下有准备地下蹲,双腿最好保持一前一后,腰脊挺直优雅蹲下,不要突然下蹲,不要与人过近,不要失方位和距离,不要毫无遮掩,不要蹲在椅子上,不要蹲着休息。

(2)语言沟通中的微笑礼仪。微笑具有传递信息、沟通情感的作用,一个简单的微笑常常能够消除人与人之间的陌生感,拉近彼此的距离,与旅客沟通时应注意眼睛笑、眼神笑、嘴角上翘,给人亲切的感觉,减轻旅客身体和心理上的压力。

(3)及时了解旅客需求并进行处理。通过正确的交流及时了解旅客需要哪些帮助,并及时为旅客解决问题,创造客舱的良好氛围。

图4-13所示为民航服务人员与旅客进行沟通。

图4-13 民航服务人员与旅客进行沟通

职场小贴士

客舱中的目光礼仪

人们常说眼睛是心灵的窗户,它能表达出人们最细微、最精妙的内心世界。从一个人的眼睛中,往往能看到他的整个内心世界。一个良好的交际形象,目光应该是坦然、亲切、和蔼、有神的。特别是在与人交谈时,目光应该是注视对方,不应该躲闪或游移不定。在整个谈话过程中,目光与对方接触累计应达到全部交谈时间的2/3。

乘务员的职业是与人打交道的典型服务行业,服务礼仪是通过乘务员的语言、目光、微笑和仪态共同传递的,如果其中某一个环节出了问题,就会适得其反,不仅给航空公司形象带来负面影响,同时,个人形象也会受到损害,因而,不能忽略每一个细节,在与乘客打交道时,应做到尽善尽美,如图4-14所示。

(1)基本要求。

①服务中,需要使用积极健康、专注诚实、坚定友善的目光,以此来赢得乘客的信赖。

②避免左顾右盼、上下打量、挤眉弄眼或者逃避对方的目光。

③与乘客谈话时,目光一定要注视乘客,不要东张西望,不要心不在

焉、玩弄手里的东西或者不停地看手表，这都是很不礼貌的行为。

④与异性交流时，应选择尊重、有礼貌的目光。

（2）客舱服务中心常见目光。

①迎宾时的目光：迎宾时，3 m之内，目光真诚地注视对方，以示期盼。

②送客时的目光：送客时，目光向下，以示谦恭。

③会谈时的目光：会谈时，目光平视，表示自信、平等、友好。

④倾听时的目光：倾听时，目光专注，适时回应、交流。

图4-14　目光礼仪

⑤见面时的目光：见面时，凝视对方一般1～2 s，初次见面不超过10 s。

（3）客舱服务中的忌讳目光。

①与乘客交谈时，应该尽量把目光局限于上至对方的额头，下至对方上衣的第二颗纽扣以上。对禁区、敏感区应该回避，否则会被认为无礼。

②服务中不可使用斜视、上下打量、轻蔑或挑衅的目光，否则容易引发对方不满。

③不可长时间盯着客人的眼睛，不可咄咄逼人、自以为是、唯我独尊。

④不可使用躲躲闪闪的目光，否则会给人不自信、逃避为乘客解决问题的感觉。

3. 安置行李服务礼仪

乘务员每天在航班上无数次帮助乘客安置和拿取行李，开启/关闭行李架，这本身是一项服务，又是一项安全检查的重要环节。每当飞机起飞前、落地前，乘务员需要走进客舱，举起单臂或双臂逐一进行安全检查，确保每一个行李架万无一失。相信此时此刻，机上所有人的目光都会集中在该名乘务员身上，注视着乘务员的每一个细节，包括她的动作、神态，以及对此项工作认真负责的态度，同时欣赏着她美丽的容颜、标准的身材，舒展的仪态，甜美的微笑，如图4-15所示。

为旅客安置行李应注意：

（1）身体面向行李架，手臂上举时姿态优雅。

（2）受到身体高度影响时，可以跷起脚后跟来增加身体的高度。

（3）为乘客放置和提取行李时，身体面向行李架，双臂上举。

（4）进行客舱安全检查时，可采用左或右单臂侧身检查行李架。

图 4-15　为旅客安置行李

4．报纸杂志服务礼仪

乘务员在为旅客发放报纸杂志时，应注意：

（1）将报纸叠好后，相同的报纸摆在一起；杂志要每本分开排列成扇形。

（2）一只手四指并拢，手心向上拖住报纸或杂志底部，拇指在里侧，另一只手并拢扶在报纸或杂志的左（右）上角。

（3）单独为旅客提供书报时，用不垫垫纸的小托盘送出。

（4）询问旅客是否需要打开阅读灯。

图 4-16 所示为乘务员为乘客提供报纸服务。

图 4-16　乘务员为乘客提供报纸服务

四、客舱广播服务礼仪

客舱广播室是用艺术语言传达情感的区域，这需要乘务员能说标准的普通话和流利的英语。乘务员在努力学好业务知识的同时，应加大训练普通话和英语口语的力

度。我们知道,广播器传出的效果是只闻其声,不见其人,这就要求广播员在广播时声情并茂,让旅客感觉犹如是在听美妙的音乐。

在客舱播音中,对象感是广播员在面对话筒,乘务员在眼前没有乘客广播时要努力做到心中有人。在备稿时要对乘客进行设想,在广播时感受到乘客的存在和反应,感悟到乘客的心理、要求、愿望和情绪等,并由此调动自己的思想情感,使之有感情地表达情感。如果没有情感地进行广播,那么乘客听到的广播将是平淡呆板、没有起伏或速度过快过慢似的自言自语。

客舱内广播礼仪规范如下:
(1)负责广播的乘务员,必须经过专门培训,取得广播资格证后方可上岗。
(2)保证部分相应的航线有相应语种的广播。
(3)广播用语准确、规范,使用专用的广播词,广播员语言亲切自然、音量适中。
(4)广播语种顺序:中文、英文、相应语种。
(5)在条件允许的情况下,根据机型分舱广播。
(6)长航线的夜航飞行,中途开餐时可不进行餐前广播。
(7)航班延误及时广播通知旅客。
(8)紧急情况下,带班乘务长负责广播。

五、客舱送餐服务礼仪

快捷的飞行速度、宽敞明亮的候机环境、美丽可爱的空姐、可口的饮食,是吸引民航旅客,特别是初次乘机旅客的主要因素。很多旅客对飞机上提供的餐饮的种类、口味很在意,期望值较高。他们关心饮料的种类是否齐全,饭菜是否卫生,口味是否可口。有些旅客反对那种以降低饮食质量,甚至取消机上餐食来降低成本和票价的做法,特别是对于那些长途飞行的旅客来说,令其满意的餐饮是他们长途旅行中不可缺少的重要部分。航空公司在注重提高飞机的型号、性能、技术等硬性指标的同时,应加强航空公司食品改革的力度,在思想意识上提高对它们的重视,改变航空公司多年来机上食品品种一成不变的状况,花心思研究旅客的食品需求与喜好,最大限度地满足旅客的需求。

经典案例

厦航冬日打造"温暖"主题美食

厦航曾在冬季打造一款"温暖"主题美食,该套美食餐谱充分考虑旅客在冬季对温度的强烈感知,通过三大举措,提供更"暖心"的服务,让旅客们在这个冬天不再寒冷。

暖心——每一粒大米都在向你致敬

精挑细选的米饭一直是厦航餐食的口碑,为了在第四季度使米饭品质有进一步的提升,厦航特别组建了一支由食品专业人才和优秀空厨组成的餐食服务质量提升小组,对东北民乐源小町米、五粱红、有机稻花香等28种大米进行层层筛选,并通过对米水比例、蒸煮温度等影响米饭品质的主要因素进行深入研究,反复试验数十次,才最终选定主要配备产品。

暖情——那是一种无法忘怀的味道

在第四季度的餐谱中,厦航引入了厦门最传统、最正宗的红烧鱼,与普通红烧鱼不同,厦门红烧鱼是以厦门特色的甜辣酱调汁并用古法"熘"制而成,外焦里嫩,酸甜可口,这样的厦门"古早味"必能激荡起人们的厦门情怀。

除了坚守和传播当地特色美食文化,厦航此次更是大胆尝试东南亚菜系,香茅焗大虾便是其中一道,采用进口香茅酱搭配东南海域出产的长毛对虾虾仁焗制而成。此外,厦航在机上配备了墨鱼汁面包,这在国内航食业界实属首创。

暖身——让这个冬天不再寒冷

冬季喝汤最暖身,第四季度餐谱共推出了15款汤品,款款精心。其中猴头菇炖农家肉首次使用养生原材料——猴头菇,汤品补脾益气,滋补养生。此外,遵循冬季以黑色食物养肾的食疗之道,一道玉米山药煲乌鸡汤应运而生。

感动人的是美食,温暖人的是服务。厦航围绕旅客需求,研发多样化、特色化、营养化的美食,提供最周到、最细心、最安全的服务,不断提升机上餐食品质,完善配餐服务。

旅客餐饮服务包括饮料、酒类以及餐食(特殊餐)(图4-17)的服务。

图4-17　为旅客提供的餐食

1. 客舱送餐服务用具

客舱送餐服务需用到的用具包括餐车、托盘、咖啡壶、热饮壶等。

（1）托盘（图4-18）。乘务员用托盘为旅客提供餐食时，应做到：

图4-18　餐盘

①双手竖拿，放平于小腹部位，不宜过高。

②提供餐饮服务时，托盘上必须使用垫盘布/垫盘纸。

③在过道中转身时，应注意安全和礼貌：周围没有旅客入座或空间较大时，可直接转身，动作缓慢、小心；周围有旅客入座，空间较小时，手沿着托盘四边，从身前平行穿过。

④与旅客交谈时，托盘应始终对着过道，避免直对旅客。

⑤拿空托盘时，竖着拿，盘面朝里，自然垂直在身体的一侧，拇指卡在托盘的盘面，其余四指并拢卡住托盘的盘底。

（2）餐车（图4-19）。乘务员用餐车为旅客提供餐食时，应做到：

图4-19　餐车

①餐车门要在厨房内打开。

②两手扶住餐车的两侧或拉住车扶手，边推餐车边掌握方向，防止发生碰撞现象。

③掌握适当的速度,并提醒旅客注意。
④停车踩刹车,行车松刹车。
⑤单人推车时,始终站在面对旅客一侧,同时确保另一侧车门锁闭。
⑥严禁将餐车独自留在通道走廊。

(3)围裙。在进行餐饮服务时应穿戴围裙,并保持熨烫平整、干净;穿脱围裙时,要避开旅客视线,不得穿围裙进入卫生间。

2. 客舱送餐服务动作

为旅客提供餐食的乘务员需穿戴围裙,做到端、倒、拿(递)、推拉、收。服务过程中应面带微笑,注重与旅客的目光交流和语言表达,主动介绍餐饮品种,先向旅客介绍本次航班提供的餐食或饮料种类,再询问客人需要何种餐食(图4-20),并主动为客人递上干湿纸巾。

图4-20 乘务员询问旅客需要

(1)端。

1)有双手端和单手端两种方法。

①双手端。用双手轻轻地将托盘端起,置于身体前面,高度在腰部的位置,保持抬头挺胸的姿势,以自然步前进(图4-21)。

②单手端。用左手托起托盘,有高托和低托两种位置,高托是将托盘拖至齐肩处,手指后指;低托是将托盘拖至齐胸处,手指前方,同样保持抬头挺胸的姿势,以自然步前进。

2)在过道中转身时,应注意安全和礼貌,端托盘在客舱内转身时,身体转,托盘不转动。

3)与旅客交谈时,托盘应始终对着过道,避免直对旅客。

图4-21 双手端

职场小贴士

取餐车底部的餐盘时,从站立姿态,面对餐车后退半步,蹲下后,双手从餐车底部抽取餐盘(图4-22),起身,依次送车。

图4-22 下蹲取餐盘

（2）倒。倒水（饮料）时，左手握住杯子的中部，右手持壶，一般倒至7分满（为小旅客倒饮料时倒至杯子的5分满即可）。然后面带微笑，双手为客人奉上。要注意：

①倒带汽的酒或饮料，将杯子倾斜45°。

②很多空乘人员为了杯子拿得更稳，而直接握住杯沿，这是非常不礼貌的行为，因为杯沿是客人嘴唇直接接触的位置。

图4-23所示为乘务员为旅客倒水，旅客主动帮助乘务员。

图4-23　为旅客提供水（饮料）

职场小贴士

在接待工作中，给客人送茶水、饮品时，如果是低矮的茶几，也应使用优美典雅的蹲姿。拿取低处物品或拾起落在地上的东西时，最好走近物品，上身正直，单腿下蹲，利用蹲和屈膝的动作，慢慢低下拿取，以显文雅，不要只弯上身，翘臀。

（3）递（拿）。

①拿杯子、酒瓶等，应拿其下1/3处。

②递物与接物是常用的两种动作，应当双手递物和双手接物（五指并拢），表现出恭敬与尊重的态度。递接物品时注意两臂夹紧，自然地将两手伸出。

③所有东西、物品都要轻拿轻放，客人需要的东西要轻轻地用双手送上，不要随便扔过去，接物时应点头示意或道谢。

④递上剪刀、刀子或尖利的物品时，应用手拿着尖头部位递给对方，让对方方便接取。同时，还要注意递笔时，笔尖不可以指向对方。递书、资料、文件、名片等，字体

应正对接收者,要方便对方马上看清楚。这些微小的动作能显示出服务人员的职业素养。

⑤无论为旅客送饮料还是其他物品,都应注意将所送物品的标志正对客人,并尽量双手送至旅客面前或将其放在小桌板上。另外,递送物品应按先里后外、先左后右、先女士后男士、先身份高后身份低的顺序。

(4)推、拉。

①推餐车:五指并拢扶在服务车身上方两侧,向前行进(图4-24)。

②拉餐车:双手握拳,拇指不要外露,拉服务车上方的凹槽,向后倒退。

(5)收。回收餐盘餐具时,应先征询旅客意见,如旅客主动递回,应表示感谢。回收时应遵循先外后里、由前至后的原则。

①收回餐盘时,双手接过乘客的餐盘,从上往下依次摆放好。

②收杯子:使用托盘,事先在托盘内铺好托盘垫纸。左边的旅客用右手

图4-24 推餐车

收,右边的旅客用左手收,在托盘内将杯子由里向外摆放,每摞高度最多不超过5个。

③毛巾夹不使用时,应放在托盘下隐藏,避免在旅客面前摇晃、指点。

3.饮料服务

为旅客提供的饮品一般有矿泉水、咖啡、茶水、碳酸饮料、果汁等。

(1)提供饮料服务前的准备。首先,要清洁双手;其次,水车上铺好垫车布,各类饮料、酒、水杯、小食品、餐巾纸、冰块、冰桶、冰夹等用品摆放齐全;最后,物品摆放注意标签朝外,杯子倒扣,高度不超过车上最高的饮料瓶,大筒饮料放在水车中间,小筒饮料摆放在四周,确保安全、清洁、整齐、方便、美观。

(2)当使用餐车提供服务时应注意:

①主动向旅客介绍饮料品种;根据旅客需要添加冰块。

②送出时应握住水杯中下部,不应触碰到杯口;递送时,不能让旅客作为传递员;饮料杯放在旅客小桌板的右上角或杯槽内。

③开启瓶装碳酸饮料时,应缓慢拧开瓶盖,防止喷溅;开启果汁类饮料时,应轻轻摇匀,幅度不易过大;开启罐装碳酸饮料时,避免摇晃,用毛巾捂住,放餐车内打开。

④倒饮料时,壶嘴/瓶嘴对着过道;注意控制好瓶身的倾斜度和饮料的流速;饮料斟倒量一般为70%~80%,遇到颠簸,斟倒60%为宜,以免洒出。

⑤热饮服务时,注意安全,并提醒旅客小心烫手。

⑥收回水杯时,须征得旅客同意,水杯不宜叠放太高,放置在靠近自己身体一侧的托盘上。

(3)使用热饮壶提供服务时应注意:

①主动询问旅客是否需要热饮;一手拿热饮壶,一手端小托盘,水壶放在托盘上,

并准备纸杯一小叠放置在托盘上,请旅客自取。

②斟倒时,壶嘴对着过道;递送时,让旅客自行取拿小托盘上的热饮,并提醒旅客小心烫手。

③任何时候手都不得离开热饮壶。

(4)使用大托盘服务时。托盘上的水杯摆放数量以 12～15 杯为宜;用托盘送至旅客面前,让旅客自取。

注意姿态,把握好托盘与旅客之间的距离和高度。

(5)服务时,可以参考以下语言:

"小姐／先生,我们今天有可乐、雪碧、矿泉水、橙汁……请问你喜欢哪一种?"

"请问您需要热茶／咖啡吗?"

"请问您需要(× 饮料)吗?"

"麻烦您／请您拿一个杯子放在小托盘上好吗?谢谢!"

"您请!"／"请慢用!"

"您请,小心烫!"

4. 餐食服务

(1)提供餐食服务前的准备。首先,要清洁双手;其次,物品的摆放注意整齐、安全,进行准备工作期间,为遮挡旅客视线应拉上服务舱门帘。

(2)提供热面包服务。使用面包篮,铺上垫布,一手拿面包篮,一手握面包夹;使用面包夹时,注意尽量不要夹破面包,不要将面包夹在旅客面前摇晃。

(3)提供快餐、小食品服务。小食品放在餐巾纸上方,整齐地摆放在小桌板上或送至旅客手中;保存未用的快餐,为需要的旅客及时提供。

(4)提供盒装餐服务。发送时,将点心盒盖折叠整齐,送至旅客的小桌板或递送于旅客手中;如配有热食,则将热食送至旅客的小桌板上;回收时,点心盒叠放整齐放入餐车。

(5)提供餐盘餐服务。发送时,从餐车内由下而上拿出餐盘,送至旅客的小桌板上。如配有热食,则将热食置于餐盘内再送至旅客的小桌板上,热食对着旅客,收回用过的餐盘时放进餐车时,整齐地从上往下逐格摆放入车内。

(6)送餐时,要注意语言和动作的配合,同时注意保持客舱的安静整洁,走路轻、操作轻、说话轻且清晰。

(7)服务时,可以参考以下语言:

"请用××。"

"您请!"

"您请慢用!"

"小姐／先生:我们今天有海鲜／面条和牛肉／米饭,请问您需要／喜欢哪一种?"

5. 酒类服务

飞机上提供的酒类一般为酒精度较低的红葡萄酒、白葡萄酒、香槟、鸡尾酒、啤酒等。

从客舱安全和旅客的身体健康考虑,向旅客提供酒类数量应适当控制。

(1) 红葡萄酒、白葡萄酒的提供。

①红葡萄酒应尽早从冷藏车内取出,保持与室温相近,最佳饮用温度16 ℃～18 ℃;白葡萄酒冰镇后再提供,最佳饮用温度为10 ℃～12 ℃。

②向旅客详细介绍品名、产地、年份;正确开启葡萄酒(开启后的葡萄酒不宜长久保存)。

③使用葡萄酒杯,红葡萄酒斟1/3杯,白葡萄酒斟2/3杯。递送时,握住酒杯的杯脚处。随时添加,添加时必须使用侍酒布。

④一般红葡萄酒搭配乳酪、牛排等,白葡萄酒搭配海鲜类。

(2) 啤酒的提供。啤酒的最佳饮用温度为5 ℃,要求冰镇后,在旅客面前开启。头等/公务舱服务时,使用长饮杯,倒满后酒与泡沫的比例为8:2,可根据旅客需求,连同啤酒罐一起送出;普通舱服务时,使用塑料杯,连同啤酒罐一起送出。

(3) 香槟/气泡酒的提供。香槟/气泡酒的最佳饮用温度为5 ℃,要求冰镇后再提供。开启时,应避免摇晃,以免香槟/气泡酒溅出,使用香槟酒杯,倒至四五成满,递送时握住酒杯的杯脚处。

6. 餐后酒提供

提供时,主动介绍餐后酒品名,并使用专用的酒杯。

7. 特殊餐服务

(1) 供餐前,先确认特殊餐食类别、数量、存放位置、旅客需求,要根据宗教习惯和健康要求按不同特殊餐别的服务方式正确提供。一般情况下,特殊餐应优先于正常餐提供。

(2) 服务时,可以参考以下语言:

"先生您好,我想确认一下请问您是否预订过××餐?"

"先生,这是您的××餐,希望您喜欢,您请慢用。"

六、客舱特殊状况服务礼仪

(一)客舱异议服务礼仪

服务人员的工作就是和形形色色的乘客打交道,那么就会在个别时候由于这样或那样的原因和乘客产生异议。服务工作过程中,乘客的异议处理也是日常工作内容。在服务过程中往往会出现很多不同需求的乘客,所以作为服务人员要经常对服务工作进行分析总结;必须有良好的应变能力,能灵活应对乘客的不满情绪,总结出一些固定的客服公式,然后再因时、因地、因人对症处理,变被动为主动,这样才能消除异议,更好地服务于乘客。如果处理不当或者由此导致正面冲突,尽管这类现象是偶然的、个别的,但是它往往会给双方带来不快,并且还会有损于航空公司的形象。正因为如此,这类现象一旦发生,服务人员和航空公司都要高度重视,有效地处理。异议处理的情况如何,关系到乘客的满意度、忠诚度,关系到航空公司的信誉度。航空公司和服务人员对于异议的正确态度,既要事先积极进行预防,力争将可能减少到最低程度,又要及时发现异议,并且妥善对其进行处理。

客舱异议的理解

异议就是乘客在享受服务的过程当中或过程后产生的不满、疑问、抱怨或投诉的行为。日常服务过程中谁都有可能出现一些小的失误或疏忽,从而导致乘客异议,而单位或个人也正是在不断地满足和解决乘客的异议的同时得到学习和成长的机会,不断地提升服务单位和服务人员自身的水平。如果永远没有乘客的异议,我们就永远不知道如何有效地改进自己的工作,异议不仅是航空公司了解乘客意见的线索,也代表着珍贵的"合作信号"。在处理异议的过程中直接锻炼了服务人员问题处理的能力,锻炼了服务人员的耐心,培养了服务人员和客户的沟通能力,也让服务人员从根本上意识到服务的重要性和感知旅客的确切需要,从而会给服务人员留下很深的印象,可以避免再次引起客户异议。而对于某些问题,航空公司给予相对应的改进,就可以从根本上提高综合服务质量。

1. 防止客舱异议

无论是航空公司,还是服务人员,都不希望有异议的产生。既然如此,防患于未然才是上策。一般来讲,服务人员自身服务工作的不规范是引起乘客异议的重要原因,所以防止乘客异议要从自身工作做起。

(1)事先准备。在正式接待乘客之前,服务单位、服务人员为了保证服务工作的顺利进行,需要提前着手做一些必要的预备、筹划或安排。充分的岗前准备会让服务人员在工作中有条不紊、轻松自如,能有效地避免因为准备不充分而带来的工作上的不便,也能在出现意外时及时有效地解决问题。主要包括充分休息,严格遵循工作操作规范和做好服务环境的准备。

(2)端正服务态度。服务人员在服务的过程中端正服务态度,律己从严,在接待乘客的时候主动服务、热情服务、周到服务,可以避免异议的产生。

①主动服务,就是服务要在乘客开口之前。一个简单的服务却已包含着这样一个意义:主动服务表示提供服务的单位功能齐全与完备;主动服务也意味着要有更强的感情投入。有了相应的服务规范和工作标准,只能说是有了为达到一流服务而应具备的基础条件,并不等于就有了一流的服务。服务人员真正从内心深处理解旅客、关心旅客,才能使自己的服务更具有人情味,让旅客倍感亲切,从中体会到服务单位的服务质量。

②热情服务，是指服务人员出于对自己从事的职业有肯定的认识，对旅客的心理有深切的理解，因而富有同情心，发自内心、满腔热情地向旅客提供优质服务。服务中多表现为精神饱满、热情好客、动作迅速、满面春风。服务态度好坏的评价，与热情、微笑、耐心等都有关系，但以上这些还不是服务的实质内容，衡量服务的根本标准最终在于是否有积极主动解决客户要求的意识和能力，是否能完善地提供具体的服务。

③周到服务，是指服务内容和项目上想得细致入微，处处方便乘客，体贴乘客，千方百计为乘客排忧解难。这些服务是实质性的，是乘客能直接享受到的。周到服务还体现在不但能做到做好共性规范服务，还能做到做好个性服务。个性服务有别于一般意义上的规范服务，它要求有超常服务。所谓超常服务就是用超出常规的方式满足客户偶然的、个别的、特殊的需求。周到服务还要求有更为灵活的服务。应是在规范的基础上创造性、灵活地处理各种意外情况，以尽量满足乘客突发而至的各种需求，从而在乘客心目中留下深刻的印象。周到服务还要求有更具体、更细致的服务。客户消费，想得到的不仅仅是物质产品，更重要的是希望享受到轻松的氛围、惬意的回忆、体贴的照顾，这就要求服务人员能从乘客的角度出发考虑问题，根据他们的不同需求提供有针对性的服务。个性服务不是想当然的、没有标准的服务，而是源于规范服务，又高于规范服务。两者互为依存、互为促进。如果只停留和满足于规范服务，不向个性化服务发展，服务水准将难以上新台阶，个性服务和规范服务并重，更能显示出服务的周到。

2. 处理客舱异议

（1）处理客舱异议的准则。

①乘客永远是对的。这是客舱服务礼仪的一项基本规则，树立了"乘客永远是对的"这一观念，就会以平和的心态来处理乘客的问题，就会认识到有抱怨和不满的乘客是对航空公司仍然有期望的乘客，应该对乘客给予肯定、鼓励和感谢，并尽可能地满足乘客的要求。这样说并不是要对乘客的一切所作所为都直接予以肯定，而是意味着作为乘客有权利对服务人员进行严格要求，有权利对服务提出批评、建议或投诉。

②如果乘客错了，请参照第一条。从字面上理解这个理念很容易，但这个理念要让服务人员认同并转化为行为需要一个过程。这就要求：即使乘客有误解，也绝不能和乘客进行争辩。和乘客争辩只会使其更加情绪化，使事情变得更加复杂甚至恶化，结果是赢得了争辩却失去了客户。

③创造一种感动。有效处理异议的过程就是创造感动的过程。在处理异议中，让乘客感动，获得意外之喜，是最有效的处理方式。

（2）处理客舱异议的步骤和方法。在给乘客服务时不可避免会接到乘客投诉，对待不同的投诉时有不同的处理办法，这主要是因当时的投诉环境、事件原因、乘客特点等会有所不同。但总的来说，处理类似的投诉要遵守一定步骤和方法。

①感谢异议。要以真诚、友好的态度对待乘客的异议，千万不要把乘客的异议视为对自己的指责和刁难。这是处理乘客异议的前提。

②倾听。倾听是交流与情感沟通的重要环节，只有注意倾听对方谈话的内容，观察其表情和语气，才能更好地理解对方的思想和心理活动，才有利于做好服务工作。倾听时，目视对方，全神贯注，不东张西望或做一些无关的下意识的小动作；通过直视的双眼、赞许的点头或恰当手势，使对方感觉你是实实在在地在听，表示出你的诚意和对对方的尊重和礼貌。倾听时，不能完全消极被动、禁止旁观，而应采取提问、赞同、简短评述、插话、表示同意等方式，主动让对方说下去，这种反应与说话人同乐同戚的语言，会促使交谈双方高兴地进行下去。倾听时，应善于捕捉信息。在听的间隙回味、思索对方的话，从中判断出说话的真实意图，据此采取不同的针对对方的有效办法以解决矛盾。

延伸阅读

乘客异议的心理

（1）发泄的心理。乘客在接受服务时，由于受到挫折，通常会带着怨气、不满与抱怨，把自己的怨气、抱怨发泄出来，这样乘客的忧郁或不快的心情会由于得到释放和缓解，而维持心理上的平衡。

（2）尊重的心理。乘客在接受服务时的挫折和不快，总希望认同他的不满与抱怨是有道理的，他们最希望得到的是同情、尊重和重视，并向其表示道歉和立即采取相应的措施等。

（3）补偿的心理。乘客的不满与怨气的目的在于赔偿，包括财产和精神上的补偿。当乘客的权益受到损害时，他们希望能够及时得到补偿。

（3）道歉。在听完乘客抱怨以后，不管乘客的抱怨是否合理，都要立即向乘客诚恳地道歉，以平息乘客的不满情绪。但千万不要为了平息乘客的怒气，而随便向乘客做出承诺，以免做不到的时候让乘客更加失望。要对事件的原因加以分析、判断，有些乘客可能比较敏感，喜欢小题大做，遇到这种情况千万不要太直接地指出乘客的错误，应该婉转、耐心地向他解释，以取得乘客的谅解。如果真的是乘客错了，也千万不要责备他，相反要概括地说明问题，说明这是个误会，或者把责任归于自己的解释不清而引起了误会。要间接婉言说出，以维护对方的自尊心，没有必要把内疚或不满留给乘客。

（4）解决问题。在提出解决问题方法的时候，要按照企业的规定，并站在乘客的立场，尽量满足乘客的要求。与乘客达成共识后，必须迅速采取补救行动，而不能拖延。否则，乘客的抱怨不仅不会消除，反而会加重，甚至会产生新的不满。前来投诉的乘客，除了要解决问题，更多的是要得到一种心理平衡。所以有的时候可以采取"补偿性关照"这样的技巧来巧妙满足乘客的要求。

（5）提供可替代的服务。如果服务人员不能按照乘客的要求去做的时候，可以告诉乘客目前能够做到的、最接近其需要的服务是什么，向其提供至少两个可供选择的替代方案。如果提出解决问题的方案后，乘客仍不满意，就可以询问其意见，看看到底他需要什么样的服务或补偿才能够平息心中的不满，尽最大的可能来满足乘客的需求。当然，如果乘客提出的意见超出公司的规定或是服务人员的权限范围，那么就要先请示领导再做定夺。特别是一些"无理"的或是难以达到的要求，作为服务人员决不能轻易开口子，否则就是对其他的乘客不公平，以后的服务工作也就难以开展了。

（6）兑现服务承诺。协商、确定好异议的解决办法之后，就要兑现承诺。不兑现服务承诺，就会给乘客留下这样的印象：你并不在乎他；乘客无法信任你；航空公司没有责任感；一旦承诺给乘客答复，就要抓紧时间，这是避免接到愤怒的电话或来访的一个有效办法。

（7）务必确定乘客对服务是满意的。可以在服务过程结束的同时，问乘客一两个简单的问题，比如："我们是不是已经解决您的顾虑了？""有其他事情可以再为您服务吗？"几天以后再打电话确定乘客是否真的感到满意，这是异议处理模式"善始善终"的做法。

（8）处理完异议后要做总结和完善。这样做是为了避免在今后的工作中重蹈覆辙，发生类似的异议；并且在可能的情况下，给乘客以适当的补偿或异议处理后进行信息跟踪，这样往往会起到更好的效果。

（二）客舱投诉服务礼仪

1. 客舱投诉的处理步骤

乘务员面对乘客的投诉应按以下步骤进行处理：

（1）全面听取乘客抱怨。
（2）如可能应设法改变此时的状况。
（3）真诚地向乘客道歉。
（4）将情况及时与乘务长、机长沟通。
（5）如该乘客仍不满意，到达时通知地面人员及相关部门。
（6）应记录情况，包括乘客姓名、地址等。
（7）将投诉情况填写《乘务情况报告表》并报相关部门。

2. 客舱投诉的处理技巧

（1）提高客舱服务质量。乘务工作是航空公司直接面对旅客服务的窗口，服务人员直接代表着中国民航和各航空公司的形象，是航空服务水平的重要体现。民航企业的客舱服务质量，直接影响民航企业的品牌形象和效益。因此，如何提高民航企业的客舱服务质量，值得认真研究。客舱服务质量的提高，除了提高客舱服务人员的素质、规范客舱服务标准和行为等方面外也有一个管理的问题。

（2）妥善解决乘客问题。

①遇事不慌，沉着稳定：当遇到突如其来的事情或问题时，要保持镇静，不惊慌

失措,并且迅速地作出处理问题的对策。

②思维敏捷;应变不应是被动,而应是主动,能防患于未然。

③机智幽默;此为交际上的润滑剂,要灵活运用它处理交际可能出现的各种难以处理的问题,以缓和局面,使双方变得轻松愉快。

④忍耐性要强;要有较强驾驭能力和克制能力,耐心、细致地做好说服和解释工作,有条不紊地冷静处理突发事件。与乘客之间的沟通交流不需要太多言语,也许只是普通眼神,简单暗示,便可心领神会,这称为心灵召唤。另外,又体现空乘人员的人情处事及应变能力。

(3)积极处理投诉事件。

①快速受理:航空公司需要对服务的时间、地点、服务对象、产生纠纷的原因,这些服务环节给予格外关注,确定乘客的关注点。乘客花钱消费是为了方便快捷。有的投诉人因为花了钱而没有得到贴心的服务,感觉得不偿失。并由此产生了怨气,飞机是一个特殊的代步工具。遇到飞机晚点误点,首先要说明情况,口头致歉。道歉意味着对服务投诉的肯定,它能使乘客深切感受到企业对他的理解。"人受一句话,佛受一炷香"在这里得到了充分体现。如在遇确实对旅客造成很大的损失的情况下,只有口头致歉显然是不够的,乘客会等待航空公司下一步的处理。这就需要我们迅速采取行动纠正错误。这是乘客迫切需要的。通过认真处理,尽可能减少服务过程中的失误给乘客造成的损失,使乘客价值在一定程度上得到恢复。企业的快速反应代表了企业对乘客的重视程度,迟钝的反应会加剧乘客的不满,最后增加处理工作的难度。

②处理方式的选择。不同的处理方式会产生不同的效果。处理时间拖得越长处理的难度就越大,失败的处理会造成乘客对服务质量与投诉期望的双倍背离。因此,产生投诉后,须采取强有力的处理措施,迅速果断地解决问题。

第一,即时响应、真诚补救、贵在迅速。对乘客的不满或抱怨,一定要在第一时间做出反应,反应的时间越及时越有利于问题的解决。对乘客投诉的第一反应不是分析对错,也不是明确责任,目的只有一个——使乘客满意。防止乘客越级投诉。

第二,坦诚相待。乘客要求服务周到,希望服务人员满足他们的所有要求。如果他们的不满是由无法避免的因素引起的,乘客的要求就超出了服务人员所能提供服务的范围,那就需要同他们说出达不到要求的理由。切忌在服务已经出现失误的时候,还对乘客遮遮掩掩,隐瞒真相、袒护。一旦乘客发觉这种情况,乘客会义无反顾地选择越级投诉。

第三,在处理投诉的过程中,要始终保持与乘客的良好沟通。在理解乘客的同时,力争使乘客也能理解服务的难处。服务人员要明确表示承担责任,不要把丝毫责任推到乘客身上。如果暗示乘客也有责任,只会使问题变得更糟。如果出现沟通障碍,则应在向乘客澄清误会的同时,检讨错误是因什么原因没有向乘客讲清楚所致。即使责任在乘客一方,为了确保彼此沟通顺畅,服务人员也要养成一个习惯,用自己的话再重复一遍乘客的要求,然后向乘客进行确认。

模块四 民航服务人员岗位礼仪

> **职场小贴士**
>
> **客舱投诉的原因**
>
> （1）主观原因。在造成投诉的直接原因中，空乘人员的素质因素起着决定性作用。尽管有少量投诉是乘客的某些原因造成的，但是如果乘务员能够婉言解释，耐心开导，也可能化解矛盾。主观原因中的服务人员服务意识淡薄，服务技能欠缺的一类占多数。道德品质不良的一类虽是少数，但对乘客利益的损害，对行业声誉的影响很严重。被投诉的直观现象和直接原因在乘务员身上，但教育引导，建章立制，督促整改，褒优贬劣，压降投诉，直至实现"零投诉"的管理责任在企业肩上。
>
> （2）客观原因。在一般人看来，空中乘务员的工作，无非是端端茶、倒倒水、点个头问个好而已，没有多高的技术含量；也有人认为，空中乘务员中要按照教科书上的规范程序操作就行了，领导、旅客就无可挑剔。但事实并非如此，要想做到旅客满意真的很难，往往因为一个表情、一个动作就会遭旅客投诉，飞机上的旅客各种需求都有，商务旅客对乘务员的服务要求很高，他们会做比较，在乘务工作中，空乘在航班中面对不同需求乘客，会遇到各种特殊事情，如航班延误时，要面对乘客尖刻语言；在服务过程中，会遇到百般挑剔的乘客，甚至无理取闹。

单元二 地面服务人员礼仪

地面服务是民航服务不可或缺的组成部分。民航地面服务，广义地说包括航空公司、机场、代理企业为旅客、货物提供的各种服务以及空管、航油公司、飞机维修公司等向航空公司提供的服务。狭义地说主要是指航空公司、机场等相关机构为旅客提供的各种服务。民航地面服务有上百家，每天从清晨开始，就有上千名员工忙碌在候机楼的不同岗位上，用他们的辛勤劳动和娴熟的服务技能，为每架飞机正点起飞、平安到达做着保驾护航的工作。在大众的眼里，分不清候机楼里都有哪些工种，每个人的具体分工是什么，但凭着直觉，凭着民航制服和胸前挂的牌子，可以明确地知道面前是一名候机楼的工作人员。为了便于乘客识别，凸显岗位的不同，候机楼人员的职业服装在设计上做足了鲜明的特征，以此来明确划分工作的种类。所以说，民航候机楼服务人员所穿的职业装，除了美化个人形象，表现出着装者的个性和气质外，还代表了服务人员职业特点、工作态度及对待工作认真负责的精神，代表了航空公司对外的整体形象。

一、票务服务礼仪

票务员主要职责包括负责接听热线；国内、国际机票预订业务，保持电话畅通，服务用语规范、声线甜美、语速适中；熟悉本岗位业务知识及操作流程，能独立处理国内、国际单程、联程、往返程预订业务；为客户提供专业、热情、周到、贴切的优质服务，保证客户享受服务的及时、准确性；能准确地为客户下预订单、能对客户所咨询国内、国际机票预订及其他相关业务给予准确、专业的解答；及时对客户信息进行核对、更新和完善，保证客户信息的完整性和准确性。

票务员在工作时，其行为规范如下：

（1）在接受旅客的有效证件和订票单时应使用双手递送。

（2）若有看不清或不明白的地方，一定要婉转问询旅客，注意礼貌用语。

（3）将客票交与旅客时，还应请旅客看清客票上的有关内容，并说明机场名称、乘机日期、离站时间、何时办理登机手续等事宜。必要时，对重点内容可以作出标注。

（4）票务员的工作职责以接听客户电话为主，接电话是应注意：要迅速准确地接听电话；要有喜悦的心情；要有清晰明朗的声音；要充分了解来电话的目的，必要时做好笔记；要有礼貌地挂断电话。

图 4-25 所示为票务员按礼仪要求上岗。

图 4-25　按礼仪要求上岗的票务员

二、问询服务礼仪

航空公司在机场和大厅最醒目地带通常会设立多个问询台，柜台中央竖立一块 3 m 多的立体牌子，在上面明显标有一个巨大的问号，无论从什么方位，都可以清晰地看到这个标识，便于乘客寻找，如图 4-26 所示。

模块四　民航服务人员岗位礼仪

图 4-26　问询台

　　问询台的工作人员是航空公司的对外形象大使，这个岗位是为乘客快速解决疑难问题、引导乘客顺利登机而设立的，是航空公司对外承诺"旅客至上，打造细致入微的服务"的一种体现，并且制定了相应的相关工作标准，要求所有问询台的工作人员必须注重个人着装仪表，必须使用敬语、礼貌用语。回答乘客问询时要求严格推行首问负责制，当旅客问询时，第一名工作人员必须直接回答旅客的问询，或协助引导旅客找到相应的解决部门，使旅客的问题得到及时的解决；要求服务人员不允许说"我不知道""我不清楚"，以此树立良好的航空公司职业形象。

　　礼貌回答乘客问询，是民航服务人员在回答问询中所表现的礼仪行为。在完成这项工作的时候，应注意以下几点。

　　（1）应答乘客询问时要站立答话，身体不能靠在椅背上。

　　（2）准确掌握航班信息，耐心、细致、礼貌地回答客人的问询。应答乘客提问或征询有关事项时，语言应简洁、准确、语气婉转、音量适中，不能偏离主题，或声音过大，或词不达意。

　　（3）微笑问好，态度亲切，而且思想要集中，全神贯注地聆听，目光不能游移，不能心不在焉，或说话有气无力，或不爱搭理；必要时，应边听边做记录，便于问题的解决。

　　（4）如果乘客口齿不清，或语速过快时，可以委婉地请客人重复，不能听之任之，凭着猜想随意回答。

　　（5）回答乘客的提问时应从容不迫，按先来后到的次序，分轻重缓急，一一回答，不能只顾一位乘客，忽略了其他乘客的存在。

　　（6）对于乘客提出的无理要求，需要沉住气，婉言拒绝，或巧妙回答"可能不会的""很抱歉，我实在不能满足您的这种要求"，做到有修养、有风度、不失礼。

(7) 对于乘客的批评指责，如果确实我们有不当或失职，应首先向乘客赔礼道歉，对乘客的关注表示感谢，立即报告或妥善处理。

(8) 如果遇到有乘客提出的问题超出了自己的权限，应及时请示有关部门，禁止说一些否定句。

图 4-27 所示为问询台工作人员为旅客指引方向。

图 4-27　问询台工作人员为旅客指引方向

职场小贴士

回答乘客问询技巧

(1) 记住乘客的姓名。适当地用姓氏称呼客人，可以创造一种融洽的关系，便于问题的解决。

(2) 恰当用词。与乘客沟通交谈、提供服务时，应使乘客感到舒服、轻松，此时不仅仅是简单的商品买卖关系，而是融入情感的服务与被服务关系。

(3) 在回答乘客的问询时，服务人员的语调、声音、语气、音量、讲话的方式及内容，决定着乘客对服务人员的评价，是愿意还是不愿意办、是欢迎还是讨厌、是尊重还是无礼。

(4) 面目表情能代表服务人员内心的情感。虽然嘴上不说，但是乘客从服务人员的服务态度就能感受出来你是怎样的心态。

(5) 目光接触。当服务人员与乘客的目光不期而遇时，不要回避，也不要死盯。要向乘客表明诚意，与乘客讲话时，应放下手中的事情，眼睛面对乘客予以回应。

三、值机服务礼仪

值机人员的工作是旅客登机前非常重要的一个环节，也是保障飞行安全的前提。

旅客在购票完成后第一次接触到的航空公司工作人员就是值机人员,虽然值机人员为旅客提供服务的时间很短,但直接代表和反映了航空公司的服务质量。

值机员工作职责包括为旅客提供值机、候机、行李查询等旅客服务工作;负责为旅客托运行李,安排座位等,满足旅客合理的需要;提供接机、登机、问询等旅客服务工作;航班延误时,处理旅客问题等。

1. 仪容仪表要求

无论工作多忙,值机人员都要保持良好的仪容仪表。上岗前,要求值机人员认真仔细地检查个人的仪容仪表及着装,包括女士的化妆、发型、丝巾、头花、刘海、工作证的佩戴是否符合要求,并调整良好心态,为旅客提供亲切而周到的服务,让每一位旅客感受到温馨,并留下美好的印象,如图 4-28 所示。

图 4-28 值机人员按礼仪要求上岗

2. 行为举止要求

(1)应主动问候。问候旅客时尊称旅客的姓氏和称谓,会使旅客有一种已被航空公司确认了自己身份的感觉。值机人员对待每位国内外旅客都应彬彬有礼、一视同仁,遇到老、弱、病、残、孕、幼等特殊旅客应主动上前给予特殊服务。在任何情况下都不能讽刺、挖苦、讥笑旅客,即使是由于旅客态度不当引起或服务人员有理也不得与旅客争辩,更不允许举止鲁莽、语言粗俗,与旅客说话明显不礼貌,态度不佳,轻视旅客,服务态度差,工作效率低下,引起旅客不悦不满现象的行为。

(2)不要卖弄,也不卑屈或过分殷勤,但要自然、不做作、和蔼可亲、温文尔雅、保持微笑。每位员工都应随时保持良好的情绪和最佳精神状态,以愉悦的心情接待每一位旅客。随时保持与旅客视线接触的积极状态;与旅客视线相交时,员工应主动作出反应,以消除旅客羞于开口或犹豫不决的心理,礼貌地打招呼,赢得旅

客的好感。随时保持与客人平视,以示亲切、尊重、诚恳。与一位旅客应答,而另一位旅客走近时,可在不中断应答的同时用目光向另一位致意。虽短暂,却是热情的流露。

(3)工作时间内不得有不卫生行为,如随地吐痰以及乱扔烟头、纸屑、果皮等。在值机柜台内不得高声叫嚷、大声喧哗、开玩笑、打闹。在为旅客提供值机服务期间,面对旅客不得打哈欠、伸懒腰、抓痒、剔牙、挖鼻孔、掏耳朵、剪指甲。工作时间不得有哼歌曲、吹口哨、梳头发、照镜子、化妆、打响指等行为。

(4)值机工作时间不能与熟人交谈,工作时间内办私事(在不影响工作的情况下)一律不超过5分钟。占用工作电话接听私事一律不超过3分钟,未经同意不得私自邀请朋友或亲戚进入工作岗位。工作期间不得饮酒或上班时间带有醉态,不得吃零食(包括口香糖)或在工作岗位上用餐,不得吃带有异味或刺激性食物上岗。在岗期间不允许玩电脑游戏,听收录机,阅读报纸、杂志等。员工在工作场所内或面对旅客,不得接打私人电话和玩手机,在岗期间,携带手机时应将手机调整至"关机或振动"状态。

3. 语言要求

(1)"您好,请问您到哪里?"
(2)"请出示您的有效证件,谢谢!"
(3)"先生(女士),今天是您的生日,祝您生日快乐!"
(4)"请问您对座位有什么需求?"
(5)"请问您是否有托运行李?共有几件?运到哪里?"
(6)"行李中是否有易碎/贵重/危险品?"
(7)"根据航空公司的规定,易碎物品托运是免责的,请在这里签字确认,谢谢。"

职场思考

试分析在下面的案例中值机员在此事件中犯了哪些错误,应该如何改进工作。

案例:一位持美国护照的斯里兰卡的年轻女士来到柜台,她要乘某打折航空班机从新加坡去墨尔本(SIN-MEL),没有签证,没有回程或飞离此地的机票,值机员为她顺利办好手续,拿到登机牌,但是后来被新加坡移民局工作人员阻止,警察也介入并展开调查。但该乘客返回值机柜台时,柜台已关闭,乘客错失重要会议。

四、安检服务礼仪

航空运输的首要原则是保证安全，民航安检部门在保证安全的前提下，为航空消费者提供优质、高效、快捷的服务。图 4-29 所示即为安检服务常用设备设施。

在工作时，安检员的主要行为规范如下：

（1）安检服务人员男女发型要自然大方，面部不得浓妆艳抹，不能佩戴歧义饰物，讲究卫生，注意个人仪容整洁。

（2）安检服务人员应着装整洁，统一着配套工作制服，佩戴标志、领带、帽徽和肩章，着深色皮鞋。

（3）安检服务人员工作中应佩戴统一证章、证件和工号。

（4）安检服务人员应耐心引导旅客逐个通过安检门。对通过安检门时报警的旅客，应引导其重复过门进行检查，或手持金属探测仪或手工进行人身检查，注意言语的礼貌性，不可面露不耐烦表情。

（5）手工进行人身检查时应注意由同性别安检人员进行。

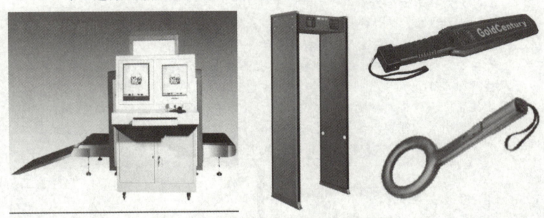

图 4-29　民航安全检查常用设备设施

图 4-30 所示为安检服务人员按规范上岗。

图 4-30　安检服务人员按规范上岗

职场小贴士

民航安全检查工作内容

民航安检服务有一个产生、形成和实现的过程。这种过程是由按照一定的逻辑顺序进行的一系列活动构成的。民航安检服务是保证空中安全最直接、最重要的措施，是防止劫、炸机措施中的最关键和最重要的环节，是航空安保的基础和核心。其中包括通过加强机场安全检查措施，扩大乘机违禁物品范围，禁止刀具被带上飞机，对托运行李进行屏检，对机场工作人员进行安全背景审查，对进入候机隔离区的内部工作人员一律进行安全检查，对进入飞行控制区的人员和车辆进行安全监控，最终保证民航飞行工作的安全性。民航安检服务主要包括以下几个方面内容：

（1）对乘机旅客的身份证件的查验，通过对旅客身份证件的核查，防止旅客用假身份证件或冒用他人身份证件乘机，发现和查控通缉人员。

（2）对乘机旅客的人身检查权，包括使用仪器和手工检查直至搜身检查。

（3）对行李物品的检查权，包括使用仪器和手工开箱（包）检查。

（4）对货物、邮件的检查权。

（5）对进入候机隔离区和登机人员的身份证件的核查和人身检查权。

在安全技术检查中，当发现有故意藏匿枪支、弹药、管制刀具、易燃易爆等（图4-31）可能用于劫（炸）机的危险物品的旅客时，安检部门有权不让其登机，并将人与物一并移交公安机关审查处理。在安全技术检查过程中，对于手续不符和拒绝接受检查的旅客，安监部门有权不准其登机。如果发现有可疑乘客，民航安检员可以行使候机隔离区航空器监护权。

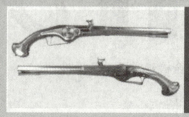

图4-31　乘飞机禁止随身携带的物品

五、引导服务礼仪

民航服务人员应懂得基本的引导礼仪,带领乘客到达目的地,应该有正确的引导方法和引导姿势。

引导人员在维持登机、到达旅客秩序时应注意礼貌。引导旅客登机时,引导员走在第一名旅客前方约 1 m 处,引导速度以大多数旅客能跟得上为宜。引导过程中应注意自己的体态。

具体来说,请乘客开始行进时,应面向客人稍许欠身;若双方并排行进时,服务人员应居于左侧;若双方单行行进时,服务人员应居于左前方约 1 m 左右的位置;在陪同引导客人时,服务人员行进的速度须与客人相协调;及时地关照提醒,经过拐角或楼梯之处时,须关照提醒客人留意;在行进中与客人交谈或答复其提问时,应将头部、上身转向客人。

为他人进行阅读指示时,五指并拢,指向阅读内容,面带微笑,同他人有目光交流,并有语言配合(图 4-32)。

图 4-32　民航服务人员手势

职场小贴士

民航服务岗位的工作特点

(1) 具有一定的灵活性。民航服务岗位的灵活性在于其服务对象、服务场景的多变性。由于服务对象是活生生的人,而且服务场景不断变化,这决定了在工作过程中有很多难以预料的情景会发生,需要服务人员灵活处理,竭尽全力为乘客提供好服务。

(2) 具有一定的创造性。民航服务岗位的工作除像知识型岗位员工那样具有灵活性的特点外,还应该具有一定的创造性。其服务岗位的现有服务规程并不可能囊括将要面对的所有服务环节，尤其是对于一些服务细节的处理更需要员工发挥创造力。

（3）具有很强的主动性。主动服务是一种发自内心、充满真情实意的服务，其服务效果与被动服务效果相差甚远。比如，在航空公司流传着这样一个衡量微笑的标准，就是看服务人员微笑时是否露出的正好是8颗牙齿。实际上，真正让顾客感到愉悦的微笑标准并不是看露出的牙齿是多少，而是看微笑是否发自内心，是否是主动的笑。生硬的微笑与冰冷的面孔对于乘客来说是没有区别的。服务人员具备主动服务的意识，并能在乘客提出需求之前就察觉其需求而主动服务的行为，则会让乘客念念不忘的。

（4）工作中过程显性，工作行为具有可衡量性。民航服务岗位的工作过程一般都是外显的，这一点与生产操作型岗位有相似之处。乘客和管理者可以通过直接观察到的行为举止评价其服务质量。虽然服务岗位的员工不像生产岗位员工那样每个动作都能完全按规定要求做，但其工作基本流程是明确的，是有章可循的。

（5）工作中体力付出较大。许多民航服务岗位承担较大的体力付出，大多表现为需要长时间的站立、行走，尤其是在机坪工作的岗位（如飞行监护、监管等岗位），对身体健康条件提出了更高的要求。

六、贵宾服务礼仪

贵宾即 VIP 客户。VIP 是英语 Very Import Passenger 的缩写，又分为 VIP、VVIP、VVVIP。

VIP：各省副省长、各市市长、全国性组织（如全国妇联）的领导、北大清华等名校的校长（"享受副部级待遇"者）、中科院院士、大型国企老总之类。例如，我国最高人民检察院副检察长，最高人民法院副院长，政府、党中央办公室副主任以上和相当于这一级别的国家机关负责人，我国自治区、直辖市人大常委会副主任、副省长，自治区人民政府副主任，直辖市副市长、省委副书记以上和相当于这一级的党、政府领导人。

VVIP：省、部级及以上官员、国资委的官员、民航系统的官员（即使达不到 VVIP 层级，也要按 VVIP 来保障）。例如，军队在职正军级少将以上的军事系统领导人，外国政府副部长以上以及相当于这一级别的外国政府领导人，我国和外国大使即由我驻外使、领馆提出要求按重要旅客接待的客人。

VVVIP：中央政治局常委级以上领导。例如，我国党和国家领导人；外国国家元首和政府首脑，外国国家会议议长和副议长；联合国正、副秘书长。

> **职场小贴士**
>
> VIP旅客的自尊心、自我意识强烈，希望得到一种应有的尊重；与普通乘客相比较，他们更重视环境的舒适和接受服务时心理上的感觉；同时，由于乘坐飞机的机会可能比较多，他们会在乘机的过程中对机上服务有一种有意无意的比较。服务员为他们服务时要态度热情，语言得体，落落大方，针对他们的心理需求采用不同的服务方式。在服务过程中的心态要健康，做到亲切、大方、自然。

1. 贵宾旅客的服务要点

（1）重要旅客通常最后上飞机，最先下飞机。

（2）尽早了解重要旅客的有关情况及特殊要求、饮食习惯、生活习惯。

（3）重要旅客登机后，能准确无误地叫出他们的姓氏及职务；在不能得知重要旅客的姓氏时，与之沟通或从登机牌中了解，据情况处理。

（4）重要旅客原则上由乘务长亲自服务，也可视情况指定乘务员进行服务。

（5）服务时注意避免暴露重要旅客的身份。

（6）保证重要旅客在机上的安全和与地面的交接工作。

2. 贵宾旅客服务的注意事项

（1）不要随便打听重要旅客的事情。

（2）不是在本舱位服务的乘务员不要进入本舱位。

（3）不要打扰重要旅客的工作和休息。

（4）对有随行人员的重要旅客，乘务长要与随员保持联系，了解重要旅客有无新的要求。

3. 贵宾服务礼仪规范

贵宾服务的原则：尊，尊贵境界，顶级荣耀；致，周到细致，舒适之旅。民航服务人员为贵宾客户服务的礼仪规范如下：

（1）出港服务礼仪规范，包括迎宾服务、办理乘机手续、房间服务、送宾服务。

1）迎宾服务。

①旅客到达时，迎宾员确认客人姓名及预约情况及时将客人到达的信息通报信息中心、房间服务员。

②迎宾员根据信息中心安排，将客人引导至预先安排的房间，交与房间服务员；向客人（或随行人员）收取身份证件确认航班号，并询问是否托运行李，告知托运行李及随身行李的相关规定；与客人（或随行人员）核实待托运行李的状况（如件数、有无易碎物品等）并将行李贴贴于托运行李上（注明航班号、房间号、客人姓名或单位名）。

③迎宾员将办理乘机手续的相关证件全部收齐后交与信息员，由信息员安排人员

办理乘机手续。

④迎宾员及时返回门厅迎宾。迎宾员随时保持与信息中心的沟通，掌握临时增加客人的安排情况，确保无漏。

⑤迎宾员及时传递和反馈来自客人的服务要求和临时的业务信息，尽量满足其需求并做好解释工作。

2）办理乘机手续。

①办理乘机手续人员须确认办票截止时间，及时、准确地为乘客办理乘机手续。

②办理乘机手续人员与信息员确认客人身份证等相关物品，确保无遗漏。

③办理乘机手续人员与迎宾员交接托运行李件数，确认行李贴上内容与待办手续一致，并与客人（或随行人员）一同前往值机柜台办理登机牌。

④办理乘机手续人员办票时与值机人员确认航班号与工作单上的航班号是否一致，核对登机牌上的姓名、身份证号与身份证件是否一致并再次确认航班号。

⑤办理乘机手续人员将办理好的乘机手续清点好交回信息中心。

3）房间服务。

①房间服务员在接到迎宾通知后，将房门打开按规范迎接客人。

②房间服务员在客人到达入座后，主动向客人简要介绍提供的服务内容（饮食品、报纸、杂志等），礼貌征询客人服务需求后及时通知操作间准备。

③房间服务员提供饮品后，及时通报客人航班信息及办理乘机手续情况。

④房间服务员在休息间门外站立等候，每隔5分钟返回房间，观察客人的饮用品使用情况，及时为客人续水，清理台面并随时根据客人的需求提供服务。

⑤房间服务员及时向信息中心报告服务人数。

⑥房间服务员在安检处办理好登机手续后，将相关手续当面清点好交还给客人（或随行人员）；如需客人签字，须双手呈上，请客人在工作单上签字确认。

4）送宾服务。

①接到信息中心航班登机通知后，到信息中心领取《贵宾服务工作单》，并对客人登机牌及工作单上相关信息进行再次确认。

②待重要旅客车到位后，进入房间礼貌地通知客人登机，提醒检查随身物品有无遗漏，协助客人顺利通过安检；并请客人（或随行人员）核对身份证、登机牌是否齐全；如发现客人有遗失遗留物品，房间服务员应按规范填写《旅客遗失遗留物品登记本》；遗失遗留物品的存放、处理按照机场相关规定执行。

③引领客人乘坐贵宾接待用车，告知驾驶员停机位，驾驶员复述后，前往飞机停靠处；服务员再次确认飞机号及停机位。

④在引导客人上下贵宾车（或廊桥侧梯）及车辆起步时，服务人员应做好语言提示，避免发生意外。

⑤送客登机至舱门口后将登机牌副联交到检票口，请值机员在《贵宾服务工作单》上签字确认，办理客人交接事宜；若是VIP，必须先请乘务员签字并进行服务交接，请值机员在《贵宾服务工作单》上签字确认，办理客人交接事宜。

⑥若客人借用临时证件乘车返回贵宾服务中心时，需按规定将临时证件和《贵宾服务工作单》交到信息员手中。

⑦客人离开房间后，通知保洁员清扫房间，服务员重新备齐物品，检查卫生、设施设备、物品配备是否符合标准（依据 OK 房房态达标表），锁闭房门，做好接待下一航班的准备工作，完成《OK 房间检查记录》。

（2）进港服务礼仪规范。

①服务员按信息中心通知做好接机准备工作。

②服务员到信息中心拿到《贵宾服务工作单》，再次确认《贵宾服务工作单》上的相关信息，与贵宾接待用车驾驶员确认停机位，待驾驶员复述双方确认清楚后，开往飞机停机位；服务员每隔 5 分钟与信息中心确认停机位、飞机号，避免临时更改停机位、飞机号。

③服务员到舱门口迎接客人，若是 VIP，必须先请乘务员在《贵宾服务工作单》上签字并进行服务交接，如有托运行李，征得承运人同意后方可在飞机下取行李；接到客人后确认所接客人的身份及人数，避免与旅客混淆。

④如有使用临时证件的客人，接机后服务员必须将临时证件交还信息中心。

⑤协助客人取托运行李，核对行李票时须核对行李票号后 6 位，确保行李无误。

七、特殊情况处理服务礼仪

引起旅客冲突与投诉的原因有很多，最为常见的有客观原因：买不到机票，飞机延误，航班取消；主观原因：不尊重旅客，对旅客不主动、不热情，用语言冲撞旅客，服务不周到等。

职场小贴士

容易引起旅客抱怨的服务恶习

（1）冷漠对待旅客。

（2）应付旅客。

（3）冷淡旅客。

（4）以居高临下的态度对待旅客。

（5）像机器一样工作。

（6）机械遵守规章簿要求。

（7）让旅客跑来跑去。

处理冲突、投诉等旅客异议时，应先处理乘客的心情，再处理乘客的事情。从乘客的角度看，异议主要是求发泄、求尊重、求补偿，这些都是服务水平达不到乘客预

期，造成乘客的心理不平衡，也许服务质量并非关键问题，关键在于当时乘客的心情并不愉快，所以需要先处理乘客的心情，再处理乘客的事情。而从值机员的角度看，处理异议需要一个等待的过程，在这个过程中乘客的情绪不稳定，不配合服务人员的工作，那么事情就很难解决，所以要先安抚乘客情绪，让乘客在心理、行为上接受、配合服务人员的补救工作，然后处理乘客的事情。

旅客的抱怨可以直接指出公司的缺点，当公司想了解自己的经营缺点或寻找改进方法时，旅客的抱怨是一种提供答案的最直接有效的途径。

一名旅客不满意造成的潜在损失：一名不满意的旅客至少会向10人诉说不满，一名满意的旅客会告诉5个人，由此，一名旅客的不满意潜在损失会失去16名旅客。所以我们要正确认识旅客异议：有人向你抱怨，证明你是个有价值的人，投诉会让你和公司赢得先机，投诉让你知道问题所在。处理旅客异议的正确行为如下：

（1）理解旅客的个体差异。
（2）令旅客感到愉快。
（3）语气平和，让旅客发泄不满。
（4）倾听，表示理解和关注，并做记录。
（5）体现紧迫感。
（6）如有错误，立即承认并道歉。
（7）明确表示承担替旅客解决问题的责任。
（8）同旅客一起找出解决的办法。
（9）如果难以独自处理，尽快转给相关部门或请示上司。
（10）提出解决问题所需时间。
（11）追踪、督促补救措施的执行。
（12）善始善终，给旅客适当补偿，致谢旅客，向上级报告反馈。
（13）当旅客向你提出不属你本人、本部门服务内容的要求、愿望或投诉时，任何员工都必须代表公司接待、安排、指引，采取一切措施当场解决，不可推托或将旅客摆在一边。

延伸阅读

塑造良好的第一印象

在人际交往中，或者是在平时对于某一事物的接触过程中，人们对于交往对象或者接触的事物所产生的最初印象就是第一印象。这种印象，不但会直接影响人们对于自己的交往对象或者所接触的事物的评价，而且还会在很大程度上决定着双边关系的好坏，或者人们对于某一事物的接受与否。所谓第一印象，实际上往往与人们的第一眼印象可以画上等号。

实践表明，人们的第一印象基本上都是比较准确、比较可靠的。第一印象形成之后，要想再去改变它，通常不仅非常麻烦，而且搞不好还会弄巧成拙，适得其反，越想使之改观反而越是改变不了。所以服务行业的全体从业人员都必须意识到，重要的是要努力留给外界自己良好的第一印象。相对来说，这肯定比不佳的第一印象形成后再去采取补救性措施要容易得多。

那么，要如何塑造良好的第一印象呢？

（1）态度。要想产生好印象，必须采取正确的态度。把积极乐观的态度传达出去，就会立即得到同样积极的回应。一个容易令人接受的表情或几句恰当的话语都能及时表达这种态度。怀着热情走进任何场合都能得到最佳的回应。简单来说，一分耕耘，一分收获。抛开外界的干扰，专心服务旅客是一种能力，需要不断练习才能获得。当旅客向你走来时，如果你可以抬起头并露出真诚的微笑，就会容易地赢得一个好印象。首先你要对见到旅客心怀喜悦，第二要享受你的工作，这两点会把你的信心推向新的高度。第一印象是否完美，衡量标准是人们对你做出的回应。进一步说，你要对这些回应做出迅速的判断并消化吸收。这样才能确认是否应该让这个印象在旅客心中保持下去。

（2）姿势。态度和姿势之间是有联系的。在形容正确的姿势时我们经常使用"优美"和"高雅"这样的词汇。不良的姿势不仅能引起健康问题，还能传达一种拒人于千里之外的感觉。如果旅客与你交流时面向别处或者背朝着你，这个人就非常不易接近，也难获得良好的印象（外交礼节除外）。以一个优雅的姿态面向旅客，这表示你很愿意随时提供服务。走向旅客的方式也会影响他们对你的直接印象。

（3）口头表达。良好的第一印象可以通过视觉形成，但也能在你一开口说话时就轻易毁掉。旅客不一定仅仅听到你说了些什么，他们还看到了你的牙齿和笑容，一定要确保这两者都处于良好的状态。一旦开口说话，就应该把"音量"调节到最佳状态，有些人对那种能让整个大厅的人都听到的说话方式感到窘迫；如果说话太轻柔，像被吓坏了一样，同样会遭人反感。什么样的说话方式能给人留下不错的印象呢？至少要做到 4 个"C"，即 control（控制）、clarity（清楚）、caring（关心）、cheelfulness（愉快）。留意一下别人说话时给你的感觉，不光是用词方面，还要注意对方的举止。小心翼翼地选择用词，同时注意音量和语气，这样可以令你在人际交往中显得更为专业且容易给旅客留下更好的印象。

（4）非口头表达。亲切的目光、正确的态度、优雅的姿势、随机应变的能力和良好的形象会立即博得人们的赞许。这些都是感性层面的事情，难以从逻辑上解释清楚。手势、身体语言和面部表情都能迅速在人们的潜意识里留下印象。第一次见面打招呼不应仅仅通过语言，无言的表达也能给旅客留

下美好印象。即使遭到"突然袭击",你的真诚、趣味以及活力也可以传达出去。这些都是令旅客感到轻松和受到欢迎的因素。完美的服务不是刻意地在脸上挤出笑容,也不是仅仅因为旅客需要才做出某种姿态,矫揉造作是很容易被旅客拆穿的。

(5)个人形象。无论是对普通服务人员还是对管理人员来说,注重个人形象都是职业素养的重要环节。服务人员工作时的穿着是其职业素养的第一标志,也是最明显的标志。实际上,不管是否身着制服,或者不管在不在工作岗位上,真正的专业人士总是穿着得体,表现出充分的自尊。穿着打扮得体和注意个人卫生不仅能够表现出正确的工作态度,而且还可以使我们变得更加自信。讲究个人卫生对所有空乘服务人员来说都是最基本的要求。

(6)胸卡。胸卡是服务人员身份的标志,重要程度可想而知。如果不慎丢失,千万不要用别人的胸卡来代替。在某些紧急情况下或出现特殊状况时,需要通过胸卡上的姓名对相关人员的身份进行鉴别,每个人都佩戴着自己的胸卡是很必要的,这会避免一些不必要的麻烦。而且,旅客在叫出你胸卡上的名字时,如果你没有立即做出反应,他们会感到很诧异。你可能已经忘了,但旅客的眼睛看得很清楚。

(7)微笑。微笑始终是每个人身上最宝贵的财富。微笑不仅表现出真诚、热情和关心,其本身就是一种积极的态度。在面对旅客时,不要吝啬我们的微笑。它能够让旅客确信自己做出了明智的选择,而且可以鼓励他们在不久的将来再次光顾。

模块小结

民航客舱服务包括客舱迎送、客舱巡视、客舱广播、客舱送餐及特殊情况处理服务等,民航地面服务包括票务服务、问询服务、值机服务、安检服务、引导服务等。不同工作岗位的职能不同,礼仪规范也不尽相同,因此,民航服务人员应根据不同工作岗位礼仪规范要求为旅客提供服务。

岗位实训

1. 实训目的

   机场问询员实训(为正常旅客和残疾旅客换登机牌,针对不同的旅客按礼仪要求提供相应服务)。

2. 实训内容

   同学们分成两组:一组模拟乘客,准备问题进行问询;另一组模拟问询台服务人员对乘客的问题进行解答。

3. 实训要求

   (1)遇到乘客要先开口,"请"字当头,"谢谢"不离口,主动询问乘客需要。

   (2)与乘客说话时保持一定的距离,全心关注,用心倾听。

   (3)目光面向乘客,礼貌解答乘客的问询。

4. 实训心得

   _____

   _____

   _____

模块五
特殊旅客服务礼仪

知识目标
1. 了解特殊旅客的类型；
2. 熟悉特殊旅客服务总体要领；
3. 掌握特殊旅客服务礼仪。

技能目标
能够在耐心足、态度好、动作快、语言得体、办法多的基础上为重要旅客、老幼旅客、病残旅客、无人陪伴儿童、初次乘机旅客等办理特殊旅客服务。

素养目标
1. 履行劳动光荣、尊重生命的道德准则和行为规范，具有社会责任感和社会参与意识；
2. 热爱民航事业，弘扬奋斗精神，激发建设"航天强国"的责任感和使命感；
3. 培养服务特殊群体应该具备的爱心、耐心和细心的职业品格。

案例导入

"如果不是那位旅客戴着口罩，如果不是他始终在睡觉，我们一定可以更多地与他交流，获得他的认可。"1月18日，在国航重庆分公司客舱服务部会议室内，乘务长和头等舱乘务员在交流服务工作时，不无遗憾地说道。而这起令人遗憾的事，就发生在两天前北京—重庆的CA1429航班的头等舱里。

当天迎客时，乘务员A与B不约而同地注意到1排J座的一位旅客。他戴着口罩，急匆匆地走进客舱，气呼呼地坐下，直接把座椅靠背放倒并闭上了眼睛。

飞机起飞前，乘务员微笑着请这位旅客把座椅靠背调直，没想到话一出口，就遭到了对方的强烈反对。A注意到了这一情况后，就嘱咐B："旅客肯定是心情不好，在服务中要多关注。"B乘务员为其他头等舱旅客服务的同时，不时观察这位旅客。"他一直在睡觉，一个小时后，他睁开了眼，我马上走到他面前，问他需要什么服务？"他只要了一杯番茄汁，表示不用餐，然后继续睡觉。飞机下降高度时，B来到这位旅客面前，请他调直座椅靠背，结果再次遭到拒绝。乘务员B继续微笑地说："先生，飞机起飞和降落阶段，调节座椅靠背是出于对您自己和其他旅客的安全考虑，请您理解！"说着她便俯下身，不容置疑却又轻轻地替旅客调直了靠背。两个多小时的空中旅程，乘务员B注意到：这位旅客不吃饭，只喝了一杯番茄汁，于是，B在旅客休息的间隙，走过去问他是否需要加饮料，见他没有反对，便直接将饮料加满了。果然，旅客随后喝了新加的饮料。飞机下降前，乘务员为客人调节了座椅靠背，客人非常不满，并在不停地抱怨。而坐在乘务员座位上的B视线刚好能够看到旅客。于是她在旅客看过来的一瞬间，发自内心地向这位旅客点头微笑。"这表明我理解他的不满，同时也表明我愿意尽我所能让他感到愉快！"也正是这一微笑大大缓解了旅客的不满情绪。

【案例分析】

在民航服务中，不论遇到什么情况，都要始终对旅客微笑，并且要真诚地微笑。因为微笑是良好沟通的前提，是表达真诚的最好方式，是解决问题诚意的最佳体现。

单元一 特殊旅客服务礼仪基础

特殊旅客是在年龄、身体、身份地位等方面情况比较特殊，有别于其他旅客的旅客。因为他们的身份特殊，因而也会提出较为特殊的服务需要。面对这些特殊的服务需要，民航服务人员应在服务中做到以下方面。

一、耐心足

耐心，是人们对事物的认识过程中所表现出来的个性心理特征，它是性格中的一种潜在力量，也是信心的持久和延续，是决心和毅力的外在表现。

在实际的处理中，要耐心地倾听旅客的抱怨，不要轻易打断旅客的叙述，也不要批评旅客的不足，而是鼓励旅客倾诉下去，让他们尽情宣泄心中的不满。当服务人员耐心地听完旅客的倾诉和抱怨之后，旅客就能够比较自然地听得进服务人员的解释和道歉了。

二、态度好

态度是个体对某种对象所持的主观评价与行为倾向。态度会影响人的行为，决定人的生活方式。服务态度是服务人员对服务环境中的旅客和服务工作的认知、情感和行为倾向，是民航服务质量的重要内容。旅客有抱怨或投诉就是表现出旅客对航空公司的服务不满意，从心理上来说，他们会觉得航空公司亏待了他们。因此，在处理过程中如果态度不友好，会让他们心理感受及情绪很差，会恶化与旅客之间的关系。反之，若服务人员态度诚恳，礼貌热情，会缓解旅客的抵触情绪。俗话说"怒者不打笑脸人"，态度谦和友好，会促使旅客平复情绪，理智地与服务人员协商处理问题。

三、动作快

面对旅客提出的需要，服务人员应该第一时间给予旅客解答，不能将手里有事当作借口来推脱旅客或者为自己找各种理由。在工作中，手脚要利落，不要婆婆妈妈，丢三落四，争取在最短的时间达到最佳的效果。

四、语言得体

旅客对服务不满，在发泄的言语陈述中有可能会言语过激，如果服务人员与之针

模块五 特殊旅客服务礼仪

锋相对，势必恶化彼此关系，在解释问题的过程中，措辞也十分注意，要合情合理，得体大方，不要一开口就说"你怎么用也不会？""你懂不懂最基本的技巧？"等伤人自尊的语言，尽量用委婉的语言与旅客进行沟通，即使旅客存在不合理的地方，也不要过于冲动，否则，只会让旅客失望并很快离去。

五、办法多

在处理旅客投诉与抱怨时，不要一味地给他们慰问、道歉或补偿、赠小礼品等，其实解决问题的办法有很多种，除上所述手段外，可邀请他们参加机场内部讨论会，或者给他们奖励等。

职场小贴士

充分了解旅客

民航服务中要做到顺畅愉快地与旅客进行沟通，就要充分地了解旅客，不能盲目出手、仓促上阵，而要在对旅客有相当程度的了解之后才付诸行动。一般来说应对如下几方面有所了解：

（1）要了解对方的个性特点和当前心境。只有了解了对方的个性，才能确定沟通的方式和策略。比如，对急者慢之、慢者急之的互补策略等，都是在个性了解基础上才能确定的。同时，服务人员只有了解了旅客当时的心境，才能抓住最有利的沟通时机。我们都知道，心绪不宁时，根本无法集中精力考虑问题；心中烦躁时，进言者很可能自讨无趣；刚受挫折的人，往往将第一个出现在面前之人当作"替罪羊"。可见了解旅客当时心境是多么重要。

（2）要了解旅客已有的观点、意见和态度。只有了解了这些，沟通中才能做到有的放矢，真正解决问题，否则，双方谈了半天，言不及义，不仅于事无补，还浪费了宝贵的时间。同时，只有从对方的意见出发，才能使沟通更加顺利地进行，不然，双方各唱各的调，不仅可能使双方陷入不自觉的矛盾之中，而且可能导致敌对情绪。

（3）要了解对方的思维方式并具有接受不同意见的能力。比如，有的人沉着冷静，精于逻辑思维，我们就应该逐步展开自己的观点，注意条理清晰；有的人热情有余、沉稳不足，我们就应该将主题精炼概括，尽量在最短的时间内申明本意，免得对方听错、听偏或没有耐心听下去；有的人不习惯深思熟虑，只想在只言片语中去搜寻微言大义，我们就应该围绕某一个对方喜欢的话题展开全部沟通内容，"强迫"对方"深明大义"；有的人就爱发挥想象力，将我们普通的描述拓展到天际，由此派生出许多歧义。我们应该注意使每一句话都有现实依据，并对沟通过程中容易引发联想和想象的语言进行一番预

测，剔除那些容易引起歧义和不利于沟通的东西；有的人尽管你有千条妙计，他有一定之规，别人的话很难听进去，我们就应将沟通过程与其切身利益相联系，给予强刺激，迫使其走上正常的沟通轨道。

（4）了解我们自己，这主要包括，在沟通之前，先对自己的人生观、价值观有一个较深刻的反省，对自己的智能和情感特征做一次衡量和剖析，审查一下自己的沟通方式和目的，这样才会使双方在沟通过程中更加融洽，使沟通过程更加顺利。

单元二 特殊旅客服务礼仪要求

根据实际情况，我们对特殊旅客进行了一定的归纳与分类，总结出以下几种情况。

一、重要旅客

一般来讲，重要旅客有着一定的身份和地位。他们比较典型的心理特点是自尊心强、自我意识强烈，希望得到应有的尊重；与普通旅客相比较，他们更注重环境的舒适和接受服务时心理上的感觉；同时，由于乘坐飞机的机会可能比较多，他们在乘机过程中会有意无意地对机上服务做不同航空公司间的横向比较。空中乘务员为他们服务时要注意态度热情、言语得体、落落大方，针对他们的心理需求采用相应的服务。例如，当重要旅客一上飞机，就能准确无误地叫出他们的姓氏、职务；当重要旅客递给空中乘务员名片时，应当面读出来，这样可使重要旅客有一定的心理满足感；同时，在提供周到的物质服务的前提下，更应注意与重要旅客精神上的沟通和语言上的交流，使重要旅客的整个行程都沉浸在愉悦的心情之中。

经典案例

因为贴心所以信赖

2012年12月19日，一位国航白金卡旅客购票后拨打了国航高端旅客客户经理专线，提出第二天需要国航用车将他送至首都机场，第二天，当他走出办公楼时发现原来接送客人的奥迪A6，换成了宝马5系最新型的轿车。自从国航 2005 年用 6.88 亿元改造波音 747 和空客 A340 两舱以来，针对高端旅客的全流程、无缝隙、高品质、个性化的服务已经保持了 5 年多时间，这次国航将宝马 5 系轿车加入高端旅客服务用车，旨在使服务硬件再上一个档次。

针对高端旅客，国航 2010 年年初推出了客户经理制，客户经理就相当于五星级酒店的贴身管家，从售票、出行，一直到机场乘坐飞机，每位高端旅客都有客户经理直接负责。在国航地面服务部的计算机中，储存着 4 700 多名白金卡旅客的 5 000 多条信息，在旅客身上曾经发生的事情、旅客的习惯、爱好等，都有详细记录。平均每天都有 300 多名白金卡旅客从北京进出港，国航地面服务部的 29 名客户经理保证了对他们的个性化服务。不管旅客遇到什么问题，比如有的旅客把手机、衣服忘在机舱里，只要给客户经理打个电话，就没事了。有的旅客上午乘机走的时候不舒服，下午回来时客户经理就已经为他买好药等候在舱门口了。正好赶上旅客当天过生日，客户经理也不忘送上问候。

另一位坚持乘坐国航航班 10 年的白金卡旅客叙述了他的经历。2010 年 9 月，他从青岛乘坐国航航班经北京中转去合肥，由于飞机从青岛起飞晚了两个多小时，他担心赶不上下一趟北京至合肥的航班，于是在青岛起飞前给北京的白金卡柜台打了个电话，希望其将北京至合肥的登机牌提前打出，上飞机后他向乘务长说明了情况，临降落时乘务长请他坐到头等舱，以便第一个下飞机。当他下机来到中转柜台时，工作人员已经手持打印好的登机牌在恭候他了，没有耽误一分钟，他迅速赶往下一个航班登机口，赶上了北京至合肥的航班。无独有偶，当这位旅客时隔几天再次从北京飞往合肥时，遇到了堵车，在北京四环路上走了一个半小时还没上机场高速，他对赶上航班几乎不抱希望了，他试着给白金卡柜台又打了一个电话，说明堵车情况，问还能不能赶上飞机。工作人员告诉他不用着急，所有手续都会为他办好，来了就可以马上走。终于，当他离飞机起飞还有 15 分钟下车时，国航的工作人员已经手持登机牌在等候了，并引领他经过没人排队的白金卡专用安检通道，随后乘上一辆电瓶车到达登机口，在舱门关闭前跨进了机舱。短短 15 分钟就解决了问题，正是由于实行了客户经理制，有专人对每一名高端旅客负责，所以旅客才能如此顺利成行。

作为一家品牌航空公司，国航不断致力于满足高端旅客的需求，继改造空中两舱后，地面两舱服务也不断升级。为了解除旅客长途旅行的疲劳，国航在头等舱休息增设了淋浴室、按摩室、睡眠室，24 小时提供热餐，并且在国际头等舱休息室实行点餐服务，与西餐的服务程序完全相同。两舱休息室每月推出一次食品周和品酒会等，不但食品多种多样，茶、咖啡、饮料、汤也多达几十种。在影视区，电视频道增加到 70 多个，并有英文电视节目。

> 客人进入头等舱休息室时，有专人引领服务；客人中转时，在舱门口有专人接机。
>
>   国航针对高端客户的多项服务措施，得到了旅客的认可，国航的白金卡旅客、大客户在不断增多，他们也给国航创造了可观的效益。

二、老、弱旅客

  人到老年，体力、精力开始衰退，生理的变化必然带来心理的变化。老年人在感觉方面比较迟钝，对周围事物反应缓慢，活动能力逐渐减退，动作缓慢，应变能力差。老年人由于年龄上的差异，与青年人想的不同，因而心境寂寞，孤独感逐步增加。尽管老年人嘴上不说，但他们内心还是需要他人的关心帮助的。俗话说"百善孝为先"，孝道作为中国民族的传统美德，多年来一直为中国人奉行的纲伦。在交通发达的当下，为人子女都倾向于在假期时间带上家里的老人出门走走，饱览祖国大好山河。而飞机作为当今社会最快捷，使用人数最多的交通工具，更加是家人出行的首选。然而多数老年人对于坐飞机心里都会有所抵触。一方面是因为身体原因，担心自己无法承受高空带来的压力。一方面是出于安全原因，担心飞机在几万英尺（1 英尺 = 30.48 cm）高空的飞行安全。所以在乘坐飞机时或多或少都会有些紧张。民航服务人员在为旅客提供优质服务的同时，更希望给每一位旅客带来"家"的感觉。所以在服务老年旅客的时候，空中乘务员为老年旅客服务时，要拿出耐心和爱心，更加细致地服务，与老年旅客讲话速度要略慢、声音要略大，经常主动关心、询问老人需要什么帮助，洞悉并及时满足他们的心理需要，尽量消除他们的孤独感和紧张感，让老人家找到"家"的感觉，才能真正享受一段舒适愉快的旅程。

  （1）在迎客过程中，首先要发现无家人陪同的老人，主动上前帮助老人提拿行李并且协助其找到座位。待老人入座后向其介绍安全带的使用方法和洗手间的位置，并主动为老人提供毛毯和热水。主动的关心和协助让老人家在乘机时消除顾虑，让老人家知道，服务人员会随时为他们提供及时必要的帮助。

  （2）待飞机平飞提供餐饮服务的时候，关注老人是否需要热水或者茶水，若有老人提出需要饮料的时候，主动向老人介绍饮料的口味并且询问老人是否合适饮用这类饮品。提供餐食的时候详细告知老人餐食的烹调方法，让老人家能够用得放心，吃得安心。巡舱时要更加注意对老人的细微服务，要知道我们的一个不经意的动作，也许都会让老人感动不已。

  （3）飞机下降前也要主动询问老人是否需要使用洗手间，同时也要向老人介绍洗手间内服务用品的使用方法，很多老年人第一次乘机，对于使用洗手间也比较抵触，提前向老人介绍，才能让他们使用时更加放心。

  每个人家中都有老人，对于老人生活的不便，相信我们自身也都有感触。若每一位乘务员都能像对待自己家中的老人一样来照顾航班中的老年旅客,那么相信越来越多的人都会放心让家中老人乘坐我们的航班,因为他们会相信在我们的航班中,也会有人把他们当成自己的家人。也会让每一位乘机的老人,发自内心地流露出满意的微笑。

体弱的旅客既有很强的自尊感,又有很深的自卑感,由于身体的原因自感不如他人,暗暗伤心,同时在外表上表现出不愿求别人帮助自己。因此,样样事情都要尽自己最大的力量去做。空中乘务员应尽可能多地去关照他们,而又要不使他们产生心理压力,对他们携带的行李物品,要主动协助提拿,关心他们的身体状况,消除他们对乘坐飞机的恐惧感。

图 5-1 所示为民航服务人员在为老年人服务。

图 5-1 民航服务人员为老年人服务

经典案例

变身调解员,架起沟通之桥

某航班上,有两位老人,一位五六十岁,一位七八十岁,他们的脸上挂着不悦的表情,没坐在一排。坐在前排的老大爷虽然气鼓鼓的,但仍不时地用关切的眼神望着老奶奶。乘务员上前扶老奶奶坐下,主动到老大爷身旁,蹲下与他交谈。老大爷小声说,那位老奶奶是他的老母亲,快九十岁了。他刚离休,想把老母亲接到自己家养老,不想路上因一点小事与母亲拌了嘴,都不说话了。了解了这一切,乘务员对老大爷说:"大爷,您放心吧,老奶奶就交给我照顾吧。"一路上,乘务员为老奶奶盖上了毛毯并说:"老奶奶,您的儿子怕您冷,让我给您盖上。"老奶奶愣了一下,笑了笑。乘务员又为老奶奶送上一杯白开水,说:"老奶奶,您儿子怕您喝不惯那些甜酸的饮料,让我给您拿杯白开水来。""老奶奶,这是您的儿子为您特订的素食餐,味道好吗?"……一路上乘务员忙完正常的服务就去照顾老奶奶,老奶奶也渐渐地高兴起来,说:"姑娘,你咋对奶奶这么好呢?"乘务员说:"老奶奶,您啊，有一位孝顺的儿子，是他让我来专门照顾您的，您真有福气，让人多羡慕啊。"飞机还没到达，老大爷已经坐到母亲身旁了，看到他们有说有笑的样子，乘务员由衷地祝福两位老人能永远健康长寿。

在这种情况下，乘务员变身成了一名调解员，耐心传递爱的信息，有效地架起乘客之间沟通的桥梁。

三、病、残旅客

病、残旅客，是指在乘机过程中突然发病的旅客及有生理缺陷的旅客。这些人较之正常人自理能力差、有特殊困难，迫切需要他人帮助。但是他们自尊心都极强，一般不会主动寻求空中乘务员的帮助，总是要显示他们与正常人无多大区别，不愿意别人讲他们是残疾人。对此，空中乘务员要了解这些旅客的心理，特别注意尊重他们，最好悄悄地帮助他们，让他们感到温暖。

在飞行过程中，经常会发生一些旅客突然发病的突发事件。对于这种情况，民航服务人员除了需要掌握一些急救常识外，遇到情况发生时，要给予旅客足够的关爱，及时采取措施。

图 5-2 所示为民航地勤人员为残疾人服务。

图 5-2　民航地勤人员为残疾人服务

经典案例

美丽空姐演绎"无声精彩"

2010 年 4 月 21 日 9 时 55 分，中国南方航空公司大连分公司（以下简称南航大连分公司）CZ6433 大连—西安—成都航班，正点抵达经停站西安咸阳机场。

大部分过站乘客下飞机前往候机楼之后，本次航班的乘务长将香喷喷的大蛋糕推到高端经济舱的入口。因为在这里，有着本次航班的特殊客人。

这批特殊客人是大连市聋人协会组织的 30 人旅行团，他们的目的地则是此次航班的终点站——成都双流机场。当乘务员将蛋糕送到他们手中后，30

名团员兴奋得将双手举过头顶不停挥舞着。

摆渡车改成靠廊桥

19日清晨6时未到,特殊旅行团已经在大连周水子国际机场候机楼内等候了。他们无法听到外界的声音,无法用语言表达自己的兴奋,但他们用自己的语言——手语抒发着自己的心情。

记者了解到,头天晚上,南航大连分公司总经理得知这个团的情况后,与机场沟通,将原本使用摆渡车的航班,改成靠廊桥。"这样做,主要是为了方便聋哑旅客登机。"工作人员表示。

空姐苦练手语

7时10分,CZ6433航班开始登机,在南航大连分公司地面服务人员的精心安排下,聋哑人旅行团提前进入客舱。"他们都很兴奋,"精通手语的本次航班乘务员润鹏笑着说,"你看他们的手,一直在头上挥舞着,这就是高兴的意思。"

南航大连分公司特地安排优秀的乘务员在该航班上服务,此前,大连分公司也特地安排了多次手语培训。润鹏不仅承担着客舱的服务任务,还有一个重要的角色——手语翻译。"我们都是利用休息时间进行手语培训。"工作人员说。在润鹏和其他人员的努力下,30名团员顺利拿到自己所需的早餐。

飞机上,润鹏对自己从事的工作做了总结:"手语培训确实占用了业余时间,但对一个年轻的乘务员来说,这是一种新的技能,使我们能为特殊人群做好服务!"

航班上,乘务组精心为包括30名特殊客人在内的所有乘客安排了机上互动环节。出人意料的是,除了特殊乘客积极参与外,普通乘客也参与"看手语,猜词汇"的环节。

为这次旅行准备了近半年

"我们会尽量降低身体有障碍的乘客乘机时的紧张情绪,使他们有一个愉快的空中之旅。"许冰说。许冰和同事们的努力也得到了特殊团队的认可,组织本次活动的大连市聋人协会副主席在手语翻译的帮助下接受了采访。他说,这个旅行团主要是来自大连和营口的老年人。从策划到成行,前后花了近半年时间。

"我自己有过坐飞机的经历,当时很难与空乘交流。之前我有顾虑,怕团员经历和我相同的遭遇,通过这次乘坐南航航班,这种顾虑已完全没有了。"

11时40分,接近成都双流机场的CZ6433开始下降,因为遇到气流飞机发生了暂时的颠簸。这时,几位乘务员来到聋哑团员面前,用手语提示他们系好安全带。

下机时，30名特殊旅客依依不舍地回头张望着执飞本次航班的"空中客车"A321。看着机尾火红的木棉花，他们再次举起相机，为自己的成都之行留下深刻的记忆。

四、无人陪伴儿童

对于5～12岁的儿童旅客，应提出特殊服务申请，办理无成人陪伴服务，孩子到达机场后，会由专门的服务人员与家长进行交接，全程陪伴孩子，协助他们办理相关的乘机及通关手续。机场会专门为无成人陪伴儿童安排专用的休息区，休息区里有饮水以及适合这一年龄段儿童的玩具和书刊，到了登机时还会为他们安排专门的登机通道，护送其优先登机。

儿童旅客的基本特点是：性格活泼、天真纯洁、好奇心强、善于模仿、判断能力较差、做事不计后果。鉴于儿童旅客的特点，空中乘务员在服务时，尤其要注意防止一些机上不安全因素的发生。包括：

（1）防止活泼好动的小旅客乱摸乱碰飞机上的设施。
（2）航班起飞、降落时要注意防止小旅客四处跑动。
（3）给小旅客提供热饮时，要防止他们碰洒、烫伤等。

经典案例

南航推出"木棉童飞"免费服务

南航曾在春运期间推出无陪儿童"木棉童飞"免费服务，帮助家长记录孩子单独乘机的特殊成长经历，同时缓解无成人陪伴儿童的家长对孩子单独乘机的担忧和焦虑。

"木棉童飞"主要面向无陪儿童及其家长。家长在机场办理无陪儿童乘机手续时，只需提前来到机场的南航柜台，在"木棉童飞"服务确认书上签字。南航的地面服务和空中乘务人员会将孩子在候机室儿童乐园、休息区、登机口，以及飞机客舱等多个环境中的精彩瞬间记录下来，在国内航班结束的12小时内（国际航班在航班到达后5天内），工作人员会将照片上传到指定位置存储，系统将向无陪儿童的家长预留的手机号码发送短信邀约和验证码。家长关注"中国南方航空"微信服务号后，可获取孩子的照片信息。

无成人陪伴儿童服务针对年满5周岁未满12周岁的单独乘机儿童，家长可在机场南航问询柜台申请。

据了解，这是国内首个面向无陪儿童的可视化记录服务产品。

图 5-3 所示为民航服务人员与一位无人陪伴儿童进行亲切的沟通。

图 5-3　民航服务人员与儿童的亲切沟通

五、初次乘机旅客

初次乘机旅客的心理，一般来讲主要是好奇和紧张，因为民航运输毕竟不同于汽车、火车、轮船的运输，人们并不常见、常坐。因此，初次乘机者对民航公司的一些设备、环境等都十分感兴趣，抱有一种好奇心。

为满足初次乘机旅客的新奇感，空中乘务员要主动为他们介绍本次航班的情况。如机型、飞行高度、地标等，以满足他们的好奇心。首先，初次乘机的旅客缺少乘机常识，空中乘务员要主动、耐心地介绍，不要指责或嘲笑他们，避免使旅客感到不必要的内疚和尴尬。其次，初次乘机的旅客内心比较紧张，对飞机这种交通工具的安全性不很放心，空中乘务员要针对这种心理，一方面，介绍飞机是在所有交通工具中比较安全的，请他们放心；另一方面，亲切地与他们交谈，询问他们此行的目的，以分散他们的紧张心情，使他们感觉到乘坐飞机是安全舒适的。

六、国际旅客

随着对外开放的广泛化，来我国参观、旅游、考察、工作的外国人逐年增加，中国古老灿烂的文化对他们有着强烈的吸引力。但是很多外国人不懂汉语，在交流过程中存在着语言障碍。在旅行过程中，特别是在一些突发情况下，如航班延误等，往往会给他们带来许多麻烦。因此，在民航服务人员为国际旅客服务时，要了解他们此行的目的，用较熟练的外语与他们交谈，态度要和蔼热情、不卑不亢，注意语言得体，对外宾和内宾要一视同仁，以免造成不应有的麻烦。

七、因航班延误与取消不能登机的旅客

当旅客手持机票进入候机室时，一般来讲，他们心理的需求是希望按时起飞。在航班正常的情况下，旅客的心情是较为平静或平衡的，一旦听到自己乘坐的航班延误或取消，心理的主观需求与客观现实马上相矛盾，便失去了原有的平静和平衡，随之而来的是情绪波动，这时的心理是焦虑、抱怨和愤怒。对此，空中乘务员首先要全神贯注地倾听对方的诉说，尽管这样做并非易事，却是缓解旅客情绪必不可少的第一步。其次，向旅客表明你已经听懂了客人的话，承认既成的事实，认同对方的感受。最后客客气气、实事求是地向客人解释和说明航班延误或航班取消的原因。对客观存在的原因要说得清楚、明白，对由于机场方面的原因造成的延误，要真诚地道歉和自我批评，以求得旅客的理解和谅解。

经典案例

体贴的乘务长

有一次，因为雷雨天气，航班延误了。一位旅客指着一位年轻的空姐大声斥责道："我的急事被你们的飞机延误了，接下来的航班我也赶不上了，这个损失谁来负责？我要索赔！我要告你们！你们说不飞就不飞，太不尊重旅客了！如果没有急事谁会坐飞机？不就是图快吗？连这个都做不到，你们还能干什么？"

那位年轻空姐急得脸孔微微潮红，支支吾吾地解释说："先生……您误会了，不是我们……不想飞，是因为天气不好……"不容她说什么，这个旅客挥手示意她走开，那动作就像在驱赶一只苍蝇。

这时候，一位年长一些（应该算是空嫂）的乘务员走过来。那个旅客还在发着牢骚。空嫂微微倾身，保持与旅客交流的45°，耐心地倾听，并不急于插话。因为她知道，旅客心中有愤怒，不发泄完，心中就会不舒服。认真地倾听就是争取一个同盟者的姿态，应尽量使他感觉舒服。如果你没有冷淡和不耐烦，也不与之争论，旅客就会减少不安和敌视。

果然，空嫂的姿态使得旅客渐渐平静下来。接着，空嫂做了诚恳的道歉："先生，对此我表示十分真诚的歉意，飞机不能按时起飞给您造成了很多不便。但我们和您一样，把安全放在了首位。现在航路上有雷雨，暂时不能起飞，一旦天气有所好转，我们会积极与机长联系，一有消息我会马上通知您。我和您的心情其实是一样的，非常希望能够尽快起飞。"

这位旅客的脸色有所缓和，情绪也不再那么激动了，他有点儿无奈地说："我只希望能够早些起飞。"然后就闭上眼睛，再也不愿多说一句话了。

大概半个小时后，飞机还是无法正常起飞，空嫂将这个情况报告给了乘务长。

模块五 特殊旅客服务礼仪

乘务长拿了一杯水,并用热的湿毛巾折了一朵毛巾花,放在另一个一次性纸杯里,端了一个小托盘,来到那位旅客面前,亲切而温和地说:"先生,打扰您了,天气比较热,请喝杯水吧。这是毛巾,您擦擦手。"她言语温暖,不卑不亢。旅客把毛巾拿在手里,热乎乎的毛巾让他感觉很舒服,也很意外。

"先生,飞机暂时还不能起飞,但机长正在联络,也许很快就有消息。今天很多航班都延误了,也许您的下一班机也会延误。一会儿,飞机一落地,我就来接您,您第一个下飞机,我陪您一起去办手续,好吗?"

这番话让旅客觉得自己无法再抱怨了,因为乘务长已经竭尽所能为他考虑得很周到了,况且乘务长也决定不了飞机的起飞。于是,他说:"好的,谢谢您!"并且微笑了一下。

其实,一个乘务长能做到和承诺的东西十分有限,当然,这个旅客最后也并不需要乘务长陪他去办手续。但乘务长体贴的姿态,已经透过其行为完全传达给了旅客,并且迅速地消除了旅客的不快。

八、挑剔的旅客

在飞机上偶尔也有比较挑剔的旅客。他们往往对服务、设备和餐食、饮料等提出一些可能达不到的要求。究其原因,有些可能是由旅客本人性格因素决定的,有些是由于旅客在上飞机之前遇到了不愉快的事情,未能得到解决而发泄。这时,这些旅客的心理,是要求受到尊重、要求补偿、要求发泄。对此,空中乘务员的服务要耐心、不急躁,以平静的心情倾听客人的倾诉,不要急于解释和辩解,避免引起客人心理上更大的反感。用耐心、热心、周到的服务,使客人的心情慢慢自然地平静下来。

职场小贴士

航空公司关于特殊旅客服务的规定

(1)婴儿及有成人陪伴的儿童。儿童指旅行开始之日已年满2周岁但未满12周岁的旅客,票价按相应的儿童票价计收,可以单独占一座位。

婴儿指旅行开始之日未年满2周岁的旅客。婴儿不单独占座位,票价按成人公布普通票价的10%计收,但每一个成人只能有一个婴儿享受这种票价,超过限额的婴儿应按相应的儿童票价计收,可单独占一座位。

儿童和婴儿的年龄指开始旅行时的实际年龄,如儿童在开始旅行时未满规定的年龄,而在旅行途中超过规定的年龄,不另补收票款。为了保证旅客的安全，出生不超过 14 天的婴儿不接受乘机。

（2）机上婴儿摇篮特殊服务的规定。许多航空公司在一些国际航班上，可为不占用机上座位的婴儿提供机上婴儿摇篮的特殊服务。同时，为使资源得到更合理的利用，规定只接受 1 岁以下，身高 70 cm 以下，体重 15 kg 以下的婴儿。

（3）无成人陪伴儿童。无成人陪伴儿童符合下列条件者，方能接受运输：

①无成人陪伴儿童应由儿童的父母或监护人陪送到乘机地点并在儿童的下机地点安排人予以迎接和照料。

②无成人陪伴儿童的承运必须在运输的始发站预先向航空公司的售票部门提出，其座位必须根据航空公司相关承运规定得到确认。

（4）孕妇。由于在高空飞行中，空气中氧气成分相对减少、气压降低，因此孕妇运输需要有一定的限制条件。

①怀孕 32 周或不足 32 周的孕妇乘机，除医生诊断不适宜乘机者外，可按一般旅客运输。

②怀孕超过 32 周的孕妇乘机，应提供包括旅客姓名、年龄、怀孕时间，旅行的航程和日期，是否适宜乘机，在机上是否需要提供其他特殊照顾等内容的医生诊断证明。

③医生诊断证明书，应在旅客乘机前 72 小时内填开，并经县级（含）以上的医院盖章和该院医生签字方能生效。

④预产期在 4 周以内，或预产期不确定但已知为多胎分娩或预计有分娩并发症者，不予接受运输。

（5）病残旅客。由于精神或身体的缺陷（或病态）而无自理能力，其行动需他人照料的人，称为病残旅客；其中本人不能自主行动或病情较重，只能躺在担架上旅行的旅客，称为担架旅客；如果是年事甚高的旅客，即使该旅客没有疾病，也应作为该类特殊旅客处理，给予特殊服务。但有先天性残疾的人，如先天性跛足等，不归入病残旅客的范围。

病残旅客一般可以分为身体患病、精神病患者、肢体伤残、失明旅客、担架旅客、轮椅旅客。

盲人旅客是指双目失明的旅客，每一航班的每一航段上，只限载运两名无成人陪伴或无导盲犬（或称服务犬）引路的盲人旅客，由座位控制部门负责管理和限制盲人旅客的接收人数。

有人陪伴同行的盲人旅客，只限以成人旅客陪伴同行。该盲人旅客按普通旅客接受运输。

有导盲犬引路的盲人旅客可携带导盲犬乘机，但是具备乘机条件的盲人旅客应向相关部门提供服务犬的身份证明和检疫证明，服务犬和旅客一样，也必须接受安全检查。

（6）需要轮椅的旅客。轮椅旅客是指身体适宜乘机，行动不便，需要轮椅代步的旅客。

1）同一航班上的轮椅旅客有数量限制，因此需要轮椅服务的旅客要提出以下申请：

①机下轮椅（WCHR）是指为能够自行上下飞机，在客舱内能自己行走到座位上，仅在航站楼、停机坪与飞机之间需要协助的旅客提供的轮椅。申请机下轮椅的旅客，须向航空公司直属售票部门（不含销售代理人），在航班预计起飞时刻24小时（含）之前提出申请。

②登机轮椅（WCHS）是指不能自行上下飞机，但可以在客舱内自己走到座位上去的旅客使用的轮椅。申请登机轮椅的旅客，应在航班起飞时间前36小时（含）之前向航空公司直属售票部门（不含销售代理人）提出申请。

③机上轮椅（WCHC）是指经适航许可，在客舱内供无行走能力的旅客使用的轮椅。申请机上轮椅的旅客，应在航班起飞时间前36小时（含）之前向航空公司直属售票部门（不含销售代理人）提出申请。

④残疾人代表团应提前72小时（含）之前向航空公司直属售票部门（不含销售代理人）提出申请。

2）为了方便轮椅旅客乘机，其办理指南应遵守以下流程：

①持电子行程单、有效证件和乘机医疗许可（如病患旅客）等，于航班起飞前120分钟到达机场。

②到值机区，办理登机牌和托运行李。

③到问询处填写申请表。

④在问询处交接轮椅旅客。

⑤请送机人于航班起飞15分钟后再离开机场。

3）轮椅运输的注意事项：

①手动轮椅应作为托运行李运输。

②病残旅客旅行中使用的轮椅可免费运输且不计算在免费行李额内。

③电动轮椅应作为托运行李运输。

④病残旅客旅行中使用的电动轮椅可免费运输且不计算在免费行李额内。

（7）需要服务的盲人、聋哑旅客。

①有成人陪伴的盲人、聋哑旅客视为正常旅客。

②盲人、聋哑旅客单独乘机旅行，需年满16周岁。

③不满16周岁的聋哑旅客单独乘机，必须有自愿帮助的旅客陪伴。

④航空公司无法提供客舱导盲犬服务。

九、不同民族的旅客

随着航空业的日益发展，了解客源国的概况是提高本国的航空服务业水准的前提。外国人来到中国乘机旅游的人数也在日益增加。中国入境客源市场的总体格局是以亚洲为主体，欧美为两翼，以世界其他客源为补充。

由于国家种族的不同，每个国家民族都有不同的风俗禁忌，无论是作为旅游接待方接待外国游客还是作为旅游者到国外旅游，我们都有必要事先了解各民族的风俗禁忌。即使是短短的航程，民航服务人员也要对客源国背景充分了解，这样才能给乘客提供宾至如归的卓越服务。

（1）韩国：韩国人是以家族血统为中心，崇尚儒教，有尊重长者和重男轻女的习俗。饮食偏好香、辣，厌恶油腻。在交谈中忌讳谈论国内外政治、各自的妻子等话题，喜欢询问彼此的个人情况。忌讳单手接受礼物，更忌讳当面打开礼物。喜欢单数，不喜欢双数，对"4"字尤为忌讳。

（2）日本：日本人讲究礼节。平时见面彼此要问候"您好""再见""请多关照"。鞠躬是日本人最常用的一种礼节，无论是一般性的会面、道别，还是在各种场合发言前后，都要鞠躬，以表示对对方的尊敬；和食是日本菜肴的名称。日本菜种类很多，有代表性的是关东菜和关西菜。日本是世界上吃鱼最多的民族，有生吃、熟吃、晒干吃和腌制吃四种方法。

（3）俄罗斯：俄罗斯人交际时通常在三种情况下使用"你"：①对16岁以下的儿童；②近亲之间与同事之间（年轻人之间）；③年轻人对年轻人。对老年人、陌生人（儿童除外）和领导人称"您"。对儿童可直呼其名，而对老年人、陌生人和领导人则应呼其名字加父称。目前在俄罗斯"先生""同志""公民"三种称呼并存，朋友聚会一般在家庭环境下进行。客人通常都带给主人小礼品（蛋糕、酒）和鲜花。俄罗斯也有"清明节"。

（4）美国：①美国人很珍惜时间，因此拜访朋友须预约，准备好话题，谈完事就告辞。②美国人不喜欢在事后或私下找关系解决问题的方式。③对别人的年龄、收入、智力、疾病及性取向等，打死也别询问。④"13"是个不吉利的数字，不要在"13"日请客，言语中也要回避"13"。⑤别送带有你公司标志的礼物，会让对方认为你是让他做广告宣传。⑥在别人面前脱鞋、脱袜、拉鞋带，是不礼貌的；鞋带松了，应到没人处去系。⑦不可在别人面前伸舌头。

（5）英国："女子第一、女士优先"，"不管闲事"是座右铭，天气和新闻是普遍话题。忌问金钱、婚姻、职业、年龄，忌手背向外"V"字形，"13"、星期五、大象、孔雀图案，忌送百合花，忌说"厕所"一词（应说女士室、男士室、你要洗手吗？）。

上述客源国知识在民航送餐服务、接待服务中要有充分的准备才能避免尴尬情景和矛盾的产生，给乘客提供卓越的服务。

模块五　特殊旅客服务礼仪

模块小结

　　特殊旅客是在年龄、身体、身份地位等方面情况比较特殊，有别于其他旅客的旅客，包括重要旅客、老弱旅客、病残旅客、无人陪伴儿童、初次乘机旅客、国际旅客、挑剔的旅客、不同民族的旅客等。为特殊旅客服务应在耐心足、态度好、动作快、语言得体、办法多的基础上进行，针对不同类型的特殊旅客还要有具体的服务策略与技巧，因此，民航服务人员应充分了解不同类型旅客的特殊性和特殊需要，为其提供有针对性的优质服务。

岗位实训

1. 实训目的

掌握为特殊旅客服务的要领及礼仪。

2. 实训内容

同学们分成若干小组，模拟老人，无人陪伴儿童乘机场景，为老人和无人陪伴儿童服务，一组进行模拟训练时，其他小组进行现场观摩，并为模拟小组打分，并对其值得借鉴之处和不足之处分别进行分析与阐述。

3. 实训要求

针对老年人、儿童的心理特点和心理需要，运用所学知识，为老年人和无人陪伴儿童提供高质量的民航服务。

4. 实训心得

_____

_____

_____

模块六
民航服务人员外事礼仪

1. 了解接待来宾的礼宾次序；
2. 熟悉国旗悬挂礼仪及会晤、谈判、签约、合影留念等事宜的座次安排；
3. 掌握各地区外国友人的礼仪习惯与禁忌。

1. 能够掌握各地区外国友人的礼仪习惯与禁忌；
2. 能够在面对国际友人时，有针对性地提供优质服务。

1. 具备弘扬中华传统美德的意识，培养和坚定增强中华文明传播力和影响力的责任感和使命感；
2. 热爱民航事业，践行"忠诚担当、严谨科学、团结协作、敬业奉献"的当代民航精神；
3. 拥有"乐观向上、勇于奋斗"的积极心态，培养"胸怀天下"的认知格局和思维方式。

案例导入

南方航空公司服务人员在服务过程中曾发生过这样一件事情：在泰国飞往南宁的航班上，两位第一次飞往中国的泰国女性刚上飞机，就遇到了中国空姐的热情接待，中国空姐很热情地面带微笑给她们行双手合十礼，并说"萨瓦迪卡"。在飞行的过程中，空姐又采用蹲式服务，所以泰国客人临下飞机时就在乘客留言册上写下了"中国南方航空公司是特别友好的航空公司，中国空姐是最热情友好的空姐"，该乘务组得到公司的嘉奖。

【案例分析】

南方航空的空姐之所以能够受到泰国客人的赞誉，是基于她充分了解和熟悉泰国客人的礼仪习俗、习惯。因此，作为民航服务人员，充分了解国外友人的习俗礼仪是至关重要的。

模块六 民航服务人员外事礼仪

单元一 接待礼仪

一、礼宾次序礼仪

礼宾次序礼仪是指在国际交往中，为了体现出席活动者的身份、地位、年龄等的差别，给予必要的尊重，或者为了体现所有参与者一律平等，而将出席活动的国家、团体、各国人士的位次按一定的惯例和规则进行排列的礼仪规范。

1. 按不对等关系排序

（1）一般的官方活动，经常是按身份与职位的高低安排礼宾次序的。如按国家元首、副元首、政府总理、副总理、部长、副部长等顺序排列。各国提供的正式名单或正式通知是确定职务的依据。

（2）排定主席台座次的一般规则。

①就同一排的关系而言，中者为尊，两侧次之。

②就前后排关系而言，前排就座者为尊，第二排次之，第三排更次，以此类推。

③就两侧同位者而言，右者为尊，左者为次。

（3）尊位、高位的具体确立标准应是根据活动目的、内容以及主人的价值取向和客观需要等来决定的。例如，政治、行政活动可能以职位为标准；经济活动可能以实力为依据；纪念性活动可能以长幼来判断，等等。

（4）上下楼梯规则。

①上楼梯时，前者为尊。

②下楼梯时，特别是楼梯较陡时，尊者在一人之后。

需要强调的是，如果陪同接待的客人是一位女士，而女士又身着短裙，在这一情况下，接待陪同人员要走在女士前面，不要让女士高高在上，因为女士穿着短裙高高在上有可能会出现"走光"的问题，这是不允许的。

（5）走路规则。

①两人并行，右者为大。

②两人前后行，前者为尊。

③三人并行，中者为尊，右边次之，左边更次。

④三人前后行，前者为尊。

（6）入座规则。

①三人并坐，中者为大，右者次之，左者更次。

②室内围坐时，面对门口的中间位置为尊。

（7）乘电梯规则。

①应让客人、长辈、女士先上。

②一般来说，进入电梯后，面向电梯，左边靠里的位置可以看作尊位，但这点并不是很严格的。

（8）乘小轿车规则。如由驾驶员开车，按汽车前进方向，后排右座为尊位，中座次之，左侧更次，前排司机旁最次。司机旁的位置一般是助手、接待或陪同人员坐的。当轿车有三排座时，最后一排是上座，中间一排次之，前排最次。这个礼仪规范的产生可能主要考虑安全的原因，因为大多数车祸或遭袭击时，首先受伤害的是坐在前排的人。当然，如果是主人亲自驾车，则主人旁边的位置是尊位。

2. 按对等关系排序

（1）按汉字的笔顺进行排列。在多边活动中，常采用按参加者姓名或组织名称汉字的笔顺进行安排。

①按个人姓名或组织名称的第一个字的笔画多少，依次按由少到多的次序排列。

②当两者第一字的笔画数相等时，则按第一笔的笔顺横、竖、撇、点、横勾的先后关系进行排列。

③当第一笔笔顺相同时，可依第二笔，以此类推。

④当两者的第一个字完全相同时，则用第二字进行排列，以此类推。

⑤此外，如果是姓名出现两者相同，但一个是单名，一个是双名时，无论笔画多少，单名都排在双名前。

（2）按字母顺序进行排列。在多边活动中，常采用按参加国国名起首字母顺序安排，一般以英文字母排列居多。东道国一般排在最后。

①一般以英文字母排列居多。先按第一个字母进行排列。当第一个字母相同时，则依第二个字母的先后顺序排列。

②当第二个字母相同时，则依第三个字母的先后顺序，以此类推。

③在国际体育比赛中，体育代表队名称的排列，开幕式出场的顺序一般也按国名字母顺序排列。

（3）按时间先后顺序安排。东道国对同等身份的外国代表团，可按代表团抵达活动地点的时间先后顺序安排，也可按应邀复函日期先后顺序安排，具体来讲有两种情况：

①按组织寄来的回执的日期先后排列，一般以邮戳或电传日期为准。

②按各团体抵达活动地点的时间先后排列。

延伸阅读

涉外礼仪的原则

涉外礼仪，是指我们在各项涉外工作和涉外活动中应讲究的礼仪，包括典礼、礼遇、优遇豁免及日常交际礼节（包括会见、会谈、宴请、接待、赠礼等）。涉外礼仪是涉外过程中必不可少的礼仪，是一些政治性、政策性、

时间性极强且责任重大的举措。涉外礼仪应遵循以下原则:

(1) 维护形象原则。所谓形象,是指在人际交往中留给交往对象的第一印象,以及由此而产生的评价。在国际交往中,每一名员工的个人形象都代表着其企业的形象和国家的形象。因此,我们必须严格地规范员工形象、维护自身形象。个人形象的好坏事关国际交往的成功和失败。

(2) 信守时间原则。

①有关时间的问题。在商定到访的具体时间时,作为客人,对主人提出的具体时间,应予以优先考虑。而客人提出方案时,最好多提供几种方案供主人选择。在一般情况下,不能安排在极为忙碌时、节假日、凌晨、深夜或是用餐的时间内。也不应该吞吞吐吐、模棱两可。

②与他人交往的时间一旦确定,即约会一经订立,就应千方百计予以遵守,而不宜随便加以变动或取消。

③对于双方之间约会的时间唯有"正点"到场方为最得体。早到与晚到,都是不妥当的做法。

④在约会之中,不应早退或做其他无关事情。

⑤万一临时有重要的事情不能赴约,务必要向约会对象及早通报,解释缘由,并为此向对方致歉,绝不可对此得过且过,或索性避而不论,显得若无其事。

(3) 热情有度原则。热情有度主要包括关心有度、谦虚有度和距离有度,关心有度和谦虚有度不难理解,距离有度要从公共距离、礼仪距离、常规距离和私人距离四个方面进行理解。

①公共距离。公共距离是指在大庭广众之下,与他人相处时的距离。这一距离是人际接触中界域观念最大的距离,是一切人都可自由出入的空间距离。一般指的是3 m以外的距离。

②礼仪距离。礼仪距离是指1.5~3 m的距离。在这一距离中,人们自己的动作不会触碰到别人,自己的飞沫不会喷到别人的脸上,还可以与别人保持适当的距离,不会侵犯别人的私人活动空间。有时又称作尊重的空间距离。

③常规距离。常规距离是指0.5~1.5 m的距离,是超越亲朋、熟人关系的社交距离。这种距离是在人际交往中,或站或行时所允许保持的最为正规的距离,体现的是一种社交性的、较正式的人际关系。故有时又称为交际距离。

④私人距离。私人距离是指小于0.5 m的距离,是恋人之间,夫妻之间,父母子女之间以及至爱亲朋之间的交往距离。这种空间是一个"亲密无间"的距离空间,在这个空间内,人们身体之间无穷接近。有时又称亲密距离,显而易见,在涉外交往中私人距离一般不可以使用。

(4) 女士优先原则。

①进门出门时,男士要主动为女士开关门。

②在女士面前有教养的男士是不可以吸烟的，实在要吸烟，应询问女士的意见。

③当女士在衣帽间更换外衣外套时，男士应协助女士把外衣外套挂在衣帽架上。

④当女士落座时，男士要为女士移开椅子，待女士入座后，再推进椅子。

⑤当女士在室外行走时，如果手提笨重物品，男士要上前为之效劳。

⑥当女士遭遇难堪之时，比如道路有积水，座椅上有不洁之物，男士要主动出面，为女士排忧解难。

⑦在大型宴会或公共场合发言或致辞时，按照国际惯例，开场白应为"女士们，先生们，大家晚上好！"

（5）维护个人隐私原则。在国外，人们普遍推崇个性自由，尊重个性发展，其一个基本表现就是主张个人隐私不容干涉。个人隐私，泛指一个人不想告之于人或不愿对外公开的个人情况。在许多国家，个人隐私受到法律的保护。因此，在跟外国友人打交道时，千万不要没话找话，信口打探对方的个人情况（如婚否、年龄、工作时间、工资收入、家庭情况等）。尤其是发现对方不愿回答时，要懂得适可而止。

（6）以右为尊原则。所谓以右为尊，即指在涉外交往中，一旦涉及位置的排列，原则上都讲究右尊左卑、右高左低的规则。这一国际上所通行的做法，与国内传统的"以左为上"的做法正好相反。在涉外商务活动中如不遵循这一规律则会造成不好的影响，以致商务活动以失败告终。

二、迎候来宾礼仪

1. 问候

（1）对于远道而来的客人，应安排专人提前抵达双方约定的地点恭候。客人到达时，主人应在门口迎接，礼宾人员列"迎宾线"表示欢迎。

（2）对于本地客人，应安排接待人员提前在会面地点的大门口进行迎接，客人到达时，可由主要人员陪同主人对客人表示欢迎。

（3）若来宾是德高望重的长者，主人应为之开车门并协助下车。

（4）人员较多时，应有专人出面，按有关礼仪规范，进行引见介绍。

2. 引导

应按照引导礼仪要求将客人引导至指定会客地。开关门时应注意：

（1）轻推、轻拉、轻关，态度谦和，讲究顺序。

（2）进他人的房间一定要先敲门，敲门时一般用食指有节奏地敲两三下即可。

（3）如果与同级、同辈者进入，要互相谦让一下。走在前边的人打开门后要为后面的人拉着门。假如是不用拉的门,最后进来的应主动关门。

(4)对于朝里开的门,应先入内拉住门,侧身再请尊者或客人进入,如图6-1所示。

图6-1 朝里开门的引导礼仪

(5)对于朝外开的门,应打开门,请尊者、客人先进,如图6-2所示。

图6-2 朝外开门的引导礼仪

(6)对于旋转式大门,应自己先迅速过去,在另一边等候,如图6-3所示。

图6-3 旋转门的引导礼仪

三、座次排列礼仪

1. 会晤座次排列

在正常情况下，适用会晤场所的座次排列主要有以下5种情况。

（1）相对式。相对式就座，一般指的是宾主双方对面就座。此种方式凸显主次分明，往往易于使宾主双方公事公办，保持适当距离。它多用于公务性会晤，具体又分为以下两种情况。

①双方就座后，一方面对正门，另一方则背对正门。此时讲究"面门为上"，即面对正门之座为上座，应请来宾就座；背对正门之座为下座，宜由主人就座［图6-4（a）］。

②双方就座于室内两侧，并且面对面地就座。此时讲究进门后动态地"以右为尊"，即进门时以右侧之座位为上座，应请来宾就座；左侧之座则为下座，宜由主人就座［图6-4（b）］。若宾主双方不止一人，情形也大体如此［图6-4（c）］。

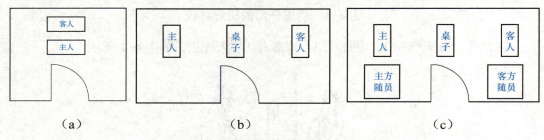

图6-4 相对式会客座次排列

（2）并列式。并列式排座，通常指宾主双方并排就座，以暗示彼此双方"平起平坐"地位相仿，关系密切。它多适用礼节性会晤，一般分为以下两种情况。

①双方一同面门而坐。此时讲究就座后静态地"以右为上"，即主人宜请来宾就座于自己的右侧［图6-5（a）］。若双方人员不止一名时，其他人员可各自分别在主人或主宾一侧按其地位、身份的高低，依次就座［图6-5（b）］。

②双方一同在室内的右侧或左侧就座。此时讲究"以远为上"或"内侧高于外侧"，即应以距门较远之座为上座，将其留给来宾；以距门较近之座为下座，而将其留给主人［图6-5（c）、（d）］。

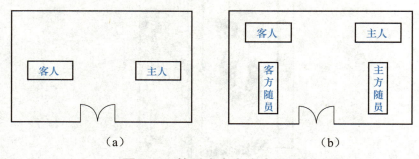

图6-5 并列式会客座次排列

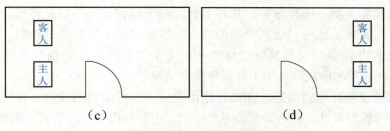

图 6-5　并列式会客座次排列（续）

（3）居中式。居中式排座实际上属于并列式排座的一种特例。它在此指的是当多人一起并排就座时，讲究"居中为上"，即应以中央的位置为上座，由来宾就座（图 6-6）。

图 6-6　居中式会客座次排列

（4）主席式。主席式排座，通常是指主人在同一时间、同一地点正式会见两方或两方以上的来宾。此时一般应由主人面对正门而坐，其他各方来宾则应在其对面背门而坐。此种排座方式犹如主人正在以主席的身份主持会议，故此称为主席式。有时，主人也可坐在长桌或椭圆桌的尽头，而请其他来宾就座于其两侧（图 6-7）。

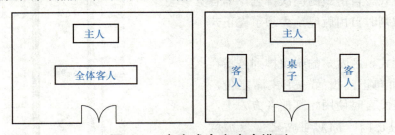

图 6-7　主席式会客座次排列

（5）自由式。自由式就座是指进行具体会晤之时不进行正式的座次排位，而由主宾各方的全体人员一律自由择座，多适用各类非正式会晤或者非正式举行的多边会晤。

2. 谈判座次排列

谈判又叫作会谈，是指有关各方为了各自的利益，进行有组织、有准备的正式协商及讨论，以便互谅互让，求同存异，以求最终达成某种协议的整个过程。

从实践中看，谈判并非人与人之间的一般性交谈，而是有备而来，方针既定，目标明确，志在必得，技巧性与策略性极强。虽然谈判讲究的是理智、利益、技巧和策略，但这并不意味着它绝对排斥人的思想、情感在其中所起的作用。在任何形式的谈判中，礼仪实际上都一向被重视。其根本原因在于，在谈判中以礼待人，不仅体现着自身的教养与素质，还会对谈判对手的思想、情感产生一定程度的影响。举行正式谈判时，有关各方在谈判现场具体就座位次的要求非常严格，礼仪性很强。从总体上讲，排列正式谈判的座次可分为下列两种基本情况。

（1）双边谈判。双边谈判，在此是指由双方人士所举行的谈判。在一般性的谈判中，双边谈判最为多见。双边谈判的座次排列，主要有以下两种形式可酌情选择。

①横桌式。横桌式座次排列是指谈判桌在谈判室内横放客方人员面门而坐，主方人员背门而坐。除双方主谈者居中就座外，各方的其他人士则依其具体身份的高低，各自按先右后左、自高而低的顺序分别在己方一侧就座。双方主谈者的右侧之位，在国内谈判中可坐副手，而在涉外谈判中则应由译员就座（图6-8）。

②竖桌式。竖桌式座次排列是指谈判桌在谈判室内竖放。具体排位时以进门时的方向为准，右侧由客方人士就座，左侧由主方人士就座。在其他方面，则与横桌式排座相仿（图6-9）。

（2）多边谈判。多边谈判是指由三方或三方以上人士所举行的谈判。多边谈判的座次排列，主要也可分为两种形式。

①自由式。自由式的座次排列，即各方人士在谈判时自由就座，无须事先正式安排座次。

②主席式。主席式的座次排列是指在谈判室内面向正门设置一个主席之位，由各方代表发言时使用。其他各方人士，则一律背对正门、面对主席之位分别就座。各方代表发言结束之后，也须下台就座（图6-10）。按照惯例，在双边谈判中，应设置姓名签。而在多边谈判中，则多数不需要设置姓名签。在需要设置姓名签时，应保证在座的每一个人均没有被遗漏。姓名签通常应以印刷体打印，如果是涉外场合，则应同时采用本国与外国两种文字。通常，姓名签一面一种文字，应以本国文字面对自己，而以外方文字面对对方。

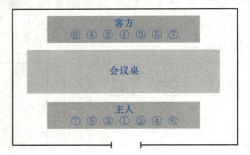

图6-8 横桌式会谈的座次排列

图6-9 竖桌式会谈的座次排列

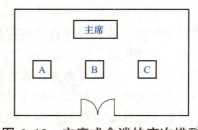

图6-10 主席式会谈的座次排列

3. 签约仪式座次排列

一般来讲，机关、团体、组织之间，经过协商，就某项事宜达成协议，形成一个约定性文件后，应举行签约仪式。它标志着有关各方的相互关系有了更大的进展，以及消除了彼此之间的误会或抵触而达成了一致性见解。因此，深受各方人士的高度重视。对于接待人员来说，在签约仪式这种重大场合，不仅要做好自己所负责的具体工作，更要知礼、守礼。从礼仪规范上来讲，举行签约仪式时，在力所能及的条件下，一定要郑重其事。其中最引人注目的当数举行签约仪式时座次的排列方式，它直接体现着签字各方的礼遇问题，不可有怠慢之嫌。签约时各方代表的座次，通常是由主方代为先期排定的。一般而言，举行签约仪式时，座次排列共有下面三种基本形式，它们分别适用不同的具体情况。

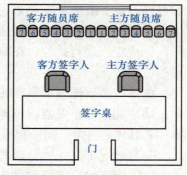

图 6-11 并列式签约仪式座次排列

（1）并列式。并列式排座，往往是举行双边签约仪式时最常见的形式。它的基本做法是签字桌在室内居中面门横放。双方出席仪式的全体人员在签字桌之后并排排列，双方签字人员居中面门而坐，客方居右，主方居左（图 6-11）。

（2）相对式。相对式签约仪式的排座，与并列式签约仪式的排座方式基本相同。两者之间的主要差别只是相对式排座将双方的随员席移至签字人对面。即签字桌在室内居中面门而放。双方签字人员面门而坐，客方居右，主方居左。双方出席仪式的全体人员则在签字桌之前并排排列（图 6-12）。

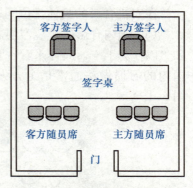

图 6-12 相对式签约仪式座次排列

（3）主席式。主席式排座，通常主要适用多边签约仪式。其操作特点是签字桌仍须在室内横放，签字席仍须设在桌后面对正门的位置，但只设一个并且不固定其就座者。举行仪式时，所有各方人员，包括签字人在内，皆应背对正门、面向签字席就座。签字时，各方签字人应以规定的先后顺序依次走上签字席就座签字，然后即应退回原处就座（图 6-13）。

4. 合影留念座次排列

在接待工作中，拍照是一项非常常见的活动形式。一次较为正式的会面，宾主双方往往需要合影留念。通过合影，双方进一步加深了感情，能够更好地记住对方，也为双方的交往留下了正式的凭据和美好

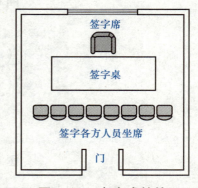

图 6-13 主席式签约仪式座次排列

的回忆。在正规的接待活动中,无论接待单位,还是被接待的来访人员,无一不对合影相当重视。正是因为合影在接待双方的交往中能够起到"催化剂"的作用,可以巩固宾主双方的友谊,所以接待人员一定要重视拍照礼仪,讲究拍照礼仪。

尽管在人们的普遍认知中,拍照是一件很简单的事情,但拍照事实上有很多讲究和忌讳。对于接待人员来说,要处理好合影的问题,通常要注意合影时的排位。

合影时,有时需要排定具体位次,有时则大可不必。但在正式场合所拍摄的合影,一般应当进行排位。在非正式场合所拍摄的合影,则既可以排列位次,也可以不排列位次。

如果有必要排列合影参加者的具体位次时,应首先考虑到是否方便拍摄。与此同时,还应注意以下几点:场地的大小;人数的多少;背景的陈设;光线的强弱;合影参加者具体的身份、高矮和胖瘦;方便与否。

一般情况下,正式合影的总人数宜少不宜多。在合影时,所有的参与者一般均应站立。在必要时,可以安排前排人员就座,后排人员则可在其身后呈梯级状站立。但是,通常不宜要求合影的参加者以蹲姿参与拍摄。此外,如有必要,可以先期在合影现场摆设便于辨认的名签,以便参加者准确无误地各就各位。

在安排合影的具体排位问题时,关键是要坚持内外有别,并注意以下两点。

(1)国内合影的排位习惯。国内合影时的排位,一般讲究"居前为上""居中为上"和"以左为上"。具体来看,它又有"人数为单"与"人数为双"的分别。在合影时,国内的习惯做法通常是主方人员居右,客方人员居左,即"以左为尊"(图6-14和图6-15)。

图6-14 单数合影的座次排列

图6-15 双数合影的座次排列

(2)涉外合影的排位惯例。在涉外场合合影时,应遵守国际惯例,讲究"以右为尊",即宜主人居中,主宾居左,其他双方人员分主左宾右依次排开。简而言之,就是讲究"以右为上"（图 6-16）。

图 6-16　涉外合影座次排列

单元二　国旗悬挂礼仪

国旗是一个国家的象征和标志，是由国家法律规定的具有一定形式和形态的旗帜。国旗能唤起国民的爱国热情，培养公民对国家的责任感和荣誉感，国际上人们通常以悬挂国旗的形式来表达对祖国的热爱或对他国的尊重。但在一个主权国家的领土上，一般不得随意悬挂他国国旗，不少国家对悬挂外国国旗都作出了专门规定。在国际交往中，已形成了悬挂国旗的一些惯例，并已为各国所普遍接受。

一、国旗悬挂的礼仪要求

1. 悬挂国旗的场合

（1）按照国际关系准则，一国元首、政府首脑到他国领土访问，其住所及主要交通工具上悬挂本国国旗，是一种外交特权。

（2）作为一种礼遇，东道国接待来访的外国元首或政府首脑时，可在隆重场合，如在贵宾下榻的宾馆、乘坐的汽车上悬挂对方的国旗。

（3）国际上公认，一个国家的外交代表在接受国国境内有权在其办公处和官邸，以及交通工具上悬挂本国国旗。

（4）一些展览会、体育比赛等国际性活动，也往往悬挂有关国家的国旗。

中国国旗的含义

中华人民共和国国旗旗面的颜色为红色，象征革命先驱者的鲜血，旗上的五颗五角星及其相互关系象征中国共产党率领下的革命人民大团结。五角星用黄色是为了在红地上显出光明，黄色较白色鲜明漂亮，四颗小五角星各有一尖正对着大星的中心点，这是表示环绕着一个中心而团结，在形式上也显得紧凑美观。

中国国旗中的大五角星代表中国共产党，四颗小五角星代表工人、农民、小资产阶层和民族资产阶层四个阶层。旗面为血色，象征革命，星呈黄色，表示中华民族为黄色人种。五颗五角星互相连缀、疏密相间，象征中国人民大团结。每颗小星各有一个尖角正对大星中心点，表示全体四个阶层对党的向心之意，受党的全面领导。

2. 悬挂国旗的方法

在建筑物上或室外悬挂国旗，一般应日出升旗，日落降旗。如遇特殊情况，需悬旗志哀时，可先将国旗升至杆顶，然后下降至离地面约杆长的1/3处。日落降旗时，也应将旗升至杆顶，然后降下。

按照国际惯例，在悬挂双方国旗时，以右为上，左为下。两国国旗并排，以旗身面向为准，右挂客方国旗，左挂本国国旗。汽车上挂国旗时，以汽车行进方向为准，驾驶员左手为主方，右手为客方。所谓主客，以举办活动的主人为依据，而不是以举行活动的所在国为依据。

国旗的悬挂方法如下：

（1）并列悬挂。中外两国国旗不论是在地上升挂，还是在墙上悬挂，皆应以国旗自身面向为准，以右侧为上位。并列悬挂包括两面国旗并挂、三面及三面以上国旗并挂，如图6-17和图6-18所示。

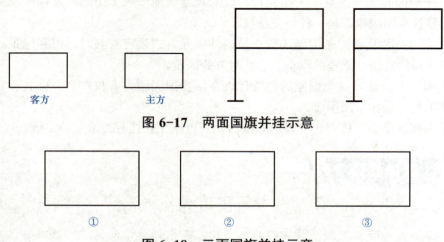

图6-17　两面国旗并挂示意

图6-18　三面国旗并挂示意

> **职场小贴士**
>
> 当中国国旗在中国境内与其他两个或两个以上国家的国旗并列升挂时，按规定应使我国国旗处于以下荣誉位置：
> （1）一列并排时，以旗面面向观念为准，中国国旗应处于最右方。
> （2）单行排列时，中国国旗应处于最前面。
> （3）弧形或从中间往两旁排列时，中国国旗应处于中心。
> （4）圆形排列时，中国国旗应处于主席台（或主入口）对面的中心位置。

（2）交叉悬挂。在正式场合，中外两国国旗既可以交叉摆放于桌面上，又可以悬空交叉升挂。此时，仍应以国旗自身面向为准，以右侧为上位。图6-19所示为交叉悬挂示意。

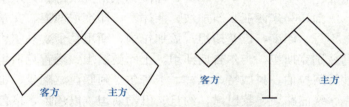

图6-19　国旗交叉悬挂示意

（3）竖式悬挂。中外两国国旗还可以进行竖式悬挂，如图6-20所示。此刻，也应以国旗自身面向为准，以右侧为上位。竖挂中外两国国旗又有两种具体方式，即或两者皆以正面朝外，或以客方国旗反面朝外而以主方国旗正面朝外。

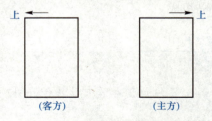

图6-20　国旗竖式悬挂示意

二、国旗悬挂礼仪禁忌

（1）在一般情况下，只有与我国正式建立外交关系的国家的国旗，方能在我国境内的室外或公共场所按规定升挂。若有特殊原因需要升挂未建交国国旗，须事先经过省、市、自治区人民政府外事办公室批准。

（2）某些国家的国旗因图案、文字等原因，既不能竖挂，也不能反挂。有的国家则规定，其国旗若竖挂需另外制旗。

单元三　与不同国际友人的交往礼仪

一、与亚洲地区友人的交往礼仪

亚洲，全称为亚细亚洲，是七大洲中面积最大，跨纬度最广，东西距离最长，人口最多的一个洲。亚洲覆盖地球总面积的8.6%（或者总陆地面积的29.4%），人口总数近40亿，占世界总人口的60%。亚洲可分为东亚、西亚、东南亚、中亚、南亚和北亚六个部分。东亚包括中国、日本、朝鲜、韩国和蒙古五个国家；东南亚包括越南、柬埔寨、泰国、缅甸、马来西亚、新加坡、菲律宾、印度尼西亚、文莱和东帝汶；南亚包括尼泊尔、不丹、印度、巴基斯坦、孟加拉国、斯里兰卡、马尔代夫；中亚包括哈萨克斯坦、乌兹别克斯坦、吉尔吉斯斯坦、土库曼斯坦、塔吉克斯坦；西亚包括伊朗、阿富汗、沙特阿拉伯、科威特、巴林、卡塔尔、阿联酋、阿曼、也门、土耳其、叙利亚、伊拉克、塞浦路斯、黎巴嫩、约旦、巴勒斯坦、以色列、格鲁吉亚、亚美尼亚、阿塞拜疆等。

1.日本

日本是位于亚洲大陆东岸外的太平洋岛国。西、北隔东海、黄海、日本海、鄂霍次克海，与中国、朝鲜、俄罗斯相望，东濒太平洋。领土由北海道、本州、四国、九州四个大岛和3 900多个小岛组成。

职场小贴士

1972年9月29日，中日两国签署《中日联合声明》，实现邦交正常化，1973年1月互设大使馆。

与日本友人交往应注意以下礼仪：

（1）称呼礼仪。日本以"礼仪之邦"著称，讲究礼节是日本人的习俗。平时人们见面总要互施鞠躬礼，并说"您好""再见""请多关照"等。民航服务人员为日本友人服务时，可称之为"先生""小姐"或"夫人"，也可以在其姓氏或名之后加上一个"君"字，将其尊称为"某某君"，只有在很正式的情况下，称呼日本人时才需使用其全名。

（2）餐饮礼仪。宴请和被宴请是与日本友人之间建立亲密关系的必要组成部分。为了表现出对日本风俗的尊重，要掌握用筷子吃饭的艺术并适当地祝酒。对男士而言，礼节性的饮酒是认识合作者的一个传统方法。有时候，饮很多酒甚至喝醉也并非不妥。喝完几杯以后，他们或许会变得毫无拘束并进入深层交流，告诉你他们真实的想法。但是，日本人通常不希望女士饮酒，当然也不希望她们喝醉。

（3）服饰礼仪。日本人无论在正式场合还是非正式场合，都很注重自己的衣着。在正式场合，男子和大多数中青年妇女都着西服。通常情况下，男士穿深色套装和白衬衫，打式样较保守的领带；女士应该穿保守的套装或者礼服。日本妇女喜欢描眉，她们普遍爱画略有弯度的细眉，认为这种眉形最具现代女性的气质。

职场小贴士

和服是日本的传统服装，其主要特点是由一块布料缝制而成。现在男子除一些特殊职业者外，在公共场所很少穿和服。

（4）名片礼仪。日本人很注重名片的作用，他们认为名片可表明一个人的社会地位，因此总是随身携带。初次相见如果不带名片，不仅失礼而且对方也会认为你不好交往。互赠名片时，要先行鞠躬礼，并双手递接名片。接到对方名片后，要认真看阅，看清对方身份、职务、公司，用点头动作表示已清楚对方的身份。

（5）交换礼物。交换礼物对建立关系是很有帮助的。为日本友人准备合适的礼物，较好的选择就是昂贵的白兰地、好的威士忌酒或者具有自己城市、地区或者国家特色的凸显品位的礼物。同时，要知道礼物的包装和含义远比其内容重要，在日本礼物必须进行包装或者找个对日本风俗了解的人来包装礼物。交换礼物时应当用双手呈上礼物，接收者或许会把礼物放在一边，之后再打开；同样，自己也应该用双手接过礼物，之后打开。

（6）送礼物礼仪。

①日本人对送礼特别忌讳"9"，会误认把主人看作强盗。

②日本人对送花有很多忌讳：日本人忌讳赠送或摆设荷花；日本人在探望病人时忌用山茶花、仙客来及淡黄色和白颜色的花。因为山茶花凋谢时整个花头落地，不吉利；仙客来花在日文中读音为"希苦拉面"，而"希"同日文中的"死"发音类似；淡黄色与白颜色花，是日本人传统观念就不喜欢的花。日本人对菊花或装饰菊花图案的东西有戒心，因为它是皇室的标志，一般不敢也不能接受这种礼物或礼遇。

③日本人对装饰有狐狸和獾图案的东西很反感，认为狐狸"贪婪"和"狡猾"，獾"狡诈"。他们还很讨厌金、银眼的猫，认为见到这样的猫，会感到丧气。

（7）日本人的礼仪禁忌。

①日本人大多数信奉神道（日本固有的宗教）和大乘佛教。

②日本人有"过午不食"的教规。
③日本人不喜欢紫色,认为紫色是悲伤的色调。
④日本人最忌讳绿色,认为绿色是不祥之色。
⑤日本人忌讳"4",主要是"4"和"死"的发音相似,很不吉利。
⑥日本人还忌讳3人一起"合影",认为中间被左右两人夹着,是不幸的预兆。
⑦日本人忌讳触及别人的身体,认为这是失礼的举动。
⑧日本人忌讳把盛过东西的容器再给他们重复使用。
⑨日本人忌讳在洗脸水中再兑热水。
⑩日本人忌讳晚上剪指甲。
⑪日本人忌讳洗过的东西晚上晾晒。
⑫日本人忌讳睡觉或躺卧时头朝北(据说停尸才头朝北)。

2. 印度

印度,是印度共和国的简称,位于亚洲南部,是南亚次大陆最大的国家,历史悠久的文明古国之一,具有绚丽的多样性和丰富的文化遗产和旅游资源。与孟加拉国、缅甸、中国、不丹、尼泊尔和巴基斯坦接壤,与斯里兰卡和马尔代夫等国隔海相望。古印度人创造了光辉灿烂的古代文明,印度也是世界三大宗教之一——佛教的发源地。印度是个民族、宗教众多,文化各异的国家,被称作世界上"保存最完好"的"人种、宗教、语言博物馆"。印度的语言异常繁杂,宪法承认的语言有10多种,登记注册的语言达1 600多种。英语和印地语同为印度的官方语言。

职场小贴士

1950年4月,中印建交。1959年两国关系恶化。1976年恢复互派大使,中印关系逐年改善。2005年4月,中印宣布建立战略合作伙伴关系。

与印度友人交往应注意以下礼仪:

(1)称呼礼仪。在印度,严格的等级制度在许多机构中是惯例,因此头衔相当重要,应用头衔称呼。印度人称呼复杂,商务活动中,可采用姓名后加"Sir"或"Madam"的方法称呼对方。

(2)餐饮礼仪。印度人大部分信奉印度教,宗教对饮食有着很大的影响。印度教不准吃牛肉,印度虽有养牛业,但只能提供牛奶、黄油等,喝牛奶是被允许的。特别是水牛奶,印度人格外喜欢。由于牛是印度人心目中十分神圣的动物,所以在与印度友人的交往过程中一般不要把牛肉作为食品招待对方为宜。由于宗教的原因,印度的素食者也特别多。请印度人吃饭,先要搞清楚对方是不是素食者,否则会很尴尬。严格的素食者,是连鸡蛋也不吃的,但牛奶一般都喝。有些虔诚的印度教徒,吃饭前还要做祷告。印度人吃饭的方式还保留着某些传统的习惯,而且一定要用右手吃饭,给别人递食物、餐具，更得用右手。印度人喜欢吃中餐，喜欢分餐制，吃饭大多使用盘子，不习惯用刀叉和筷子，一般用手抓食。

（3）服饰礼仪。

①印度男女多有佩戴各种装饰品的习惯，首饰是印度人日常生活中一种不可缺少的装饰品，即使是家境清贫的妇女，也要佩戴一些不值钱的金属或塑料首饰。自古以来，印度人就认为，向女子赠送首饰是男子应尽的义务，女子也应充分利用首饰来打扮自己。

②印度妇女喜欢在前额中间点吉祥痣，其颜色不同，形状各异，在不同情况下表示不同意思，是喜庆、吉祥的象征。

③在商务活动中，男士穿西装打领带，夏天则可以穿整洁的短袖衬衫。女士应穿整齐保守的裙装或裤装，上臂、身体和膝盖以下任何时候都必须被包裹。穿着皮革服饰，可能会冒犯印度教徒。

（4）握手礼仪。商务活动中，同性之间可以行握手礼，但女士不应首先同男士握手；异性之间行合十礼。虽然有些妇女一般不见男客，但邀请印度人参加社交活动时，也应邀请他们的妻子。印度人很好客，任何时候都可以串门做客。应邀赴约时要注意，准时赴约会被认为是客人自我轻视，一定要晚半个小时才能显示客人的尊贵。

（5）名片礼仪。首次拜访，应使用名片。

（6）交谈礼仪。印度人喜欢谈论他们的文化业绩、印度的传统、有关其他民族和外国的情况，但不要谈及个人私事、印度的贫困状况、军事开支以及大量的外援。

（7）印度人的礼仪禁忌。

①印度人认为吹口哨是冒犯他人的举动，是没有教养的表现。

②在色彩方面，印度人喜欢红、黄、蓝、绿、橙色及其他鲜艳的颜色。黑色、白色和灰色，被视为消极的、不受欢迎的颜色。

③印度人不喜欢玫瑰花。印度人忌以荷花做馈赠品，因为印度人多以荷花为祭祀之花。

④在办公室和商业机关，印度人喜欢将写字台放在东北角或西南角。

⑤印度人睡觉时，不能头朝北，脚朝南。

⑥印度人晚上忌说蛇。

⑦在节日喜庆的日子里忌烙饼。

⑧婴儿忌照镜子，否则认为会变成哑巴。

⑨父亲在世时，儿子忌缠白头巾、剃头。

⑩3和13是忌数，因为湿婆神有3只眼睛，第三只眼睛是毁灭性的，13是因为人死后有13天丧期。

⑪妇女在怀孕期间，忌做衣服、照相。

⑫忌用左手递接东西。

⑬印度教教徒有忌杀生，忌食肉类，忌穿皮革和丝绸的民间习俗。他们甚至把飞虫等都列入不能误伤的忌项，就连地里种的萝卜、胡萝卜等蔬菜也都忌吃。印度阿萨

姆邦的居民，对来访客人不接受、品尝他们敬上的槟榔果是极为不满的，认为这样是对主人的不友好和不信任。印度的锡克教人禁止吸烟。印度人不爱吃蘑菇、笋、木耳、面筋等，也不喜欢旺火爆炒而成的菜肴。

3．泰国

泰国的正式国名是泰王国。地处中南半岛的中南部，国土面积为51.4万平方千米，由傣族、老挝族、马来族、高棉族、华裔泰人等30多个民族构成，以佛教为国教，官方语言是泰语，英语则为通用语，首都为曼谷。泰国国庆日即泰王生日，为每年的12月5日。

> **职场小贴士**
>
> 1975年7月1日，中泰两国建交。泰国承认中国完全市场经济地位。

与泰国友人交往应注意以下礼仪：

（1）称呼礼仪。泰国人习惯以"小姐""先生"等国际上流行的称呼彼此相称。在称呼对方时，为了表示友善和亲近，直接称呼其名。跟外人打交道时，泰国人颇有涵养，一贯讲究"温、良、恭、俭、让"，并且总是喜欢面带微笑，细声低语。

（2）餐饮礼仪。泰国人主食为大米，早餐多为西餐，午餐和晚餐是中餐。泰国人喜欢辣椒、鱼、味精，不爱吃红烧菜肴，忌食牛肉。在用餐之后，喜欢吃上一些水果，但不太爱吃香蕉。一般不喝热茶，通常喜欢在茶里加上冰块，令其成为冻茶。在一般情况下，绝不喝开水，而惯于直接饮用冷水。在喝果汁的时候，还有在其中加入少许盐末的偏好。有些泰国人用餐时爱叉、勺并用，即左手持叉，右手执勺，两者并用。

（3）服饰礼仪。泰国的各个民族都有自己的传统服饰，服饰喜用鲜艳之色。花衬衫在泰国很受欢迎。在泰国从事商务活动宜穿深色套装，女士穿裙子和宽大的短外套。不要穿紫色或黑色的服装，因为在泰国，紫色服装是寡妇所穿，黑色服装是参加葬礼时穿的。

（4）合十礼。泰国人交际应酬所用最多的见面礼节是带有浓厚佛门色彩的合十礼，并且同时问候对方"您好！"。在一般情况下，行合十礼之后，不必握手。行合十礼时，晚辈要先向长辈行礼；身份、地位低的人要先向身份、地位高的人行礼。对方随后也应还之以合十礼，否则即为失礼。

（5）名片礼仪。社交场合名片必不可少。

（6）泰国人的礼仪禁忌。

①与泰国人进行交往时，千万不要非议佛教，或对佛门弟子有失敬意。向僧侣送现金，被视作一种侮辱。参观佛寺时，进门前要脱鞋，摘下帽子和墨镜。在佛寺之内，切勿高声喧哗，随意摄影、摄像。不要爬到佛像上去进行拍照。在宗教圣地忌穿

裸露的衣服，如背心、短裤等。抚摸佛像，或是妇女接触僧侣，也在禁止之列。

②泰国人非常重视头而轻脚，认为人的头部最尊贵，因此切不可触摸别人的头，即使小孩的头也不例外，拿东西的时候也不可高过别人的头。至于用脚给人指示方向、用脚踢门等行为，在泰国都是不能容忍的。泰国人还忌讳脚踏门槛，认为家庭的神灵就位于门槛之下。

③泰国人认为左手不洁，因此忌用左手吃东西或交接物品。

④泰国人忌用红笔签名，因为泰国人用红笔在棺材上写死者的名字。

⑤泰国人睡觉忌头朝西，因日落西方象征死亡。

二、与欧洲地区友人的交往礼仪

欧洲，全称欧罗巴洲，欧洲面积 1 016 万平方千米，共 45 个国家和地区，约 7.28 亿人，约占世界总人口的 12.5%，是人口密度最大的一个洲。按地理上的习惯，人们把欧洲分为东欧、西欧、中欧、南欧和北欧 5 个地区，其中，南欧主要包括塞尔维亚、黑山、罗马尼亚、保加利亚、希腊、意大利等；西欧主要包括英国、爱尔兰、荷兰、比利时、卢森堡、法国和摩纳哥等；中欧包括波兰、捷克、斯洛伐克、匈牙利、德国、奥地利、瑞士、列支敦士登等；北欧包括冰岛、丹麦、挪威、瑞典和芬兰等；东欧包括爱沙尼亚、拉脱维亚、立陶宛、白俄罗斯、乌克兰、摩尔多瓦和俄罗斯西部等。

1. 法国

法国，全称为法兰西共和国，位于欧洲西部，是西欧最大的国家。法国的国名"法兰西"源于古代的法兰克王国的国名，在日耳曼语里，"法兰克"一词被翻译为"自由"或"自由人"。"艺术之邦""时装王国""葡萄之国""名酒之国""美食之国"等都是世人给予法国的美称。法国人中有 79% 的法国居民信奉天主教。法国官方语言为法语，首都巴黎被誉为"艺术宫殿""浪漫之都""时装之都"和"花都"。

> **职场小贴士**
>
> 1964 年 1 月 27 日，中、法两国政府发表联合公报决定建立外交关系。联合公报宣布："中华人民共和国政府和法兰西共和国政府一致决定建立外交关系。两国政府为此商定在 3 个月内任命大使。"

与法国友人交往应注意以下礼仪：

（1）称呼礼仪。在与法国人进行商务交往时，切忌随意以名字称呼对方，应当使用头衔来称呼对方，即使像"女士"这样简单的头衔也不能省去。通常习惯只称"先生""小姐""夫人"等尊称，不用加上对方的姓。熟人、同事之间可以直呼其名。对于关系亲密者，则可以呼其爱称。

（2）餐饮礼仪。

①法国人非常讲究饮食，讲究菜肴的鲜嫩和品质，偏爱酸、甜，一般喜欢晚宴，不喜欢午餐会谈。

②法国人视宴请为交际场合，所以他们所进行的宴会时间会较长，用餐时聊天是非常重要的内容，在用餐时只吃不谈是不礼貌的，但不要提及工作上的事情，除非主人开了头。

③法国人爱吃面食，面包种类之多，难以计数。

④在肉食方面，他们爱吃牛肉、猪肉、鸡肉、鱼子酱、鹅肝，不吃肥肉、肝脏之外的动物内脏、无鳞鱼和带刺骨的鱼。

⑤法国当地人大多爱吃中国菜，尤其对鲁菜、粤菜赞赏不已。但是和中国不同的是，绝大多数法国人在餐桌上饮酒却不碰杯，而且食无声响。

⑥法国盛产名酒，具有世界声誉的白兰地、香槟和红白葡萄酒皆出自法国。另外，法国人还特别善饮，他们几乎餐餐离不开酒，而且讲究在餐桌上要以不同品种的酒水搭配不同的菜肴。他们常规的做法是：餐前要喝开胃酒，吃鱼要喝白葡萄酒，吃肉要喝红葡萄酒，餐后才适合喝利口酒或白兰地。对于鸡尾酒，多数法国人则不大欣赏。

⑦除酒水之外，法国人平时还爱喝生水和咖啡。法国人不仅在用餐时，而且在平时也有喝咖啡的习惯。他们通常爱用大杯喝有香味的浓咖啡。因而，尤其在巴黎宽敞的林荫大道边，热闹的露天咖啡座比比皆是。

（3）服饰礼仪。在社交场合与法国人打交道时，特别需要注意的是服饰的讲究。在正式场合，法国人通常要穿西装、套裙或连衣裙，颜色多为蓝色、灰色或黑色，质地则多为纯毛。出席庆典仪式，一般要穿礼服。男士多为配以蝴蝶结的燕尾服，或是黑色西装套装；女士多为连衣裙式的单色大礼服或小礼服。在与法国人进行商务活动时，应打扮得华而不俗。

（4）握手礼仪。法国人在社交场合与客人见面时，大多行握手礼。应注意的是，男女见面时，男士要等女士先伸手后才能与之相握，若女士没有主动握手之意，男士应点头鞠躬致意，不可主动执意与女士握手。

（5）其他见面礼仪。

①在法国，少女通常是向妇女施屈膝礼。

②法国人见面还常行"吻面礼"，意在表示亲切友好。

③通常情况下，法国人对亲戚、朋友和同事之间只能贴脸或颊，长辈对小辈是亲额头，只有夫妇或情侣之间才是真正亲吻。

（6）名片礼仪。在初次见面时，应主动向对方递上自己的名片。

（7）预约礼仪。无论是约见还是拜访法国人都要事先预约，并且按照约定的时间准时到达。

（8）送礼物礼仪。法国人互送礼物时，可以选择一些有艺术性和美感的礼品（如唱片、画）或一些书籍（如传记、历史、评论及名人回忆录等）会很受法国人欢迎。另外，法国本土出产的奢侈品（如香槟酒、白兰地、香水、糖栗等），也是很好的礼品。法国人除非关系比较融洽，一般不互相送礼。如果初次见面就送礼，法国人会认为你不善交际，甚至认为粗俗。法国人在送礼物时，还要注意：

①法国人喜爱花，生活中离不开花，特别是探亲访友，应约赴会时，总要带上一束美丽的鲜花，人们在拜访或参加晚宴的前夕，总是送鲜花给主人。但是，送花时值得注意的是，送花枝数不能是双数，且切忌送菊花，因为在法国（或其他法语区），菊花代表哀伤，只有在葬礼上才送菊花。其他黄色的花，象征夫妻间的不忠贞。另外也忌摆菊花、牡丹花及纸花，在法国，康乃馨被视为不祥的花朵。法国人民将鸢尾科的鸢尾花作为自己民族的国花（欧洲人把鸢尾花叫作"百合花"）。法国人喜欢玫瑰，认为玫瑰花是爱情的象征。

②在法国，男人向女士赠送香水，有过分亲热和"不轨企图"之嫌。

③不要送刀叉餐具之类，因为这意味着双方会割断关系。

④不要送带有仙鹤图案的礼物，仙鹤在法国是蠢汉的标志。

⑤不要送核桃，核桃被法国人认为不吉祥。

（9）法国人的礼仪禁忌。

①法国人忌讳数字"13"与"星期五"。如果"13"日与"星期五"碰在一起，这一天就会被称为"黑色星期五"，商人一般在这一天都不活动。他们不住13号的房间，不在13日（或星期五）这天外出旅行，不坐13号座位，更不准13个人共进晚餐。往往以"14（A）"或"12（B）"代替"13"。

②法国人喜欢蓝色、粉红色，认为蓝色是"宁静"和"忠诚"的色彩，粉红色则是积极向上的色彩。而厌恶墨绿色，因为这种颜色容易使人联想到第二次世界大战时的德国纳粹。另外平时对黑色的使用也比较谨慎，因为黑色是在葬礼上使用的颜色。

③法国人对类似纳粹的任何图案都极为反感，也不喜欢在商品和包装上出现宗教性的标志图案和锤子、镰刀图案。

④公鸡是法国的国鸟，其以勇敢、顽强的性格而得到法国人的青睐。野鸭图案也很受法国人喜爱。但他们讨厌孔雀、仙鹤，认为孔雀是祸鸟，并把仙鹤当作蠢汉的代称。

⑤我国的山水、仕女图案以及大红花朵的图案，也不受欢迎。

2. 英国

英国全称为大不列颠及北爱尔兰联合王国，是由英格兰、苏格兰、威尔士和北爱尔兰组成的联合王国。国土面积24.36万平方千米，主要居民有英格兰人、威尔士人、苏格兰人和爱尔兰人，此外还有少量的犹太人。其中，英格兰人所占比例最大，为全国总人口的80%左右。

职场小贴士

1972年3月14日，中英互换大使的联合公报达成协议，建立外交关系。

与英国友人交往应注意以下礼仪:

(1) 称呼礼仪。英国人,特别是那些上年纪的英国人,喜欢别人称呼其世袭的爵位或荣誉的头衔。至少,要用"阁下"或是"先生""小姐""夫人"等称呼。需要特别注意的是,英国人把自己的民族自尊看得很重。他们对于"英国人"这一统称十分反感。因此,与他们进行交往的时候,一定要具体称呼为"英格兰人""苏格兰人""威尔士人"或"北爱尔兰人"。不过,要是采用"不列颠人"这一统称也能行得通。

(2) 礼貌用语。英国人待人彬彬有礼,讲话十分客气,"谢谢""对不起""请""你好"等礼貌用语不离口。即使是夫妻、挚友、家人之间也经常使用这些礼貌用语。

(3) 餐饮礼仪。

①英国人口味清淡酥香,不吃过咸、过辣或带汁液的菜肴。

②在饮食禁忌上,英国人主要不吃狗肉,做菜时加入味精也被视为禁忌。

③英国人的一日三餐中,一般早餐丰富,午餐简单,晚餐则最为重视、讲究,通常作为宴请宾客的最佳时机。

④除了三餐之外,英国人特别喜欢喝茶,一般早上起床后要喝上一杯"被窝茶"。英国人还有饮下午茶的习惯,即在下午3~4点钟的时候,放下手中的工作,喝一杯红茶,有时也吃块点心,休息一刻钟,称为"茶休"。主人邀请共同喝下午茶,遇到这种情况,大可不必拒绝。英国人把喝茶当作一种享受,也当作一种社交。他们所喝的茶是红茶,饮茶时,首先在茶杯里倒入牛奶,然后冲茶,最后放糖。如果先倒茶后冲牛奶,会被视为无教养。

⑤在正式的宴会上,一般不准吸烟。进餐吸烟,被视为失礼。

⑥英国盛产威士忌,曾与法国的干邑、中国的茅台酒并列为世界三大名酒。英国人除了以威士忌佐餐外,还喜欢净饮。英国人饮酒,很少自斟自饮。他们的习惯是,喝酒最好要去酒吧。因此,英国的酒吧比比皆是,并且成为英国人社交的主要场所之一。

(4) 服饰礼仪。在正式场合,英国人着装是很严谨的。一般男士要身着深色套装、单色衬衫、老式领带和锃亮的黑色皮鞋。如果请柬上写有"black tie"字样,男士要穿带黑色小蝴蝶结的燕尾服,女士应穿晚礼服。男士忌打有条纹的领带,因为有条纹的领带可能被认为是军队或学生校服领带的仿制品。女士一般穿深色套裙,衣服的颜色不要太俗气,也不要佩戴太多的珠宝首饰。

(5) 见面礼仪。见面时,常用的是握手礼,但切忌交叉握手。大庭广众之下,他们一般不行拥抱礼,更不像法国人一样行吻面礼,但也绝不像美国人一样简单地"嗨"一声即作罢。他们认为这样都有失风度。

(6) 送礼物礼仪。若是去英国人家里做客,最好带点小价值的礼品,因为花费不多就不会有行贿之嫌。礼品一般有高级巧克力、名酒、鲜花,特别是我国具有民族特色的民间工艺美术品,他们也格外欣赏。他们对有客人公司标记的纪念品不感兴趣。盆栽植物一般是宴会后派人送去。在接受礼品方面,英国人和我国的习惯有很大的不同。他们常常当着客人的面打开礼品，无论礼品价值如何，或是否有用，主人都会给以热情的赞扬表示谢意。

（7）预约礼仪。英国客商有很强的时间观念，喜欢按预先的计划行事。无论是谈判还是上门拜访，都要预先约定。在商务会晤时，应按事先约好的时间到达。他们不喜欢突然到访，反感迟到或随意占用晚上的私人时间。

（8）英国人的礼仪禁忌。

①玫瑰是英国的国花，另外蔷薇花他们也非常喜欢。切记不要送百合花和菊花，因为这些象征着死亡。给英国女士送花时，宜送单数，不要送双数和13枝。

②英国人认为数字"7"是吉祥的，但是他们忌讳数字"3""13"和"星期五"。在用打火机或火柴为他们点第三支烟的时候尤其需要注意，符合礼节的方法应当是用一根火柴点燃第二支烟后及时熄灭，再用第二根火柴点第三个人的烟。对于"13"这个数字，英国人也是尽量避免的，请客时总要避免宾主共13人，重要的活动也不安排在13日，酒店一律没有13号房间。如果星期五再碰上13日，那这一天就是"诸事不宜"的日子。

③英国人在色彩方面比较偏爱蓝色、红色和白色。他们是英国国旗的主要色彩。英国人所反感的色彩主要是墨绿色。红色也不太受英国人欢迎，他们认为红色有凶兆。黑色多被用在葬礼中，因此使用时要慎重。

④在握手、干杯或摆放餐具时无意之中出现类似十字架的图案，他们会认为是十分晦气的。

⑤英国人不喜欢用动物图案做商标。尤其讨厌山羊、黑猫（厄运）、大象（愚笨）和孔雀（淫乱）。

⑥英国因为有世袭头衔，如爵士、公爵、子爵等，所以英国人喜欢别人称呼他们的荣誉头衔。若对他们称呼不当，会令英国人相当尴尬和不快。

⑦英国人忌讳谈论英国皇室及其成员。

3．德国

德国全称为德意志联邦共和国。它位于欧洲中部，陆上与法国、瑞士、奥地利、捷克、波兰、丹麦、荷兰、比利时、卢森堡九个国家接壤，是欧洲邻国最多的国家。德国作为国家名称，源于"德意志"一词，在古代高德语中具有"人民的国家""人民的土地"之意。德国人口主要是德意志人，还有少数丹麦人、吉卜赛人和索布族人。值得一提的是，德国人口出生率在西方国家中最低，至今已多年出现负增长。德国居民主要信奉基督教新教和罗马天主教，官方语言是德语，首都是柏林。

与德国友人交往应注意以下礼仪：

（1）称呼礼仪。重视称呼是德国人在人际交往中的一个鲜明特点。对德国人称呼不当，通常会令对方大为不快。一般情况下，切勿直呼德国人的名字，称其全称，或仅称其姓，则大多可行。与德国人交谈时，切勿疏忽对"您"与"你"这两种人称代词的使用，对于熟人、朋友、同龄者，可以"你"相称。在德国，称"您"表示尊重，称"你"则表示地位平等，关系密切。

（2）餐饮礼仪。

1）德国人在宴会上和用餐时，注重以右为上的传统和女士优先的原则。

2）德国人举办大型宴会时，一般是在两周前发出请帖，并注明宴会的目的、时间和地点。一般宴会的请帖是在8～10天前发出。

3）德国人用餐讲究餐具的质量和齐备。

4）宴请宾客时，桌上摆满酒杯、盘子等。

5）德国人尤其爱食肉，其中最爱食猪肉，其次是牛肉。以猪肉制成的各种香肠，令德国人百吃不厌。

6）德国人一般以面包、土豆为主食，偶尔以大米和面条作为主食。

7）德国啤酒因为种类繁多而闻名于世，有超过4 000种不同的品牌。同时，德国也是世界上啤酒消耗量最大的国家，这足以看出德国人对啤酒的钟爱。此外，他们还爱饮葡萄酒。

8）德国人喜欢携带方便的汉堡包，自助餐也发明于德国，德国人很喜欢选择这种方式进餐。

9）德国人在用餐时，有以下几条特殊的规矩：

①吃鱼用的刀叉不得用来吃肉或奶酪。

②若同时饮用啤酒与葡萄酒，宜先饮啤酒，后饮葡萄酒，否则被视为有损健康。

③食盘中不宜堆积过多的食物。

④不得用餐巾扇风。

⑤忌吃核桃。

（3）服饰礼仪。德国人在穿着打扮上的总体风格是庄重、朴素、整洁。在一般情况之下，德国人的衣着较为简朴。男士大多爱穿西装、夹克，并喜欢戴呢帽。妇女们则大多爱穿翻领长衫和色彩、图案淡雅的长裙。德国人在正式场合露面时，必须要穿戴得整整齐齐，衣着一般多为深色。在商务交往中，他们讲究男士穿三件套西装，女士穿裙式服装。德国人对发型较为重视。在德国，男士不宜剃光头，免得被人当作"新纳粹"分子。德国少女的发式多为短发或披肩发，烫发的女性多半都是已婚者。

（4）会面礼仪。事先预约、准时赴约是德国一条十分重要的社交礼仪准则。会面或拜访均需事先预约，一般是电话或信函预约。预约成功后，作为客人则应当准时赴约。如果由于临时原因稍晚几分钟，往往是可以允许的。但若预计将迟到10分钟以上就一定要提前打电话告知对方。相反，如果你提前到达，不妨开车转一圈或在附近散散步，到时间再进主人家。

（5）握手礼仪。德国人在人际交往中对礼节非常重视。与德国人握手时，有必要特别注意两个方面：

①握手时务必要坦然地注视对方。

②握手的时间宜稍长一些，晃动的次数宜稍多一些，所用的力量宜稍大一些。

（6）德国人的礼仪禁忌。

①在所有花卉之中，德国人对矢车菊最为推崇，并且选定其为国花。在德国，不

模块六　民航服务人员外事礼仪

宜随意以玫瑰或蔷薇送人，前者表示求爱，后者则专用于悼亡。

②德国人对颜色禁忌较多，棕色、红色、深蓝色和黑色他们都忌讳。以褐色、白色、黑色的包装纸和彩带包装、捆扎礼品，也是不允许的。通常不喜欢红色和黑色，认为红色是色情的颜色，黑色是悲哀的颜色。

③德国人对于"13"与"星期五"极度厌恶。

④德国人对于4个人交叉握手，或在交际场合进行交叉谈话，也比较反感。因为这两种做法，都被他们看作不礼貌。在公共场合窃窃私语，德国人认为是十分无礼的。

⑤向德国人赠送礼品时，不宜选择刀、剑、剪、餐刀和餐叉。忌讳用一根火柴连续给3个人点烟。

⑥在德国，由"纳粹"和"希特勒"延伸出来的禁忌有很多：德国穿鞋子不能黑鞋系白带，因为那是纳粹的标志；由于纳粹的军服是墨绿色，这种颜色的服装已销声匿迹；称呼国家领导人，德国媒体至今仍不轻易用"元首"二字，因为这暗指希特勒；而印着纳粹各种标识的物品被严禁生产。

4. 俄罗斯

俄罗斯全称为俄罗斯联邦，国土面积为1 710万平方千米，约占世界陆地总面积11.4%，是世界上地域最辽阔的国家。俄罗斯位于欧亚大陆北部，地跨东欧北亚大部分土地，与挪威、芬兰、中国、蒙古、朝鲜、爱沙尼亚、拉脱维亚、立陶宛、白俄罗斯、乌克兰、格鲁吉亚、阿塞拜疆、哈萨克斯坦等国家相邻。俄罗斯有130多个民族，其中俄罗斯族占总人口83%。居民多信奉东正教，其次为伊斯兰教。俄语为其官方语言。莫斯科是俄罗斯首都，是俄罗斯最大城市，中央联邦区首府，最大铁路枢纽，全国政治、文化和经济、交通中心。其中有著名的红场和克里姆林宫。

> **职场小贴士**
>
> 1949年10月2日，中华人民共和国与苏联建交。苏联解体后，1991年12月27日，中俄两国签署会谈纪要，解决了两国关系的继承问题。

与俄罗斯友人交往应注意以下礼仪：

（1）称呼礼仪。在正式场合，他们一般采用"先生""小姐""夫人"之类的称呼。在俄罗斯，人们非常看重他人的社会地位。因此对有职务、学衔、军衔的人，最好以其职务、学衔、军衔相称。

（2）餐饮礼仪。

①俄罗斯人一般对晚餐要求较为简单，对早、午餐较为重视。

②俄罗斯人一般用餐时间都习惯拖得很长。

③俄罗斯人一般以吃俄式西餐为主，大多都使用刀叉用餐，也有个别人习惯用手抓饭吃。

④俄罗斯人很喜欢中国的京菜、津菜、川菜、粤菜和湘菜，但一般不吃乌贼、海蜇、海参和木耳等食品。

⑤在饮食习惯上，俄罗斯人讲究量大实惠，油大味厚。他们喜欢酸、辣、咸味，偏爱炸、煎、烤、炒的食物，尤其爱吃冷菜。总的来说，他们的食物在制作上较为粗糙。一般而论，俄罗斯人以面食为主，他们很爱吃用黑麦烤制的黑面包。除黑面包之外，俄罗斯人大名远扬的特色食品还有鱼子酱、酸黄瓜、酸牛奶，等等。

⑥吃水果时，他们多不削皮。

⑦在饮料方面，俄罗斯人很能喝冷饮。具有该国特色的烈酒伏特加，是他们最钟爱喝的酒。此外，他们还喜欢喝一种叫"格瓦斯"的饮料。

⑧用餐之时，俄罗斯人多用刀叉。他们忌讳用餐时发出声响，并且不能用匙直接饮茶，或让其直立于杯中。通常，他们吃饭时只用盘子，而不用碗。

⑨参加俄罗斯人的宴请时，宜对其菜肴加以称道，并且尽量多吃一些，俄罗斯人将手放在喉部，一般表示已经吃饱。

（3）服饰礼仪。俄罗斯人十分注重仪表，注重服饰。

①在俄罗斯民间，已婚妇女必须戴头巾，并以白色的为主；未婚姑娘则不戴头巾，但常戴帽子。

②在城市里，俄罗斯人目前多穿西装或套裙，俄罗斯妇女往往还要穿一条连衣裙。

③前去拜访俄罗斯人，进门后应自觉地脱下外套、手套和帽子，并且摘下墨镜。这是一种礼貌的表现。在正式的场合最好穿传统的西服套装。

④在商业交往时宜穿庄重、保守的西服，而且最好不要是黑色的，俄罗斯人较偏爱灰色、青色。

⑤衣着服饰考究与否，在俄罗斯商人眼里不仅是身份的体现，还是此次生意是否重要的主要判断标志之一。

（4）会面礼仪。

①与俄罗斯客商会谈或拜访，一般要提前3天约定，他们的时间观念很强，会准时赴约，最好提前5分钟到达约会地点，切忌迟到。

②初次与俄罗斯人见面一定要行握手礼，并介绍自己的名字，告辞时也要握手。

③初次会面应准备足够的俄、英两种文字的名片，名片上说明你在组织中的职务，以及其他较高地位的头衔。俄罗斯商人非常看重自己的名片，一般不轻易散发，除非确信对方的身份值得信赖或是自己的业务伙伴时才会递上名片。

④但对于熟悉的人，尤其是在久别重逢时，他们则大多要与对方热情拥抱。

⑤俄罗斯人迎接贵宾的方式是"面包加盐"，以此来表示最高的敬意和最热烈的欢迎。

（5）谈判礼仪。在进行商业谈判时，俄罗斯商人对合作方的举止细节很在意。站立时，身体不能靠在别的东西上，而且最好是挺胸收腹；坐下时，两腿不能抖动不停。在谈判前，最好不要吃散发异味的食物。在谈判休息时可以稍微放松，但不能做一些有失庄重的小动作，比如伸懒腰、掏耳朵、挖鼻孔或修指甲等，更不能乱丢果皮、烟蒂和吐痰。许多俄罗斯商人的思维方式比较古板，固执而不易变通，所以，在谈判时要保持平和冷静，不要轻易下最后通牒，不要一心想着速战速决。

（6）俄罗斯人的礼仪禁忌。

①在俄罗斯，被视为"光明象征"的向日葵最受人们喜爱，被称为"太阳花"，并被定为国花，拜访俄罗斯人时，送给女士的鲜花宜为单数。

②俄罗斯人忌讳黑色，认为黑色是死亡的颜色，普遍喜欢红色。

③俄罗斯人特别忌讳"13"这个数字，认为它是凶险和死亡的象征。俄罗斯人最偏爱"7"，认为可以带来好运和成功。对于"13"与"星期五"，他们则十分忌讳。

④俄罗斯人非常崇拜马，通常认为马能驱邪，会给人带来好运气，尤其相信马掌是象征祥瑞的物体，认为马掌既代表威力，又具有降妖的魔力。

⑤俄罗斯人讨厌兔子和黑猫，如果这两种动物从自己眼前经过，则预示着不幸将来临。

⑥俄罗斯人不允许以左手接触别人，或以之递送物品。遇见熟人不能伸出左手去握手问好，学生在考场不要用左手抽考签，等等。

⑦俄罗斯人讲究"女士优先"，在公共场合，男士往往自觉地充当"护花使者"。不尊重妇女，到处都会遭到白眼。

⑧俄罗斯人忌讳的话题有政治矛盾、经济难题、宗教矛盾、民族纠纷、苏联解体、阿富汗战争，以及大国地位问题。

⑨俄罗斯人认为镜子是神圣的物品，打碎镜子意味着灵魂的毁灭。但是如果打碎杯、碟、盘则意味着富贵和幸福，因此在喜宴、寿宴和其他隆重的场合，他们还特意打碎一些碟盘表示庆贺。

⑩对于某些俄罗斯人来说，外国人用拇指和食指做出的"OK"的手势是没有礼貌的。同时，站立的时候，不要把双手放在口袋里，这在俄罗斯人看来也是无礼的行为。

三、与美洲地区友人的交往礼仪

美洲，是"亚美利加州"的简称，位于西半球，自然地理分为北美洲、中美洲和南美洲，面积达 4 206.8 万平方千米，占地球地表面积的 8.3%、陆地面积的 28.4%。人文地理则将之分为盎格鲁美洲（大多使用英语）和拉丁美洲（大多使用西班牙语和葡萄牙语）。美洲地区拥有大约 9 亿居民，占到了人类总数的 13.5%。对于印欧文明来说，美洲最初并不为所知，后被航海家哥伦布于 1492 年发现，并误认为是印度，以致称当地人为印第安人流传至今。后以意大利探险家亚美利哥·韦斯普奇的名字命名，并沿用至今。

1. 美国

美国，全称为美利坚合众国，是一个由 51 个州组成的宪政联邦共和制国家。美国的主要宗教是基督教和天主教，官方语言主要是英语，其首都为华盛顿。

职场小贴士

1979年1月1日,《中美建交公报》正式生效,标志着中美正式建立外交关系。

与美国友人交往应注意以下礼仪:
（1）餐饮礼仪。
1) 公务交往性质的宴请一般安排在饭店、俱乐部进行,由所在公司支付费用。
2) 对于关系密切的亲朋好友一般会应邀到家中赴宴。通常的家宴是一张长桌子上摆着一大盘沙拉、一大盘烤鸡或烤肉、各种凉菜、一盘炒饭、一盘面包片以及甜食、水果、冷饮、酒类等。宾主围桌而坐,主人说一声"请",每个人端起一个盘子,取食自己所喜欢的食物,吃完后随意添加,边吃边谈,无拘无束。应邀去美国人家中做客或参加宴会,最好给主人带上一些小礼品,如化妆品、儿童玩具、本国特产或烟酒之类。对家中的摆设,主人喜欢听赞赏的语言,而不愿听到询问价格的话。
3) 由于受到不同民族、地区和风俗习惯的影响,美国人的饮食特征也是有所不同的。但是总体而言,他们有忌油腻,喜食"生""冷""淡"食品,不讲究形式和排场,而强调营养搭配的共同喜好。在一般情况下,美国人以食用肉类为主,牛肉是他们的最爱,鸡肉、鱼肉和火鸡肉也很受欢迎。然而,吃羊肉者很少见。一般情况下,讲究营养搭配的美国人不吃脂肪含量高的肥肉和胆固醇含量高的动物内脏,也不好吃奇形怪状的食物,如鳝鱼、鸡爪、海参、猪蹄之类的食品。受快节奏的社会生活影响,美国人的饮食日趋简便与快捷,其快餐文化在美国大行其道。汉堡包、热狗、馅饼、炸面圈以及肯德基炸鸡等风靡全球。
4) 美国人用在饮料上的消费占比很大,他们一般不喜欢喝中国茶,但爱喝冰水、冰矿泉水、冰啤酒和冰可口可乐等软性饮料和冰牛奶,而且是越冰越好。在餐前,美国人习惯喝些果汁,如橙汁、番茄汁;在用餐过程中,喜欢饮啤酒、葡萄酒等。餐后则有喝咖啡助消化的习惯。
5) 美国人用餐的戒条主要有以下六条:
①不允许进餐时发出声响。
②不允许替他人取菜。
③不允许吸烟。
④不允许向别人劝酒。
⑤不允许当众脱衣解带。
⑥不允许议论令人作呕之事。
（2）服饰礼仪。
①日常生活中,美国人穿着打扮很随意,他们大多崇尚自然,偏爱宽松,讲究着装体现个性,自己爱穿什么就穿什么。别人是不会议论或讥笑的。春、秋季,美国人

模块六 民航服务人员外事礼仪

一般下身着长裤，上身在衬衣外面再穿一件毛衣或夹克，宽松舒适，无拘无束。夏天穿短裤和着短裙者大有人在。在旅游或海滨城市，男的穿游泳裤，女的着三点式游泳衣，再披上一块浴巾，就可以逛大街或下饭馆了。

②美国人在正式场合比较讲究礼节。男士通常是西装革履，女士则是套裙。但是，女士在任何时候都最好不要穿黑色皮裙。

（3）会面礼仪。美国人时间观念很强，他们的商务活动都要提前预约，赴约一定要准时，如果不能按时到达，则应电话通知对方，并表示歉意。在商务谈判过程中，美国人也不愿意浪费时间，对他们而言，"时间就是金钱"。

（4）握手礼仪。美国人较少握手，即使是初次见面，也不一定非先握手不可，时常是点头微笑致意，礼貌地打招呼就行了。男士握女士的手要斯文，不可用力。如果女士无握手之意，男士不要主动伸手，除非女士主动。握手时不能用双手。男性之间，最忌互相攀肩搭臂。

（5）交谈礼仪。美国人谈话时不喜欢双方离得太近，一般而论，交往时与之保持50～100 cm 的距离才是比较适当的。

（6）美国人的礼仪禁忌。

1）美国人对玫瑰甚为喜爱，将它定为国花，它象征着美丽、芬芳、热忱和爱情。美国各州还有州花。但是白色百合花是禁忌，不能作为礼物送人。

2）美国人忌讳数字"666""3""13"和"星期五"。他们认为"13"这个数字象征着"厄兆"，"星期五"也是极不吉利的。

3）在美国，一般浅洁的颜色受人喜爱，如牙黄色、浅绿色、浅蓝色、黄色、粉红色、浅黄褐色。他们喜爱白色，认为是纯洁的象征；偏爱黄色，认为是和谐的象征；喜欢蓝色和红色，认为是吉祥如意的象征。他们忌讳黑色，认为是肃穆的象征，是丧葬时用的色彩。

4）美国人很尊重个人隐私。在交谈过程中，问及个人收入、财产情况、妇女婚否、年龄以及服饰价格等都被视为失礼的行为。

5）在美国千万不要把黑人称作"Negro"，最好用"Black"一词，黑人对这个称呼会坦然接受。因为Negro主要是指从非洲贩卖到美国为奴的黑人。跟白人交谈如此，跟黑人交谈更要如此。否则，黑人会感到你对他的蔑视。

6）与美国人打交道时，会发现他们大多比较喜欢运用手势或者其他体态语言来表达自己的情感。不过，下列体态语为美国人所忌用，他们认为这些体态语言都具有侮辱他人之意：

①盯视他人。

②冲着别人伸舌头。

③用食指指点交往对象。

④用食指横在喉咙之前。

7）美国社会有付小费的习惯，凡是服务性项目均需付小费，旅馆门卫、客房服务等需付不低于1 美元的小费，在酒店吃饭结账时收 15% 的小费。

2. 加拿大

加拿大的正式名称即为加拿大，它位于北美洲北部。在世界上，加拿大有着"移民之国""枫叶之国""万湖之国""真诚的北疆""粮仓"等多种美称。加拿大国土面积997万平方千米，居世界国家和地区的第二位，仅次于俄罗斯。加拿大的主要宗教是天主教和基督教，官方语言是英语和法语，首都是渥太华。

1970年10月13日，中国和加拿大正式建交。

与加拿大友人交往应注意以下礼仪：

（1）餐饮礼仪。

①出席商务性的宴会时，如对方在请柬上注明"请勿送礼"，应尊重主人的意见，不要携带礼品出席宴会。

②应邀参加家宴（大多采用自助餐的形式），应按当地习惯比约定的时间晚到一会儿（约10分钟）。到达主人家，可以给女主人送一束鲜花作礼物，或者带一瓶酒、一盒糖果。进餐时，客人要赞美饭菜的味道好，称赞女主人贤惠能干，感谢主人的盛情款待。第二天要给主人写封信或打个电话表示谢意。在加拿大，赴宴时最好到花店买一束鲜花送给主人，以表达自己的谢意。

③在餐桌上，男女主宾一般分别坐在男女主人的右手边。

④饭前先用餐巾印一印嘴唇，以保持杯口干净。

⑤因为加拿大人认为正确、优雅的吃相是绅士风度的体现，因此，用餐时，要注意不要发出声音，不宜说话，不要当众用牙签剔牙，切忌把自己的餐具摆到他人的位置上。

（2）服饰礼仪。在加拿大，不同的场合有不同的装束：

①在休闲场合，他们讲究自由穿着，只要自我感觉良好即可；在工作时间，通常穿西服、套裙，但参加社交活动时则穿礼服或时装。

②在教堂，男性着深色西装，女士则穿凸显庄重的衣裙。

③在参加婚礼时，男子或穿着西装，或穿便装，穿便装时不打领带。妇女则不宜打扮得过分耀眼，以免喧宾夺主，更不宜穿白色或米色系列的服装，因为象征纯洁的白色是属于新娘的。

（3）会面礼仪。

①在加拿大从事商务活动，首次见面一般要先做自我介绍，在口头介绍的同时递上名片。加拿大人的姓名同欧美人一样，名在前，姓在后。他们在做介绍时，一般遵循先少后长、先高后低、先宾后主的次序。在朋友众多的场合，他们总是顺着次序介绍，让大家互相认识，有地位较高的人士或辈分较高的长者在场的话，加拿大人总是

先把朋友介绍给他们。在隆重的场合，加拿大人总是连名带姓地做介绍。

②加拿大人喜欢别人赞美他的衣服，因此，会面时应给予对方赞美。

③加拿大人在社交场合与客人相见时，一般都行握手礼。在双方握手以后，他们会说"见到你很高兴""幸会"等。

④和其他欧美各国相比，在加拿大，亲吻礼和拥抱礼却不常使用，它仅适合熟人、亲友和情人之间。

（4）谈判礼仪。

①与加拿大人进行商务谈判时，要集中精力，不要心不在焉、东张西望或打断别人讲话。

②在正式谈判场合，衣着要整齐庄重。

③加拿大人有较强的时间观念，他们会在事前通知你参加活动的时间，不宜过早到达，如你有事稍微晚到几分钟，他们一般不会计较，你也不必为此做过多的解释。

④谈判中，不要涉及宗教信仰、性问题或批驳对方的政见，以免引起误解和争执。

（5）加拿大人的礼仪禁忌。

①加拿大人忌讳别人赠送白色的百合花，认为百合花表示死亡，加拿大人只有在丧礼上才使用。

②加拿大人大多信奉天主教或基督教，日常生活中，他们特别忌讳"13"和"星期五"，无论做什么事，他们总是力图避开这一数字和日期。在接待宾客时要注意，不能安排单数的席次，尤须避免安排 13 个席次。

③在加拿大，红、白两色很受喜爱，被定为国色。但是，他们一般不喜欢黑色和紫色。

④加拿大人将枫叶定为国花，枫树定为国树，并将枫叶作为加拿大国旗、国徽的主体图。

⑤加拿大人偏爱白雪，视其为吉祥的象征。他们常用筑雪墙、堆雪人等方式来助兴，认为这样可以防止邪魔的侵入。

⑥和加拿大人交谈时，不要插嘴或打断对方的讲话，也不能讨论性与宗教。

⑦加拿大人对被当作美国人很敏感，因此，在交谈过程中应避免将加拿大和美国进行比较，尤其是拿美国的优势与他们相比。

⑧加拿大人还忌讳打破玻璃制品，忌打翻盐罐，忌讳在家吹口哨，讲不吉利的事情。

⑨加拿大人忌食动物内脏和肥肉。

3. 巴西

巴西全称为巴西联邦共和国，位于中南美洲与大西洋之间，是拉丁美洲最大的国家。"巴西"之名，源于当地的一种著名"红木"的名称。在葡萄牙语里，"巴西"意即"红木"。在世界上，巴西有着"足球王国""狂欢节之乡""宝石之国""可可王国""咖啡王国""天然橡胶之国"等美称。巴西国土面积 855 万平方千米，居于世界第五，仅次于俄罗斯、加拿大、中国与美国。巴西是世界上种族融合最广泛的国家之一，被人们称为"人种的大熔炉"。巴西主要宗教是天主教，官方语言是葡萄牙语，是拉丁美洲唯一一个以葡萄牙语为官方语言的国家。首都巴西利亚，有"世界建筑博览会"之称。

1951年5月21日，中巴两国正式建立外交关系。建交以来，两国在和平共处五项原则的基础上发展睦邻友好和互利合作关系。

与巴西友人交往应注意以下礼仪：

（1）餐饮礼仪。

①商业午餐和晚餐在巴西很普遍，通常有四五道菜，为期近两个小时，但不太适合介绍性会面。午饭是一天里的主餐，晚饭通常在晚上8点进行。洗澡和吃饭是他们生活中最重要的内容。若有人到他们家中做客便邀请客人一起跳进河里去洗澡，有的一天要洗上十几次。据说，这是他们对宾客最尊敬的礼节，而且洗澡次数越多，表示对宾客越客气、越尊重。

②因为巴西是欧、亚、非移民荟萃之地，所以，在饮食方面，各地习惯不一，极具地方特色。巴西南部土地肥沃，牧场很多，烤肉就成为当地最常用的大菜。东北地区的人们主食是木薯粉和黑豆，其他地区的主食是面、大米和豆类等。巴西人平常主要是吃欧式西餐。因为畜牧业发达，巴西人所吃的食物之中肉类所占的比重较大。在巴西，人们最爱吃牛肉，尤其是爱吃烤牛肉。巴西人认为：不同部位的牛肉，烤制之后味道大不相同。巴西人普遍爱吃切开之后带血丝的牛肉，认为它鲜美无比。在巴西人的主食中，巴西特产黑豆占有一席之地，其中，豆子炖肉就是巴西人民有名的菜肴。巴西素有"咖啡王国"之称，是世界上最大的咖啡消费国之一，巴西人不仅自己天天离不开咖啡，而且还喜欢用浓咖啡来招待客人。通常喝咖啡是用很小的杯子一杯一杯地喝，一天内喝个数十杯咖啡是常见的事。巴西人还喜欢饮葡萄酒和红茶。但是，饮酒时提倡饮而不醉。醉酒，被巴西人视为粗俗至极。

③巴西人的餐桌礼仪没有像在美国和欧洲那么严格。有些巴西人用大陆方式拿刀叉（一手总拿着叉子），而有的则用美国方式（换手拿叉子）。用餐完毕，应把餐具水平放在盘子上面。巴西人认为用手和手指直接接触食物"不干净"，用手拿食物时应该用餐巾。

（2）服饰礼仪。

①在正式场合，巴西人的穿着十分考究。他们不仅讲究穿戴整齐，而且主张在不同的场合里，人们的着装应当有所区别。在重要的政务、商务活动中，巴西人主张一定要穿西装或套裙。在一般的公共场合，男人至少要穿短衬衫、长西裤，女士则最好穿高领带袖的长裙。

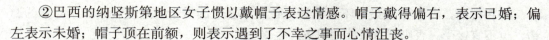

②巴西的纳坚斯第地区女子惯以戴帽子表达情感。帽子戴得偏右,表示已婚;偏左表示未婚;帽子顶在前额,则表示遇到了不幸之事而心情沮丧。

③巴西西北的车尼斯族,有"女性至上"的习俗。在那里,男子必须对妻子绝对服从,不得有违抗之意。

(3)会面礼仪。巴西人在社交场合通常都是以拥抱或者亲吻作为见面礼节。只有在十分正式的场合,他们才相互握手为礼。除此之外,在巴西民间还流行着一些较为独特的见面礼节。

①握拳礼。行此礼时,现实要握紧自己的拳头,然后向上方伸出拇指。这一做法,主要用于问安或致敬。

②贴面礼。它是巴西妇女之间所采用的见面礼节。在行礼时,双方要互贴面颊,同时口里发出表示亲热的亲吻声。但是,用嘴唇真正去接触对方的面颊,是不允许的。

③沐浴礼。它是巴西土著居民迎宾的礼节。当客人抵达后,主人必定要做的头一件事,便是邀请客人入室洗浴。客人沐浴的时间越久,就表示越尊重主人。有时,主人还会陪同客人一道入浴。宾主双方一边洗澡,一边交谈,显得大家亲密无间。

(4)谈判礼仪。

①和巴西商人进行商务谈判时,己方要准时赴约。但是,如果对方迟到,哪怕是1～2个小时,也应谅解。

②和巴西人打交道时,不要急于将谈话内容转向商务话题,最好花几分钟时间谈谈家庭、健康、天气、运动等话题,只要主人不提起工作,你就不要抢先谈工作。

③巴西的谈判进度较慢,而且更多的基于私人交往。缓慢的谈判速度并不代表巴西人不了解工业技术或现代商业惯例。相反,在与巴西企业代表进行谈判前,应充分做好各方面的技术准备。

(5)巴西人的礼仪禁忌。

①巴西人出于对毛蟹爪兰的喜爱,将它定为国花。毛蟹爪兰花形大而美丽,象征着巴西人民高瞻远瞩;花瓣坚实,象征着巴西人民坚毅刚强;颜色富于变化,象征着巴西人民不畏任何困难。忌讳绛紫红花,因为这种花主要用于葬礼上。

②巴西人出于宗教方面的原因,忌讳"13""666"等数字。

③巴西人认为棕色为凶丧之色,紫色表示悲伤,黄色表示绝望。他们认为人死好比黄叶落下,所以忌讳棕黄色。巴西人迷信紫色会给人们来悲伤。另外,还认为深咖啡色会招来不幸。

④巴西人对于蝴蝶十分偏爱。他们认为,蝴蝶不仅美丽,还是吉祥之物。

⑤跟巴西人打交道时,不宜向对方赠送手帕或刀子。

⑥在人际交往中,巴西人极为重视亲笔签名。不论是写便条、发传真,还是送礼物,他们都会签下自己的姓名,否则就是不重视交往对象。对使用图章落款的做法,巴西人是非常不习惯的。

⑦在巴西，一位女士最好不要邀请一位关系普通的男士共进晚餐。对于对方的邀请，也不宜接受。否则就有可能使对方产生误会。

⑧英美人所采用的表示"OK"的手势，在巴西人看来，是非常下流的。

四、与非洲地区友人的交往礼仪

非洲位于亚洲的西南面。东濒印度洋，西临大西洋，北隔地中海与欧洲相望，东北角习惯上以苏伊士运河为非洲和亚洲的分界。面积约 3 020 万平方千米，约占世界陆地总面积的 20.2%，次于亚洲，为世界第二大洲。非洲目前有 56 个国家和地区。非洲是世界上民族成分最复杂的地区。非洲大多数民族属于黑种人，其余属白种人和黄种人。非洲语言约有 800 种，一般分为 4 个语系。非洲居民多信奉原始宗教和伊斯兰教，少数人信奉天主教和基督教。非洲是世界文明的发源地之一。非洲文化具有多样性，礼仪习俗相对也复杂多样。

1. 埃及

埃及，全称阿拉伯埃及共和国，地跨亚、非两洲，大部分位于非洲东北部，只有苏伊士运河以东的西奈半岛位于亚洲西南角。有"金字塔之国""尼罗河的礼物""棉花之国""长绒棉之国""文明古国"的美称。

> **职场小贴士**
>
> 埃及是第一个承认中华人民共和国的阿拉伯、非洲国家。1956 年 5 月 30 日，中国和埃及正式建立外交关系。中国政府和埃及政府发表联合公报，决定建立外交关系并互派大使级外交代表。

与埃及友人交往应注意以下礼仪：

（1）餐饮礼仪。

①埃及商务招待会，相当豪华。

②埃及人喜欢吃羊肉、鸡、鸭、鸡蛋以及一些蔬菜，口味清淡偏甜，不油腻。串烤全羊是埃及人的传统佳肴。

③埃及人遵守伊斯兰教规，忌讳饮酒。

④正式用餐时忌讳交谈，并且习惯用右手进餐。

⑤不要把盘子里的食物吃光，否则被认为是不礼貌的。

⑥埃及的社交聚会比较晚，晚饭可能 10 点半以后吃。

⑦应邀去吃饭，可以带些鲜花或巧克力。

⑧埃及人受历史、宗教等因素的影响，形成了独特的生活习惯。

⑨晚餐在日落以后和家人一起共享，在这段时间内，勉强请人家来谈生意是失礼的。

（2）服饰礼仪。外国人士到埃及，不要穿短衣、短裤或背心上街。男士最好穿长上衣或短上衣、长裤；女士最好穿长上衣、长裙。按照埃及的商务礼俗，参加商务活动，以正统西装为主。

（3）会面礼仪。

①埃及人与宾朋相见或送别时，一般都习惯以握手为礼，或施拥抱礼。

②埃及人待客热情，从早晨6点到中午12点以前，见面时常要主动问好。

③送别客人时又往往要给客人赠送礼物，因此你也要有所准备，不要失礼。

④拜访须先进行预约。埃及人对来访的客人甚为重视（有时也可能只是表面功夫而已），因此，即使依约前来面谈中，若有不速之客到来时，他们也会简单地迎接。

（4）名片礼仪。商务往来中，名片有重要作用，一般双方见面时或会谈前，都要互赠名片。

（5）谈判礼仪。商务会谈前，对方一定会与客商寒暄一阵，才进入正式商谈。埃及人认为，在生意成交之前建立友谊和信任的感情是很重要的。一笔生意洽谈成功，往往需要很长时间。相反，他们也经常会以电话不通为借口突然造访。在埃及从商的人经验丰富，时间观念差，很少依照所约定的时间行事，他们口头上常常挂着"请等5分钟"这句话。埃及人所谓的5分钟，可能就是30分钟也见不到人。若说请等1小时，那么等于要重新约定时间了。

（6）埃及人礼仪禁忌。

①在埃及，90%以上的居民信奉伊斯兰教，因此在埃及进行商务活动时，切不可违反宗教禁忌。

②进伊斯兰教清真寺时，务必脱鞋。

③埃及人不吃虾、蟹等海味，动物内脏（除肝外）、鳝鱼、甲鱼等怪状的鱼。

④在埃及，一到了下午3点之后，人们大多忌讳针。商人绝不卖针，人们也不买针，即使有人愿出10倍的价钱买针，店主也会婉言谢绝，绝不出售。

⑤埃及人喜欢绿色、白色，而忌讳黑色与蓝色，且颇相信梦中的事。在埃及，埃及人爱绿色、红色、橙色，而不爱紫色、蓝色，喜欢金字塔形莲花图案。

⑥埃及人禁穿有星星图案的衣服，除了衣服，有星星图案的包装纸也不受欢迎。

⑦埃及人喜爱的数字是3、5、7、9，忌讳的数字是13，认为它是消极的。

⑧埃及人忌讳称赞女人窈窕，否则会招来对方的斥责和臭骂，因为他们认为体态丰腴才算美。

⑨埃及人忌讳当众吐唾沫。因为在他们看来，吐唾沫是诅咒仇人的举动。

⑩星期六到下星期四，是埃及人上班的时间，星期五是伊斯兰教的休息日。

2. 尼日利亚

尼日利亚是尼日利亚联邦共和国的简称，位于西非东南部，是西非的"天府之国"。面积92.3万平方千米，尼日利亚居民中穆斯林占47%，基督教徒占34%。

职场小贴士

中华人民共和国与尼日利亚联邦共和国于1971年2月10日建交。建交以来双边关系发展顺利。

与尼日利亚友人交往应注意以下礼仪：

（1）餐饮礼仪。尼日利亚豪萨人接待客人很随便，主人一般不会兴师动众地特意为客人去准备，而是家里有什么吃什么，家人吃什么，客人也吃什么。

（2）服饰礼仪。访问政府官员宜穿西装，访问商界人士不必穿西装，但是宜打领带。尼日利亚伊博人的审美观念很特别。利亚埃加族妇女，喜欢梳高发，因此她们的族名也称"高髻族"。她们在发内填上棕榈丝核扎的高髻，高度相当于人头的两倍。未婚少女要扎成蛇形，因为蛇在当地被认为是"洁白"；已婚女性要扎成鱼形，因为鱼在当地表示"和睦"；老妇人发髻要扎上三叶棕榈条，因为棕榈条表示"长寿"；寡妇要扎成圆顶的，表示为死去的丈夫尽"忠贞"。

（3）会面礼仪。

①尼日利亚人在施礼前，总习惯先用大拇指轻轻地弹一下对方的手掌再行握手礼。

②尼日利亚豪萨人对亲密的好友相见，表示亲热的方式不是握手，也不是拥抱，而是彼此用自己的右手使劲拍打对方的右手。

③尼日利亚豪萨人晚辈见长辈要施礼问安。一般情况下，要双膝稍稍弯曲一下，向前弓一下身子。

④平民见酋长，必须先脱鞋走近酋长，然后跪下致礼问安，在酋长没下命令的情况下是不能随便站起来的。

⑤朋友相见总要互相问候身体及家庭状况，而且还要问对方的家禽、家畜、庄稼等情况。

（4）尼日利亚人礼仪禁忌。

①避免谈有关南非的事，另外，所携的印刷品不要有涉及南非活动的画面。

②访问尼日利亚最好于10月到次年5月前往，但应避免圣诞节及复活节前后一周的时间去。若遇伊斯兰教假日也都放假。

③由于当地是高温多湿的热带性气候，疟疾、黄热病、破伤风的传染病相当流行，一定要接受疫苗注射，并携带预防药物。尤其是黄热病，除了必须要有疫苗注射的证明之外，还会检查有效日期，这一点要注意。

④当地饮水不安全，路旁的食物要避免吃，没有煮沸的生水绝对不能喝，可乐与啤酒很容易买到。

⑤尼日利亚境内时有偷盗事件、交通事故发生，需特别小心。

⑥在尼日利亚，电话不通畅，街道标志也较难识别。

⑦入境时对携带的食品，出境时对携带的钱检查甚严，有时还会搜身。海关规

定，免税香烟 200 支，或雪茄 50 支，或烟草半磅，酒 1 瓶。当地货币禁止出入。

⑧外币进关不限，入境时要确实申报所带进之外币，出关时又携出。

3. 南非

南非是南非共和国的简称，位于非洲大陆的最南端。东边是印度洋，西边是大西洋，西南边的尖角——好望角，是这两大洋的分界点。在苏伊士运河开凿以前，欧洲和亚洲之间的船只往来都得经过好望角。现在，从印度洋沿岸去欧洲、美洲的许多船只，尤其是大油轮，还是要经过这里，因此，南非的地理位置在世界交通和战略上，具有重要的价值。

> **职场小贴士**
>
> 中国和南非建交，发生在 1997 年 12 月 30 日，是中国外交史上的一大事件。

与南非友人交往应注意以下礼仪：

（1）称呼礼仪。南非人对交往对象的称呼则主要是"先生""小姐"或"夫人"。

（2）餐饮礼仪。

①南非当地白人平日以吃西餐为主，经常吃牛肉、鸡肉、鸡蛋和面包，爱喝咖啡与红茶。黑人喜欢吃牛肉、羊肉，主食是玉米、薯类、豆类。

②南非人不喜生食，爱吃熟食。

③南非著名的饮料是如宝茶。

④在南非黑人家做客，主人一般送上刚挤出的牛奶或羊奶，有时是自制的啤酒。客人一定要多喝，最好一饮而尽。

（3）服饰礼仪。到南非进行商务活动，最好穿样式保守、色彩偏深的套装或裙装，不然就会被对方视作失礼。南非一年四季都很温暖，雨量也很少。在七八月间（当地的冬天）来此出差的人，最好准备一点较为保暖的厚衣服。

（4）会面礼仪。在社交场合，南非人所采用的普遍见面礼节是握手礼，在南非进行商务拜访须先进行预约。

（5）名片礼仪。在南非进行商务活动，持英语名片最为方便。

（6）谈判礼仪。

①在南非做生意施用过于细腻的手段或说话兜圈子常不被人了解，想以这种方式达到目的多半行不通，所以想说的话就大胆直率地说出来。

②在商务谈判桌上，只允许使用英语对话。

③按南非交易的订约、交货、付款三件大事来说，是偏重于英国式类型的，而不管是荷兰系或英国系企业，都如此。由具有决定权的负责人出面商谈，属于权力集中型，因此，商业谈判不会拖时间。当然，也希望对方商谈代表具有决定权。他们很遵

守约定，付款方式也很规矩。

（7）南非人的礼仪禁忌。南非人大多数人信奉基督教新教和天主教。信仰基督教的南非人，忌讳数字13和星期五；南非黑人非常敬仰自己的祖先，他们特别忌讳外人对自己的祖先言行失敬。跟南非人交谈，有四个话题不宜涉及：

①不要为白人评功摆好。

②不要评论不同黑人部族或派别之间的关系及矛盾。

③不要非议黑人的古老习惯。

④不要为对方生了男孩表示祝贺。

五、与大洋洲地区友人的交往礼仪

大洋洲位于太平洋西南部和南部的赤道南北广大海域中，介于亚洲和南极洲之间，西临印度洋，东临太平洋，并与南北美洲遥遥相对。

1. 澳大利亚

澳大利亚是澳大利亚联邦的简称。澳大利亚是移民国家，居民中74.2%是英国和爱尔兰后裔，4.9%为亚裔，还有大部分土著居民。居民中70.3%信奉基督教，非宗教人口占25.1%，少数人信奉犹太教、伊斯兰教和佛教。全国通用英语，首都是堪培拉。

> **职场小贴士**
>
> 1972年中澳建交，承认中国完全市场经济地位。

与澳大利亚友人交往应注意以下礼仪：

（1）称呼礼仪。在澳大利亚，人们往往以名相称，但商务交往中，为了保持礼节，称呼对方时还是以"先生""夫人""小姐"等相称为宜。在澳大利亚，"伙伴"是一种友好的称呼，女士们也在使用。而"先生"这个称呼则表示尊敬，但从你被介绍的那一刻起，人们往往以你名字的第一个字称呼你。

（2）餐饮礼仪。

①澳大利亚人主要吃英式西餐，口味清淡，忌食辣味菜肴。

②就餐时，调味品放在桌子上，客人根据自己的口味爱好随意选用。

③澳大利亚的食品素以丰盛和量大而著称，尤其是对动物蛋白的需要量。

④澳大利亚人通常爱喝牛奶，喜食牛、羊、猪肉、鸡鸭、乳制品及新鲜蔬菜，爱喝咖啡。澳大利亚人的很多生意是在酒吧中做成的，要事先搞清楚消费后由谁付款。如果你提议喝一杯，通常由你付账，不可各自付账，除非事先说好。

（3）服饰礼仪。平日，随意穿着即可；从事商务活动宜穿西装。

（4）会面礼仪。人们见面或告别时往往热情握手。澳大利亚人喜欢和陌生人交谈，特别是在酒吧，总会有人过来主动和你聊天。互相介绍后或在一起喝杯酒后，陌生人就成了朋友。

（5）澳大利亚人的礼仪禁忌。

①澳大利亚人沉着者居多，且都不喜欢生活环境杂乱，对于公共场合的噪声极其厌恶。在公共场所大声喧哗者，尤其是门外高声喊人的人，他们是最看不起的。

②澳大利亚人忌讳兔子，认为兔子是一种不吉利的动物，人们看到它都会感到倒霉。

③澳大利亚人喜爱袋鼠，偏爱琴鸟。

④与澳大利亚人交谈时，多谈旅行、体育运动及到澳大利亚的见闻，不要议论种族、宗教、工会和个人私生活以及等级地位问题，不要批评任何与澳大利亚有关的事情，也不要随便对别人的观点表示赞同，澳大利亚人尊重有自己见解的人。行为举止要随意，任何装腔作势只会产生笑料，但那通常不是出于恶意。

⑤在数字方面，受基督教的影响，澳大利亚人对于"13"与"星期五"普遍反感。

2. 新西兰

新西兰是南太平洋上的岛国，扼南太平洋的海空交通要冲。面积26.9万平方千米。新西兰素有"世界边缘的国家""畜牧之国""牧羊之国""白云之乡"之称。新西兰气候温和，花木繁茂，绿草如茵，牛羊遍地，自19世纪初从澳大利亚和英国引进种羊以来，经过100多年的发展，已成为举世闻名的"农牧业王国"。

职场小贴士

中新关系指的是中华人民共和国与新西兰之间的关系，两国于1972年12月22日建立外交关系。

与新西兰友人交往应注意以下礼仪：

（1）称呼礼仪。在称呼方面，新西兰人和欧美国家相同，姓氏加先生、夫人、小姐或职称都可以，熟人之间也可以直呼其名。

（2）餐饮礼仪。新西兰人生活质量较高，习惯吃英式西餐，口味清淡，爱吃牛肉、羊肉、水果和鱼，饮料爱喝红茶和咖啡。受英国习俗的影响，他们也养成了"一日六饮"的习惯，即每一天要喝六次茶。它们分别被称作早茶、早餐茶、午餐茶、下午茶、晚餐茶和晚茶。在用餐时，他们以刀叉取食，忌讳吃饭时频频与人交谈。

（3）服饰礼仪。新西兰作为欧洲移民的后裔，在日常生活里通常以穿着欧式服装为主。在服饰方面，看重质量，讲究庄重，偏爱舒适，强调因场合而异。外出参加交际应酬时，新西兰妇女不但要身着盛装，而且一定要化妆。新西兰商务礼俗，随时宜穿着保守式样的西装。

（4）会面礼仪。新西兰人见面或告别时要行握手礼。和女士见面，应先由女士伸手，然后才可以握手。在新西兰开展商务活动，要事先约定，客商要先到一会儿，以表示礼貌。会谈一般安排在办公室进行，待合同签订后，可以宴请对方，以此表示感谢。

（5）谈判礼仪。按新西兰的商业习惯，交易基于公平的原则。这里做生意不讨价还价，一旦提出一个价格就不能再变更。如果对方询及交货日期、品质、付款条件时，生意大概率就成交了。如此认定大致不会错。不分青红皂白见人就送见面礼的习惯，在这里未必管用，要予以注意。生意谈成之后，为了表示谢意，可以宴请有关人士，这样做不但效果最佳，而且对方也会很高兴。

（6）新西兰人的礼仪禁忌。

①新西兰人有独特的象征，视奇异鸟为珍贵动物，在其国徽和硬币上都有奇异鸟做标志。

②新西兰人大多信奉原始的多神教，还相信灵魂不灭，尊奉祖先的精灵。

③每遇重大的活动，新西兰人便照例要到河里去做祈祷，而且还要相互泼水，以此表示宗教仪式上的纯洁。

④新西兰人有一种传统的礼节：当遇到尊贵的客人时，要行"碰鼻礼"，即双方要鼻尖碰鼻尖两三次，然后分手离去。据说，按照其风俗，碰鼻子的时间越长，就说明礼遇越高，越受欢迎。

⑤应邀到新西兰人家里吃饭，可以带一盒巧克力或一瓶威士忌作为礼物。礼品不要太多或太贵重。

⑥受基督教、天主教的影响，新西兰人讨厌"13"与"星期五"。要是有一天既是13日，又是星期五，那么新西兰人不论干什么事都会提心吊胆。对于在这一天外出赴宴、跳舞、观剧之类的邀请，他们则能推就推。

⑦当众闲聊、剔牙、吃东西、喝饮料、嚼口香糖、抓头皮、紧腰带，均被新西兰人看作不文明的行为。

⑧新西兰人奉行所谓"不干涉主义"，即反对干涉他人的个人自由。对于交往对象的政治立场、宗教信仰、职务级别等，他们一律主张不闻不问。

延伸阅读

影响空间区域划分的因素

交往空间距离、范围的划定，为接待人员寻求最为适合特定场景和对象的交往空间提供了大模式，但这一距离范围并不是"铁板"一块，不同的人所需的个体空间的范围有所不同，同一个人在不同心理状态下所需的个体空间也会有所变化。因此，交往空间仍有较大的伸缩性和可交往性。影响它的主要因素如下：

（1）文化背景或民族差异的影响。实践研究表明，地中海国家的人交往时允许有较多的身体接触，相互靠得较近；而北欧国家的人则相互离得较远，很少有肌肤接触。同是欧洲国家，法国人与英国人交谈时，法国人总是保持较接近的距离，乃至呼吸也会喷到对方脸上，而英国人会感到很不习惯，步步退让，维持适合自己的空间范围。同是美洲国家，对北美人来说，最适宜的交谈距离是距一臂至 4 英尺（1 英尺 =30.48 cm），而南美人交谈则喜欢近一些。北美人为了避免文化差异造成的个体空间不协调，常常就以桌椅作为隔开的屏障，而南美人甚至会不由自主地跨过这些屏障，以便达到他感到舒服的交谈距离。东西方文化的差异对交往距离的影响就更大一些，如一个美国人和一个日本人站在一个大厅里谈话，由于两个人有不同的交际距离概念又没能相互了解对方，便闹出一场笑话：美国人喜欢站在三四步远的地方谈话，而日本人总想站近一点，致使双方都为能保持让各自感到舒适的距离，日本人不断向前以调整他的空间需要，而美国人则步步后退以满足自己的空间不受"侵犯"，一进一退，绕着大厅走了一圈。把这段情形录像下来并以快速放映时，会感到这位日本人在带这位美国人绕着大厅跳舞。结果，日本人觉得美国人太冷淡、太别扭、太腼腆；而美国人觉得日本人亲密过度，太危险。

（2）社会地位和年龄差异的影响。地位尊贵的人物，较之地位稍低的人需要更大的个体空间，一般是有意识地与下属和人群保持相当距离，更不能容忍这些人紧靠着他说话，乃至抚肩拍背或气息喷到脸上。同样，年龄差异较大的人之间交往距离的人为缩小产生的感觉，较之同龄人之间会淡化一些，比如抚摸儿童的头和脸，而在成年的同龄人之间就是一种不敬的表示，会显得粗俗无礼。

（3）性格差异的影响。性格开朗、喜欢交往的人更乐意接近别人，和别人靠近，个体空间相对较小。而性格内向、孤僻自守的人不愿主动接近别人，宁愿把自己孤立地封闭起来，当然对靠近他的人也就十分敏感，他们的个体空间一旦受到侵占，最容易产生不舒服感和焦虑感。具有主动性格的人，容易无意识地单方侵入对方的个体空间，而客观上给对方造成威迫的压力或巴结的情势。在正式的社交场合，易被对方看不起。日本的公关人员往往就是通过就座的空间位置来判断公众的性格和心理。

（4）性别差异的影响。一般来说，女性相比男性会站得近。女性同男性对空间位置的安排也不同：女性往往靠在她喜欢的人旁边，而男性选择在他喜欢的人对面坐着。女性最反感陌生人坐在自己旁边，男性最不喜欢陌生人占据自己对面的位置。而且，男性会把坐在对面的"闯入者"视为竞争的威

胁,女性则把坐在身旁的"闯入者"视为有意识的侵犯。

（5）情绪状态和交往场景差异的影响。人在心情愉快舒畅时,个体空间就会缩小,允许别人靠得很近；而若生气闷闷不乐时,个体空间便会非理性地扩张,甚至连亲密朋友也可能被拒之于外。在拥挤的社交场合,如舞会、聚会等,人们无法考虑满足自己个体空间的需要,而较易容忍别人靠得很近,但会设法避免视线或呼吸的接触。当面对面时,眼睛会很自然地注意对方的头顶或空间的某个位置。然而,若在较为空旷的社交场合,人的个体空间就会自然扩大,当别人毫无理由地侵入时,便会引起怀疑和不自然的感觉。

以上是根据人的生理心理原理和礼仪规范的基本要求,对人际交往的空间作出的概括性和普遍性的分析。尽管从社会到个人都存在一定的差异,并会对交往距离产生不同程度的影响,但接待人员最终还是应该学会在实践中摸索总结出既能适合对方,又能适合场景、适合自己交往空间的三维标准。只有这样,才能应酬于各种社交场合,在人际交往中始终达到沟通与行"礼"的最高统一。

模块小结

礼宾次序礼仪指的是在国际交往中,为了体现出席活动者的身份、地位、年龄等的差别,给予必要的尊重,或者为了体现所有参与者一律平等,而将出席活动的国家、团体、各国人士的位次按一定的惯例和规则进行排列的礼仪规范,其中,问候、引导和座次安排是礼宾次序礼仪的重中之重。在需要悬挂国旗的场合要注意国旗悬挂的礼仪与禁忌。在为不同地区的外国友人服务时应注意他们的礼仪习惯与禁忌,为他们提供更加优质的服务。

岗位实训

1. 实训目的

掌握泰国友人的礼仪习惯与禁忌。

2. 实训内容

同学们分成两组:一组模拟泰国友人;另一组负责接待。观摩同学对负责接待同学的表现打分,并对其值得借鉴之处和不足之处分别进行分析与阐述。

3. 实训要求

(1) 见面问候,行合十礼。

(2) 注意避开泰国友人的礼仪禁忌,做到不失礼。

4. 实训心得

_____
_____
_____

参 考 文 献

[1] 李华，张根玲. 民航服务礼仪与技能 [M]. 北京：中国劳动社会保障出版社，2019.

[2] 王莹，杜旭旭. 民航服务礼仪 [M]. 北京：清华大学出版社，2018.

[3] 吕志军. 民航乘务服务礼仪 [M]. 北京：中国民航出版社，2015.

[4] 胡瑶，彭毅. 民航服务礼仪 [M]. 重庆：重庆大学出版社，2018.

[5] 刘永俊，陈淑君. 民航服务礼仪 [M]. 2版. 北京：清华大学出版社，2012.

[6] 侯苏容. 民航服务礼仪实训 [M]. 2版. 北京：中国人民大学出版社，2019.

[7] 郝建萍. 服务礼仪 [M]. 北京：国防工业出版社，2012.

[8] 李爱琴. 民航服务礼仪 [M]. 北京：中国民航出版社，2015.

[9] 丁永玲. 民航服务礼仪 [M]. 重庆：重庆大学出版社，2015.

[10] 夏志强. 礼仪常识 [M]. 北京：中国华侨出版社，2015.

[11] 孟志红. 李军. 论民航专业学生的卓越服务能力[J]. 河北旅游职业学院学报，2013，18（4）：61-65.